GLENN GOULD

LA MUSIQUE CHEZ FAYARD

BIBLIOTHÈQUE DES GRANDS MUSICIENS
Beethoven par Jean et Brigitte Massin
Bellini par Pierre Brunel
Berlioz par Henri Barraud
Brahms par Claude Rostand
Couperin par Philippe Beaussant
Debussy par Edward Lockspeiser et Harry Halbreich
Mahler (T. 1 et 2) par Henry-Louis de La Grange
Mozart par Jean et Brigitte Massin
Offenbach par David Rissin
Poulenc par Henri Hell
Rameau de A à Z par Philippe Beaussant

COLLECTIONS MUSICIENS D'AUJOURD'HUI
dirigée par Brigitte Massin

Pierre Henry par Michel Chion
Olivier Messiaen par Harry Malbreich
Iannis Xenakis par Nouritza Matossian

AUTRES LIVRES DE MUSIQUE
Les grands interprètes romantiques
par Claude Nanquette
Histoire concise de la musique moderne
par Paul Griffiths
Les grands Opéras du Répertoire
par Alexis Payne
Histoire de la Musique par Émile Vuillermoz
Le chant retrouvé par André Tubeuf
Ruggero Raimondi par Sergio Segalini
Teresa Berganza par Sergio Segalini
Elisabeth Schwarzkopf par Sergio Segalini
La vie et l'amour d'une femme
par Régine Crespin
Maria Callas, par-delà sa légende
par Ariana Stassinopoulos
Lavelli, opéra et mise à mort
par J. Lavelli/A. Satgé
Le Ring à Bayreuth
par Élisabeth Bouillon
Un théâtre pour la vie par Giorgio Strehler
Une histoire du jazz par J. Berendt
Le dernier puritain, Écrits I de G. Gould
traduits par B. Monsaingeon

Geoffrey Payzant

GLENN GOULD

UN HOMME DU FUTUR

Traduit de l'anglais par
Laurence Minard et Th. Shipiatchev

Fayard

Cet ouvrage est la première traduction intégrale en français
du livre de Geoffrey Payzant, publié sous le titre :
GLENN GOULD, Music and Mind
© 1978 by Van Nostrand Reinhold Ltd, Toronto.
© Librairie Arthème Fayard, 1983 pour la traduction française.

A Mary Lou

G.P.

REMERCIEMENTS DES TRADUCTEURS

Qu'il nous soit permis de remercier ici Bruno Monsaingeon qui, avec une générosité exceptionnelle, nous a autorisées à utiliser ses traductions des textes de Gould *, nous a conseillées tout au long du volume, et plus particulièrement pour les passages de technique musicale, nous accordant sans compter son temps et sa compétence au cours de ces mois de travail.

L.M. et Th.S.

* Cf. *Glenn Gould. — Le dernier puritain*, recueil de textes réunis, présentés et traduits par Bruno Monsaingeon (Fayard, 1983).

Préface *

Ce livre ne ressemble à aucun de ceux qui furent précédemment consacrés à des pianistes ; rien d'étonnant à cela, car Glenn Gould ne ressemble à aucun autre pianiste : Paderewski délaissa un moment son piano pour devenir Premier ministre dans son pays, en Pologne ; Joseph Hofmann, à ses moments perdus, se plaisait à bricoler quelque invention mécanique. Gould n'est pas un pianiste qui, un moment, délaisserait son piano pour penser. C'est un penseur de la musique qui met en œuvre tous les moyens dont on dispose pour penser — y compris le piano. Que le monde ne veuille voir en lui qu'un pianiste n'implique pas qu'il soit soumis à l'obligation d'être ce que le monde pense qu'il est, ni de faire ce que le monde attend qu'il fasse car, naturellement, il ne le fait pas.

Peut-être Gould est-il prolixe, et parfois insistant ou facétieux. Quelle qu'en soit la raison, sa pensée musicale n'a été ni largement ni sérieusement discutée : ce livre voudrait combler cette lacune. J'y ai rassemblé ses écrits les plus importants et j'ai tenté (dans les quelques cas où ils n'étaient pas explicatifs par eux-mêmes) de les expliquer par des commentaires. Bon nombre de ces écrits ont paru dans des publications marginales, et certains des plus instructifs ont même vu le jour dans

* Les traducteurs ont laissé cette préface, écrite en 1978, au présent ; ce sera le cas pour la majeure partie du livre : le passé n'a pas paru nécessaire, au moins pour tout ce qui concerne la pensée musicale de Glenn Gould.

11

des programmes de radio ou de télévision, qui n'existent plus qu'en archives ou dans des collections privées. J'ai eu accès à la plupart d'entre elles, remontant jusqu'au milieu des années 50, quand la renommée de Gould en tant qu'interprète et écrivain se répandit depuis son Canada natal jusqu'à l'arène internationale.

Chaque fois que c'était possible, je l'ai cité directement et parfois assez longuement, parce qu'il est assurément lui-même son meilleur commentateur. Au mieux de sa forme et quand il n'est pas sur la défensive, Gould est un écrivain accompli, particulièrement dans le genre de l'essai-dialogue, dont il a usé pour différents articles et scénarios. Aussi bien ai-je tenté de garder Gould tel qu'il est au premier plan, n'utilisant mes propres commentaires et ceux d'autres personnes que pour assurer la continuité de l'étude. J'ai réduit au minimum les références aux philosophes reconnus, ne faisant appel à eux que pour clarifier, car je n'ai pas voulu introduire la pensée de Gould dans des concepts théoriques qui lui auraient mal convenu, et dans lesquels risquerait d'être perdu pour le lecteur l'immense bienfait de son expérience unique de musicien à l'œuvre.

Les interprètes de premier ordre qui soient aussi d'éminents écrivains sont excessivement rares ; pour ce qui est de l'Amérique du Nord anglophone, je pense qu'il n'en est guère que deux qui puissent être comparés à Glenn Gould : Charles Rosen et Leonard Bernstein. A mon avis, des trois, Gould est celui dont la pensée musicale est la plus profonde et la plus originale ; la plus féconde aussi, ce qui pourrait surprendre. Charles Rosen, pianiste aussi intellectuel mais moins célèbre que Gould, a écrit un gros livre *, un petit livre et quelques articles, tous d'une érudition que n'ont pas la plupart des écrits de Gould. Mais contrairement à Gould, Rosen n'écrit pas sur des problèmes philosophiques tels que les rapports composi-

---

* Charles Rosen. — *Le style classique* — *Haydn, Mozart, Beethoven*, Gallimard.

teur-interprète-public, le mode d'existence d'une œuvre d'art musicale, musique et moralité, musique et technologie, et autres thèmes apparentés à ceux-là ; Leonard Bernstein non plus, malgré ses films à gros budget pour la télévision, les disques et livres qu'il en a tiré — qui révèlent cependant la pénétration analytique d'une immense intelligence musicale.

A ne s'en tenir qu'au nombre de mots, si l'on ajoute, aux articles et pochettes de disques, ses scénarios pour la radio, la télévision, le cinéma et les disques parlés, on constate que Gould a plus écrit sur la musique que Rosen ou Bernstein. Ses écrits sont, d'un point de vue philosophique, plus pénétrants (et, de ce fait, plus dérangeants) que ne l'est même Bernstein avec ses conférences de Harvard (1973), où celui-ci montre qu'il a une connaissance de première main de la tradition philosophique en esthétique musicale, telle que Gould ne l'a apparemment pas.

Le témoignage des écrits, enregistrements et actions de Gould pourrait du reste être interprété tout autrement que je ne l'ai fait. On pourrait présumer que, depuis le commencement, Gould joue avec nous à un jeu secret et que, d'une certaine façon, il n'entend pas être pris au sérieux. Ayant réuni et étudié tous ses écrits, et les considérant comme un tout, j'ai choisi pour ce livre l'option inverse. En dépit de ses terribles calembours, de son goût pour la bouffonnerie et de ses incursions dans l'opulence littéraire, son esthétique est une grille d'idées, complexe mais claire, remarquablement cohérente et constante dans son objectif depuis sa jeunesse. Et s'il est licite de s'interroger sur le sérieux de ses intentions en ce qui concerne le détail de maints propos, ceux-ci doivent, dans leur globalité, être pris très au sérieux, car c'est au fond du salut de l'humanité que parle Gould.

Il est souvent naïf, parfois désarmant ; rien ne l'arrêtera pour capter notre attention. Mais il n'est ni frivole, ni faux. Ne nous laissons pas égarer par le fait que ses écrits paraissent souvent dans les médias de la pop-culture. Il n'en fonde pas moins sur son lecteur, tout comme sur son auditeur, la plus haute espérance. Il nous crédite d'une intelligence et d'une lucidité supérieures à la moyenne.

Peut-être l'auteur d'un second livre sur Glenn Gould tentera-t-il une biographie « conventionnelle ». Il échouera. Gould a protégé sa vie privée de la curiosité du public, avec une fermeté courtoise, comme aucune autre célébrité du monde artistique de notre temps ne l'a fait. Du reste, sa vie privée est en effet — ou je me trompe fort — austère et peu remarquable. Un livre sur les faits et gestes de cette vie serait bref et ennuyeux, à moins qu'il ne soit (comme Gould lui-même dit une fois qu'il aurait à l'être) un ouvrage de fiction, quelque chose comme la biographie de Sherlock Holmes ou d'Horatio Hornblower *.

Il a pourtant vécu une passionnante vie intérieure, une vie de l'esprit, et c'est elle qu'il nous raconte depuis des années. C'est là qu'est la vie *réelle* de Glenn Gould, et c'est là le sujet de ce livre.

J'adresse mes remerciements à toutes les nombreuses personnes qui ont, d'une façon ou d'une autre, contribué à l'élaboration de ce livre. Sans l'aide de certaines d'entre elles, il n'aurait jamais existé et sans leurs conseils, ses imperfections auraient été plus fâcheusement évidentes. Ce sont David Barnett, Susan Bolotin, Steven Bucher, John Robert Colombo, Jonathan Cott, Richard Coulter, James Creighton, Gordon Epperson, Barbara Finn, Eva Friede, Hans Friede, R.A. Greene, Myrtle Guerrero, Gail Herstein, Helmut Kallmann, Michael Koerner, Jean Lavender, Douglas Lloyd, Keith Mac-Millan, Robert McRae, Harvey Olnick, David Oppenheim, Godfrey Ridout, Paul Robinson, Wolfgang Siegel, Janet Somerville, Francis Sparshott, A.M. Wall, Morris Wayman, Susan Wilson, Robin Woods, Arthur Younger et, plus particulièrement, John Beckwith.

Je suis aussi reconnaissant pour l'aide apportée par CBS Records, CJFT-FM à Toronto, la T. Eaton Company Ltd.,

---

* Personnage romanesque créé par l'écrivain anglais C.S. Forester. (N.d.T.).

Encyclopedia of Music in Canada, General Gramophone Publications Limited, Music Committee of Hart House (Université de Toronto), *High Fidelity Magazine*, l'Office National du Film du Canada, la Bibliothèque Nationale du Canada (Département de la Musique), Random House, Inc., University of Toronto Media Centre.

Des remerciements tout particuliers sont dus à la Société Radio-Canada et spécialement aux Archives des Programmes, à la Bibliothèque Musicale, à la Photothèque, à la Discothèque, à la Bibliothèque de Référence.

Ce livre a été publié à l'aide d'une subvention du Conseil Canadien des Recherches sur les Humanités, sur fonds alloués par le Conseil des Arts du Canada.

G.P.
Toronto
28 mars 1978

*Un sage était autrefois un philoso-
phe, un poète, un musicien. Ces
talents ont dégénéré en se séparant.*

DIDEROT

Chapitre I

Commencements

Glenn Gould, né à Toronto le 25 septembre 1932, était le fils unique de parents tous deux musiciens : un père violoniste amateur, et une mère qui, jouant du piano et de l'orgue, avait aspiré dans sa jeunesse à faire une carrière musicale.

Gould raconte de sa grand'mère maternelle qu'elle *« se targuait d'avoir fait de longs voyages »* hors de son *« Canada rural »* (à savoir Uxbridge, en Ontario) pour aller entendre Paderewski, et qu'elle affectionnait particulièrement ces *« infatigables compositeurs d'hymnes, de tradition victorienne anglaise, dont elle empilait les œuvres sur son orgue d'anches et magnifiait superbement l'euphonie mendelssohnienne en actionnant à toute pompe les pédales à soufflets, convaincue que le diable, à chaque série scrupuleusement évitée de quintes parallèles, était traité selon son mérite — se pliant, quant à elle, à l'inévitable compression d'une réponse tonale lors d'une strette cadentielle comme à un article de foi »* [1].

Edvard Grieg était le cousin germain de son arrière-grand-père maternel [2].

Les jeunes années de l'enfant se passèrent au sein d'un environnement familial confortable et protecteur, dans une modeste maison de Toronto donnant sur une rue montante et calme avec beaucoup d'arbres, non loin de la rive du lac Ontario. La famille possédait aussi un cottage à Uptergrove au bord du lac Simcoe, situé à cent quarante kilomètres au nord de Toronto.

Dès l'âge de trois ans, ses dons exceptionnels pour la musique (notamment l'oreille absolue et la capacité innée de lire les notes) se manifestaient à l'évidence. Sa mère l'assista pour le piano et fut son seul professeur de musique jusqu'à ce qu'il eût dix ans.

A cinq ans, il décidait de devenir compositeur et interprétait pour la famille et les amis ses propres petites compositions. Une dame d'un certain âge, qui en fut le témoin oculaire, rapporte qu'un jour il vint avec sa mère pour exécuter quelques uns de ces morceaux à une réunion de la Société Missionnaire des Femmes dans l'église presbytérienne Emmanuel, à quelques rues de la maison des Gould. La dame se rappelle que Gould était vêtu d'un costume de satin blanc à culotte courte et qu'il avait charmé les dames. Peut-être les détails vestimentaires de ce souvenir sont-ils une survivance de ces histoires douceâtres sur le petit Haydn et le petit Mozart, issues de revues musicales semi-populaires, et qui étaient lues aux enfants sans défiance de l'ancienne génération. Quand il eut six ans, on emmena Glenn pour la première fois écouter le récital d'un soliste célèbre.

« *C'était Hofmann. Ce fut, je crois, son dernier concert à Toronto, et ce fut pour moi une impression fulgurante. La seule chose que je puisse réellement me rappeler est que, pendant qu'on me ramenait en voiture à la maison, je me trouvais dans cet état merveilleux de semi-conscience où l'on entend toutes sortes de sons incroyables vous traverser l'esprit. C'étaient tous des sons d'orchestre, mais c'était moi qui jouais, et soudain j'étais devenu Hofmann. J'étais enchanté* » * [3].

Dans un film qui lui a été consacré en 1960 par l'Office National du Film du Canada, Gould évoque une autre expé-

---

* Ce passage est extrait d'une interview : on a tenté, en le traduisant, de lui garder le style de la conversation. Il en ira de même pour les textes qui, tout au long de ce livre, présentent la même particularité (NdT).

rience de son enfance, moins ponctuelle et probablement un peu plus tardive :

« Je me rappelle, quand j'étais gosse, avoir toujours associé les émissions de l'Orchestre Philharmonique de New York, que nous avions l'habitude d'écouter le dimanche après-midi, avec de grands, de vastes champs de neige — blancs et gris. Nous montions au nord passer les week-ends à la campagne et, vers quatre heures de l'après-midi, quand nous rentrions à Toronto, il y avait le Philharmonique. En hiver, il faisait habituellement gris — une sorte d'étendue infinie de neige, de lacs gelés, d'horizon, des choses de ce genre... — et Beethoven ne sonnait jamais aussi bien » [4].

Glenn fit ses études primaires à l'école publique de la Williamson Road, un bâtiment haut de plafond, à trois étages, en brique pour l'essentiel, à la façade peu accueillante. Pour le jeune Gould, il fallait descendre la moitié de la rue, tourner à droite, remonter une autre moitié de rue, jusqu'à ces terreurs, tant réelles qu'imaginées — et l'ennui :

« J'endurais, en allant à l'école, une épreuve très pénible, et j'avais des rapports déplorables avec la plupart de mes maîtres et avec tous mes camarades d'études. » [5]

Gould raconte l'histoire de sa première et unique expédition de pêche, sport dont son père était un ardent adepte, bien qu'il n'aimât guère à le pratiquer d'une barque ; ce fut donc un voisin d'Uptergrove qui emmena un jour sur le lac ses propres enfants et Glenn dans l'intention d'aller pêcher tranquillement. C'était l'été de 1939. Gould avait six ans.

« Nous sortîmes en bateau et je fus le premier à prendre un poisson. Et au moment où la petite perche sortit de l'eau et qu'elle se mit à tressauter en se tortillant, j'envisageai brusquement et complètement la chose du point de vue du poisson — ce

21

fut une expérience si forte que j'attrapai la pauvre bête et dis que j'allais la remettre à l'eau. A ce moment — et il m'en est resté comme une sorte de blocage contre les gens qui exercent leur autorité sur les enfants — le père m'a brusquement repoussé en arrière sur mon siège, probablement pour la bonne et plausible raison que j'allais faire chavirer la barque.

Puis il mit le poisson hors de ma portée, ce sur quoi je piquai une crise de rage et me mis à sauter dans tous les sens, à trépigner, à m'arracher les cheveux, une vraie comédie ! Je continuai sans désemparer jusqu'à ce qu'on eût regagné la rive. Je refusai bien entendu de parler à ces enfants pour le reste de l'été, et me mis sur le champ à travailler mon père pour le convaincre d'abandonner la pêche. Cela me prit dix ans, mais c'est probablement la plus grande chose que j'aie jamais réalisée » [6].

Plus tard, les opinions anti-pêcheurs de Gould se transformèrent en une campagne active, si l'on en croit une description d'Alfred Bester parue dans un article du *Holiday* en 1964 sous le titre *The Zany Genius of Glenn Gould* * :

« Howard Scott, qui fut son directeur artistique à la Columbia, affirme que, lorsqu'il séjourne l'été au lac Simcoe, Glenn sort chaque matin et chaque soir dans son hors-bord, vrombissant autour du lac, slalomant parmi les pêcheurs pour épouvanter les poissons et les sauver de leur destin. Scott dit que c'est un vrai spectacle de voir les pêcheurs en maillot de bain agonir Gould en braillant, et Gould en pardessus et casquette faisant écho et hurlant à tue-tête. »

Robert Fulford, auteur et éditeur canadien réputé, âgé de quelques mois de plus que Gould, écrit :

---

* L'équivalent français de ce titre pourrait être : *Le génie bouffon de Glenn Gould* (NdT).

« Glenn était un gosse remarquable. Je l'ai connu en troisième année quand nous avions neuf ans. Nous habitions à côté l'un de l'autre, dans le quartier est de Toronto. Même enfant, Glenn était solitaire parce qu'il travaillait comme un fou pour devenir un grand homme. Il avait un amour immense, tendre et passionné, pour la musique [...]. C'était un sentiment absolu, complet. Il savait qui il était et où il allait » [7].

A l'âge de dix ans, Gould entra au Conservatoire de Musique de Toronto (qui fut rebaptisé plus tard Conservatoire Royal de Musique de Toronto et qui sera désormais désigné sous ce nom pour éviter toute confusion). Il eut pour professeurs Alberto Guerrero (piano), Frederick C. Silvester (orgue) et Léo Smith (théorie). Gould déclare :

« Je ne commençai à prendre vraiment les choses au sérieux que vers dix ou onze ans, quand je me mis à travailler pour de bon avec l'idée d'une carrière. C'était une chose qui me venait à l'esprit dès que les maîtres m'ennuyaient — ce qui était toujours le cas ; et c'était aussi une merveilleuse évasion loin de mes camarades de classe, avec lesquels je m'entendais toujours mal » [8].

Pendant six ans, par intervalles, il poursuivit ses études d'orgue, et les considérait comme le fondement tant de sa technique du clavier que de son amour pour la musique de Jean-Sébastien Bach. Il éprouvait quelque mépris à l'égard des pianistes qui interprétaient les transcriptions d'œuvres pour orgue de Bach, et il refusait d'apprendre la *Sonate pour piano en la majeur, K331*, de Mozart, parce que tout le monde la jouait. Il résistait d'ailleurs à tout Mozart, à une exception près : la *Fugue en do majeur, K394*, une pièce particulièrement peu mozartienne.

A dix ans, il jouait tout le Premier Livre du *Clavier bien tempéré* de J.S. Bach ; à douze-treize ans, il étudiait les *Partitas* (entre autres choses). Une photo de presse le montre à l'âge de treize ans à son piano, tenant à la main une perruche sur son perchoir. Le Premier Livre du *Clavier bien tempéré* et un volume des *Partitas*, tous deux dans l'édition Schirmer, sont posés sur le piano. (L'oiseau, selon la légende, s'appelait Mozart) [9].

Le jeune Gould eut beaucoup d'animaux, y compris des poissons rouges nommés Bach, Beethoven, Chopin et Haydn. Sa suite de chiens comprit Simbad, Sir Nickolson de Garelocheed et Banquo. Il eut des lapins, des tortues et un putois non désodorisé, mais leurs noms n'ont pas été enregistrés. Je ne serais pas surpris d'apprendre que le putois s'appelait Stravinsky.

Le Festival Kiwanis (sur lequel on reviendra) eut lieu pour la première année à Toronto en février 1944. Glenn Gould y concourut le 15 février et remporta le « Piano Trophy Competition », manifestement après un second tour d'audition entre les lauréats des différentes classes de piano. Il joua à nouveau le 16 février au « Grand Concert Final » du Festival. Pour autant que j'aie pu remonter dans le temps, ce fut à cette occasion que parurent les premiers comptes rendus à son sujet. Un reporter anonyme écrit : « Au milieu de talents d'un bon niveau, c'est sans doute le jeune Glenn Gould qui s'est le plus nettement détaché par son piano sans prétention. Pour le concert, beaucoup d'enfants plus jeunes que lui ont été poussés à jouer des choses plus ambitieuses, mais le jeune Gould a fait front avec cette sorte d'intelligence souveraine et de responsabilité, qui dénotent un talent qu'il faudra suivre. » Augustus Bridle, critique local préposé à la chronique du jour au *Toronto Daily Star*, écrit : « Glenn Gould (Lady Kemp Sch.) a joué comme un jeune Mozart classique ». « Lady Kemp Sch. » fait allusion au Prix Lady Kemp de 200 dollars que Gould avait remporté au concours de piano du jour précédent. Ce que peut bien vouloir dire « un jeune Mozart classique », je n'en ai aucune idée, et l'on verra un peu plus loin qu'il est

24

parfois assez difficile de suivre le cheminement de la pensée de ce journaliste plus ou moins bien informé.

Un contingent d'étudiants de dernière année au Royal Conservatory s'était présenté à ce premier Festival Kiwanis. « Juste pour voir », se disaient-ils gravement l'un à l'autre, afin qu'il soit bien clair qu'ils étaient au-dessus du fait de perdre ou de gagner. Parmi eux se trouvaient plusieurs musiciens tout à fait accomplis, qui devinrent plus tard des artistes de renom. Ils furent suffoqués quand ils virent cet enfant de onze ans, paraissant encore moins que son âge, monter sur la scène avec assurance, en culottes courtes (encore le petit Haydn et le petit Mozart ?) et l'emporter sur eux tous.

Gould devint presque aussitôt une célébrité, encore que ce fût d'abord dans un sens local et restreint. Les jeunes musiciens ne fabriquent pas moins d'histoires l'un sur l'autre que leurs aînés, et les apocryphes de Gould se sont depuis accumulés. Beaucoup de contes ont été propagés, quelquefois par Gould lui-même, mais la plupart ont été réfutés, par lui ou par quelqu'un qui affirmait avoir été proche de lui ou de l'événement. Ce qui a, d'ailleurs, contribué à faire que Gould réussisse à protéger sa vie privée et à gagner cette solitude sans laquelle il a toujours cru qu'il lui serait impossible de survivre en tant qu'artiste.

Gould a souvent protesté qu'il ne fut pas un enfant prodige mais les faits s'inscrivent en faux contre cette dénégation. En 1945, il passa avec succès l'examen de Troisième Cycle du Royal Conservatory of Music de Toronto — ce que l'on considère comme un niveau professionnel. En 1946, après avoir satisfait aux examens de théorie de la musique, il obtenait son premier prix de Conservatoire, premier nommé.

Il continua à travailler avec Alberto Guerrero jusqu'en 1952, et les deux musiciens demeurèrent amis jusqu'à la mort de Guerrero, en 1959. Guerrero ne fut cependant jamais convaincu que les gestes extravagants de Gould, non plus que son chant, fussent des accessoires indispensables à son jeu au piano.

25

John Beckwith, le musicien canadien bien connu, témoigne de Guerrero, qui fut aussi son maître :

« Lui-même enfant exceptionnellement doué, Guerrero réussissait particulièrement bien avec les plus jeunes élèves de talent. Il considérait que l'acquisition d'une bonne technique pendant l'adolescence était le support qui permettait au tempérament individuel de s'exprimer [10]. »

Gould fit ses études secondaires au Malvern Collegiate Institute, non loin de chez lui, de 1945 à 1951, mais il ne remplit pas toutes les conditions requises pour l'obtention du baccalauréat. Tout comme son voisin Robert Fulford, qui avait, lui, abandonné quelque temps auparavant, il a tout de même réussi à se débrouiller dans la vie avec un cycle incomplet d'enseignement secondaire... Il n'existe pas d'anciens élèves de Malvern plus illustres que Fulford et Gould.

Fulford a stipulé quant à lui trois raisons pour son abandon du lycée. Raison officielle : « individu créatif en rébellion contre un environnement répressif ». Raison non officielle : « élève nul ». La Vérité n'est pas, dit-il enfin, qu'il abandonna le lycée, mais plutôt le quartier (le « Beach ») :

« Pour un adolescent, c'était un monde clos, une sorte d'univers WASP * assoupissant et feutré, une petite cellule méfiante et bornée, à esprit de clocher, où nous nous échinions à éviter la connaissance aussi bien de nos voisins que de nous-mêmes. L'évolution affective d'un garçon du Beach se trouvait stoppée à l'âge de seize ans ou moins, tenu qu'il était au code du brave gars athlétique incapable d'admettre l'existence d'une quelconque ambiguïté émotionnelle, spirituelle ou intellectuelle [11]. »

---

* WASP. — White Anglo Saxon Protestant — Correspondrait à la HSP (Haute Société Protestante) de France — quoique réservé à la Côte Nord Américaine. (N.d.T.).

Glenn Gould resta à Malvern la durée de la scolarité complète mais en suivant un programme spécial, conçu pour lui donner le temps de pratiquer et d'étudier la musique : c'est ce qui explique qu'il termina sans avoir toutefois rempli les conditions nécessaires à l'obtention de son bac.

**

L'influence sans aucun doute la plus significative sur Gould durant son adolescence fut celle d'Arthur Schnabel. Il ne l'entendit jamais en personne, mais en a cependant souvent parlé avec la plus complète admiration :

« Pendant mon adolescence (seule période de la vie où l'on ait, je crois, des idoles), je n'en avais réellement qu'une — je parle des interprètes — c'était Schnabel ; j'ai grandi avec son Beethoven et, dans une moindre mesure, son Schubert et son Brahms. Je crois que c'était, en partie, parce que Schnabel semblait être quelqu'un qui ne se souciait pas réellement beaucoup du piano en tant qu'instrument. Le piano était pour lui un moyen tendu vers une fin, et cette fin était d'approcher Beethoven [12]. *»*

Un antagonisme éclate dans cette idée de Schnabel vu comme quelqu'un qui ne se soucierait *« pas beaucoup du piano en tant qu'instrument »*. C'est pourtant là un thème majeur et sans cesse renouvelé des écrits de Gould sur la musique, et qui fut pour lui cause d'angoisse aux temps forts de sa carrière. L'antagonisme réside entre, d'un côté, les caractéristiques physiques d'instruments de musique spécifiques ou de types d'instruments (tel le piano), et la musique purement cérébrale, comme elle peut exister dans l'imagination, ou dans n'importe quelle partition non instrumentée, de l'autre. Un piano est un dispositif organisé pour la création d'événements physiques (en l'occurence acoustiques) : des configurations composées de

27

sons audibles de diverses fréquences, ondes et intensités. Gould croit avec raison qu'un morceau de musique n'est pas simplement une série d'événements acoustiques. Comme tous ceux qui ont tenté de réfléchir sérieusement sur ces questions il se heurte à des difficultés quand il s'agit de formuler l'idée de ce qu'est réellement la musique. Quoi que puisse être la musique, Gould pense manifestement qu'elle est chose mentale plus que physique, une forme de cognition plus que de sensation et c'est ce qu'il a toujours pensé depuis sa prime jeunesse.

Parmi les autres influences notoires qui marquèrent Gould durant son adolescence, il y eut *Tristan et Isolde*, qui le fit pleurer, confia-t-il, quand il l'entendit pour la première fois à l'âge de quinze ans [13]. Ce fut aussi à cet âge qu'il découvrit les enregistrements de la musique de Bach par Rosalyn Tureck ; il y trouva un auxiliaire puissant pour venir étayer ses propres idées sur la façon dont cette musique devait être jouée — idées que ne partageait pas son professeur Alberto Guerrero. Gould note que les maîtres de la génération de Guerrero avaient pour modèles Pablo Casals, Wanda Landowska et Edwin Fischer, qui jouaient avec ce qu'il considère être un excès de rubato. En revanche, il trouvait qu'il y avait dans le jeu de Tureck un élément de « *rectitude au sens moral du terme, avec un sentiment de paix et, par là*, disait-il, *je ne veux pas parler de langueur, mais de certitude quasi liturgique* [14]. » Il fut, selon lui, influencé par Tureck, mais non par les trois autres musiciens.

A dix-huit ans, Gould vouait déjà une admiration particulière à Leopold Stokowski :

« *Il était, et est, faute d'un meilleur mot, un extatique. Stokowski a le même rapport avec les notes, les indications de tempo et de dynamique de la partition qu'un cinéaste avec le livre ou la source qui sont à l'origine de son film : ils lui en fournissent l'élan et l'idée. Il s'ensuit alors que les interprétations de Stokowski se tiennent ou s'effondrent dans la mesure où il peut les imprégner du sentiment de son propre engagement vis-à-vis du projet en question* [15]. »

Ce passage mérite une relecture attentive et quelque réflexion complémentaire, car il contient le germe de l'esthétique musicale de Glenn Gould, et qu'il nous révèle l'une de ses sources. L'idée est qu'un réalisateur de films *n'est pas* tenu de suivre le livre original mot à mot et dans sa suite originale d'événements ; un interprète ne serait pas, lui non plus, tenu de suivre chaque détail de la partition du compositeur *.

Gould a peu parlé de ses activités de compositeur durant son adolescence. Une sonate pour piano de 1948 est mentionnée dans un article sur Gould en 1956, mais rien ne prouve que la sonate ait été exécutée en public ; elle n'a pas été publiée. Il a écrit une série de pièces pour piano quand il avait seize ans ; elle était destinée à la *Nuit des Rois* de Shakespeare dont elle s'inspirait. Il la joua durant l'entracte d'une représentation de cette pièce au Malvern Collegiate Institute. Les morceaux en étaient intitulés : *Atmosphère royale, Fête élizabéthaine, Déraison lunatique* et *Nocturne*. Il dit de son œuvre :

« *Vers l'âge de dix-huit ans, j'ai traversé une période dodécaphonique, et mes œuvres de cette époque — non parce qu'elles étaient dodécaphoniques, mais tout simplement parce que je n'étais pas vraiment convaincu par ce que je faisais avec ce langage — sont maintenant rangées dans la naphtaline* [16]. »

---

* Glenn Gould était un cinéphile fanatique, et il a participé, à des titres divers, à l'élaboration de la musique de trois films de fiction : il a choisi des morceaux de Bach pour *Slaughterhouse Five* (Abattoir N° 5) et un disque CBS a été réalisé à cette occasion, comportant sur la pochette un commentaire de Glenn Gould qui établit une relation entre les épisodes du film et la musique qui les accompagne. Son premier enregistrement des *Variations Goldberg* sert à illustrer *The Terminal Man*. Sa participation au dernier film, *The Wars*, est plus directement importante : il en a composé la musique et a travaillé à son mixage en 1982.

29

Deux compositions de cette période ont cependant été jouées lors d'un concert d'étudiants au Royal Conservatory of Music en juin 1951 : une sonate sérielle pour basson et piano, et cinq pièces pour piano (influencées par l'*Opus 5* de Webern, d'après Gould). Il était au piano et le bassoniste était Nicholas Kilburn.

Les concerts publics de Gould pendant son adolescence furent peu nombreux, ce qui indique que ses parents tinrent bon contre ceux qui voulaient le pousser sous les feux de la rampe. Néanmoins, un tel talent ne pouvait rester caché et ses concerts étaient suivis avec beaucoup d'attention par les journaux de Toronto. Si, comme on pouvait s'y attendre, certains journalistes demeuraient perplexes, d'autres étaient au contraire remarquablement réceptifs.

Ce ne fut pas au piano mais à l'orgue que Gould fit ses débuts de concertiste. Ils eurent lieu le 12 décembre 1945 à l'Eaton Auditorium * de Toronto. Ce fut à l'occasion d'un concert organisé par la Casavant Society, qui s'est appelée par la suite Casavant Frères — les facteurs d'orgues les plus remarquables du Canada. Un grand orgue Casavant constituait l'un des fleurons de l'Eaton Auditorium, et jusqu'à ce que la renaissance de l'orgue baroque gagnât Toronto dans les années 60, on pouvait fréquemment l'entendre lors des récitals donnés par les organistes locaux ou venus de l'extérieur.

La Casavant Society était une organisation assez librement composée d'organistes torontois et de gens intéressés à la musique d'orgue. Elle donnait des séries annuelles de récitals d'orgue à l'Eaton Auditorium, y présentant un nombre considérable d'éminents organistes autochtones ou étrangers. Les débuts de Glenn Gould ne se firent cependant pas à l'occasion d'un concert particulier à la Casavant Society : tous les participants étaient liés d'une façon ou d'une autre au Malvern

* De 1970 à 1977, Gould réalisa tous ses enregistrements pour Columbia à l'Eaton Auditorium.

Collegiate Institute, où Gould était élève. Sous le titre : « Un génie de douze ans à l'orgue », Edward W. Wodson écrit dans *The Evening Telegram*, à propos de la partie du programme de Gould :

« Glenn Gould n'est en vérité qu'un enfant, un garçon dégingandé, souriant et plein de charme, qui n'a pas encore treize ans. Mais il a joué hier soir à l'orgue comme maint organiste chevronné en serait incapable s'il s'y essayait. C'est un génie, avec la modestie que connaît seul le génie véritable. Il a joué le premier et le dernier mouvements de la dernière sonate pour orgue de Mendelssohn, un mouvement d'un concerto de Dupuis, une fugue de Bach et, en bis, un prélude de Bach. Du début à la fin et jusque dans le moindre détail, son jeu possède l'autorité hardie et la finesse d'un maître [...]
Il ne fut jamais en défaut. Il joua le choral de Mendelssohn et ses charmantes variations comme seul un grand artiste pouvait le faire [...]
Ses pieds sont aussi agiles que ses mains. Pour la *Fugue en sol mineur* de Bach, le jeu du pédalier fut aussi clair qu'un chant. Non seulement une technique étonnante, mais une intuition dans l'interprétation en sa pleine maturité. Il touche l'orgue avec le respect qu'il exige. Ce fut hier au soir un privilège de l'écouter et de le regarder [17]. »

La première apparition de Gould en soliste avec orchestre eut lieu lors d'un concert du Royal Conservatory au Massey Hall de Toronto, le 8 mai 1946. Dans l'un de ses essais autobiographiques les plus séduisants *, il en raconte les circonstances :

---

* *High Fidelity Magazine* de juin 1970 a publié cet essai sous le titre évocateur de *His Country's 'Most Experienced Hermit' chooses a Desert-Island Discography* : « L'ermite le plus expérimenté de son pays choisit une discographie d'île déserte » (N.d.T.).

« *J'étais encore un gamin de treize ans, lorsqu'un pédagogue mal inspiré de mon alma mater, à l'époque le Toronto (aujourd'hui Royal) Conservatory of Music, décida que le moment était venu de me préparer à mes débuts avec orchestre [...] et suggéra que je joue le* Concerto n° 4 *de Beethoven. La suggestion fut bien-entendu adoptée avec enthousiasme mais, de mon point de vue à moi, j'avais besoin d'un minimum de préparation : depuis deux ans, je possédais un coffret de disques RCA — acquis avec les fonds de mon argent de poche soigneusement épargné — enregistré par Arthur Schnabel, Frederic Stock et l'Orchestre Symphonique de Chicago. [...]*

Presque chaque jour, durant les deux ans qui précédèrent l'invitation sus-mentionnée, une partie ou même, à l'occasion, la totalité des huit faces de ces disques 78 tours servirent d'accompagnement à mon travail ; tout en jouant moi-même, je suivais fidèlement chaque nuance, chaque inflexion de la rhétorique schnabélienne, fonçant dramatiquement tête baissée en même temps que lui quand il le jugeait bon — c'est-à-dire pendant ces passages plus ou moins heureux où Beethoven a tendance à répéter ses thèmes — pour finir par m'arrêter comme en glissant toutes les quatre minutes vingt-cinq secondes ou peu s'en faut, à l'étape gracieusement cadentielle que le changeur automatique imposait pour passer au disque suivant.

Il s'avéra que ces fins de faces eurent sur moi une influence spécialement importante et formatrice ; sans elles, le second thème en ré *majeur, l'ambivalente entrée en* fa *du développement, la strette en* mi *mineur à la mesure 235 et, naturellement, la cadence — pour ne mentionner que les repères appartenant au premier mouvement —, perdaient force et pertinence, et caractère beethovénien. A vrai dire, jusqu'à ce jour, je ne supporte aucune interprétation de cette œuvre bienveillante qui ignorerait ces points de démarcation évidents, qui ne rendrait pas un hommage, au moins symbolique, à ces changements de faces obligés — que ceux d'entre nous élevés à l'ère du*

78 tours en sont venus à attendre et à chérir —, mais qui, allègrement et à grandes enjambées, se précipiterait inconsidérément vers l'arrivée [...]

Compte tenu du fait que l'exécution qui succéda fut quelque peu en rupture avec les concessions faites aux répétitions, l'orchestre suivit superbement. Il y eut bien un moment d'angoisse, à l'entrée du thème en ré majeur, *et les flûtes et haubois ne comprirent pas tout-à-fait ce qui se passait pendant la strette en* mi mineur, *mais je me retirais de fort bonne humeur [...] et la presse fut, dans l'ensemble, très gentille. [...] Le lendemain matin, il y eut, bien sûr, la critique dissidente d'un scribe attaché au* Globe and Mail *de Toronto :* " *L'insaisissable* 4ᵉ Concerto pour piano *de Beethoven fut, la nuit dernière, livré aux mains d'un petit enfant. Il se prend pour qui, le gosse ? Schnabel ? "* »

Les termes exacts du " scribe " étaient les suivants :

« Prestation de Glenn Gould dans le mouvement d'ouverture du *Concerto en sol majeur* de Beethoven. Manque de contrastes dynamiques, phrasé un peu haché et parfois surprenant pour un familier de Schnabel, mais possibilités indiscutables. »

Il rapportait que figuraient aussi au programme Elizabeth Benson Guy, Ronald Steward, Audrey Farnell et Charles Dobias, et ajoutait prophétiquement : « Dans l'ensemble, le Toronto Conservatory semble bien être une pépinière de musiciens. »

Auguste Bridle rapporte dans le *Toronto Daily Star* que Gould jouait l'allegro moderato d'une sonate de Beethoven ; c'était, bien sûr, un concerto. Il incluait la description du soliste :

« Jeune Anglo-Saxon dans les quatorze ans, faisant montre d'un complexe de précarité [!] avec l'assurance d'un maestro : la jeunesse parle dans ses manières, point dans son piano — il affronte, de façon quelque peu enfantine toute situation embarrassante ; trois rappels, un seul petit signe de tête bien raide à l'assemblée. »

Edward W. Wodson savait, lui, ce qu'il venait d'entendre et y répondait avec sensibilité dans le *Telegram* de Toronto :

« Le jeu de ce jeune garçon a montré comme la musique pour piano peut être belle — comme l'écriture pour piano de Beethoven est superbe — et comme sont impressionnantes les voies du génie chez un enfant. Car Glenn Gould est un génie. [...] Ses mains de papillon ont fait chanter le piano comme seul de Pachmann savait le faire. Il montrait au mélomane que gammes et arpèges sur un humble piano peuvent avoir beauté et et caractère spirituels aussi bien que techniques. Son phrasé était éloquent comme la poésie chantée par le poète lui-même. »

L'année suivante, le 14 janvier, Gould jouait le *Quatrième Concerto* de Beethoven en entier, au Massey Hall, avec le Toronto Symphony et un chef d'orchestre australien, Bernard Heinze. C'était un concert pour les élèves des écoles secondaires de la région de Toronto. Pearl McCarthy écrit dans le *Globe and Mail :*

« Le jeune homme a joué de manière exquise. Le son, chez lui, n'est pas lourd, mais la délicatesse du phrasé et du rythme lui confère une puissance fort convaincante. Malheureusement le jeune artiste a fait montre d'un maniérisme naissant et n'a fait preuve de contrôle de soi qu'aux moments où il jouait lui-même. En approchant du statut d'adulte, il apprendra sans aucun doute à supprimer cette gesticulation gênante pendant que ses collègues de l'orchestre jouent. »

Edward W. Wodson dans sa critique musicale du *Telegram* se montre moins intéressé par le spectacle que par le son :

« La grâce et l'intelligence du jeune homme ne connurent pas la moindre faille. Phrase après phrase de ce superbe piano, l'art du soliste répondait à la finesse de l'orchestre de façon non moins magistrale. Il s'est assis au piano, enfant parmi les professeurs, et a dialogué avec eux comme quelqu'un qui possède l'autorité. Ce fut une joie d'entendre son très beau jeu et de le voir si modeste et complètement oublieux de soi. »

Quant au fameux Auguste Bridle, il s'enfonce dans la fantaisie :

« [...] le jeune Glenn Gould est venu, au petit bonheur, jouer un concerto de Beethoven. Enfant des pieds à la tête, il s'est assis en attendant son tour pour faire son entrée — comme s'il était venu là, tout à fait par hasard, pour jouer aux " gendarmes et aux voleurs ". Mais Glenn savait son concerto — l'un des découpages de temps les plus perfides que Beethoven ait jamais écrits ; tant de pages aux notes presto-batifolantes à tisser contre les harmonies massives du gros orchestre ; tant de manœuvres avec ses écheveaux et, par-dessus le marché, un col de smoking réfractaire [...] comme si, entre les répliques, le pianiste avait pu s'amuser à croquer une grosse pomme. Mais toujours la jeunesse était prête à se faufiler et à donner la réplique au gros orchestre — avec force variété de presto-digitation, toujours affrontée de manière enfantine. Le jeune homme semblait prendre plaisir à faire clapoter ses folâtres cadences contre les rythmes les plus manifestes de l'orchestre. L'andante fut un legato sans relief qui vint se glisser en vol plané dans le rondo final sans la moindre rupture. Et tout cela fut fait en un tourne-main, avant que le jeune garçon ne fût entré dans le rythme. »

A quatorze ans, Gould donna son premier récital. C'était un récital d'étudiants au Royal Conservatory of Music de Toronto. Se rappelant le programme treize ans plus tard, Gould dira : « *J'ai joué quelques fugues, du Haydn, du Beethoven, du Mendelssohn, du Liszt (que je n'ai pas rejoué depuis en public).* » Il affirme qu'il n'avait pas le trac :

« C'était un véritable jeu, réellement [...] En ce temps-là, on était grâce à Dieu ignorant de sa responsabilité. Si seulement je pouvais encore ressentir une chose pareille... Maintenant, ce n'est plus qu'à coups de sédatifs... [18] *»*

35

Son premier récital public au sens propre du mot eut lieu à l'Eaton Auditorium, le 20 octobre 1947. Wodson dit, à cette occasion, du Scarlatti de Gould :

« Glenn Gould a su faire de chaque note un joyau des plus purs. A toutes sortes de vitesses, les gammes étaient choses chantantes d'une beauté aux multiples facettes [...] Ce fut pareil avec chaque note de son programme. Ce qu'on nomme interprétation de Beethoven, Chopin, Liszt et ainsi de suite, était oublié [...] Un génie aussi profond que le leur propre était au piano. »

Colin Sabiston écrit dans le *Globe and Mail* :

« C'était là un interprète qui concevait des mouvements, des compositions entières, comme des touts, et pour qui chaque détail était calculé afin de révéler des structures entières. »

Auguste Bridle passe une fois de plus à côté, associant au style amphigourique de sa prose cahotante des notations familières quelque peu étranges :

« Avec une infaillible précision et une intense technique des doigts, il mit au supplice l'Italien médiéval [Scarlatti !] jusqu'à stupéfier son auditoire, surtout les hommes [?]. Des doigts d'araignées, des poignets flexibles en caoutchouc, des pédales infaillibles, le nez au ras des touches, on aurait dit un vieil homme plongé dans une orgie musicale.

Dans une sonate de Beethoven, l'Op.37 [il n'y a pas de sonate de Beethoven Op.37 !], il surpassa Rachmaninoff par un art intensivement souple. Une re-gravure vive [sic], telle que jamais Ludwig ne l'avait rêvée dans une sonate, était l'essence de cette technique de jeunesse. »

Ce récital avait été organisé par Walter Homburger, imprésario installé à Toronto, qui est aussi maintenant le manager du Toronto Symphony. Il fut le manager de Glenn Gould jusqu'en 1967.

Gould donna son premier récital radiodiffusé le dimanche 24 décembre, à 10 heures 30. L'annonce, publiée dans le *CBC Times*, était rédigée comme suit :

« Glenn Gould, le pianiste de Toronto âgé de dix-huit ans, jouera la *Sonate en si bémol majeur* (K. 281) de Mozart, et la *Sonate N° 3* de Hindemith. »

Selon Gould, ce fut là que commencèrent ses heureuses relations avec le microphone et tout le matériel de radiodiffusion et d'enregistrement. Il s'est depuis lors senti complètement chez lui dans les studios.

A vingt ans, Gould avait donné quatre ou cinq concerts avec le Toronto Symphony, deux avec le Royal Conservatory Orchestra, et un avec chacun des orchestres de Hamilton, Ontario et Vancouver, British Columbia. Il fit une tournée de récitals dans les provinces de l'ouest, et avait d'autres tournées canadiennes inscrites à son calendrier pour un avenir proche. Il fit aussi sept ou huit concerts radiodiffusés pour la CBC.

Après avoir cessé de travailler avec Guerrero en 1952, Gould partit pendant deux ou trois ans dans le plus complet isolement, essentiellement à Uptergrove, avec son piano, un magnétophone et son chien pour tous compagnons. Son intention était de travailler le piano aussi intensément qu'il le pourrait, bien décidé qu'il était à savoir s'il possédait oui ou non les qualités qui lui permettraient de devenir un pianiste de premier plan. Il accepta cependant quelques engagements au Canada, quelques radios ; en 1954, il était devenu tout à fait familier aux auditeurs canadiens. 1954 est d'ailleurs une année d'un intérêt tout spécial pour les chercheurs, car c'est alors qu'apparut pour la première fois le nom de Glenn Gould dans le *Music Index* — qui reprenait une rubrique du *Musical Courier*, où Ezra Schabas et Stuart Nall faisaient le commentaire d'un récital donné par Gould à Toronto le 16 octobre de cette même année. Ils y déclaraient en particulier :

« Si ses interprétations de la musique de Bach sont égalées par des conceptions analogues d'œuvres d'autres grands compositeurs, le public se trouvera bientôt en présence d'un artiste qui ne le cèdera en rien à des artistes tels que Landowska et Serkin. »

Tout cela conduisait, bien sûr, aux débuts de Gould aux États-Unis, en janvier 1955.

Nous savons très peu de choses sur les événements préparatoires de ces concerts : débats avec son agent Walter Homburger ; discussions avec d'autres musiciens ; surexcitation générale, travail et changements de programme à la dernière minute. Nous pouvons au moins être sûrs que Gould mena les choses comme il l'entendait. Des années plus tard, il s'est expliqué de ses intentions et mobiles auprès de plusieurs journalistes, mais on ne saurait séparer à coup sûr les impressions a posteriori des faits réels.

Il savait que d'autres jeunes artistes étaient allés à New York à cette époque avec, pour leurs débuts, un programme où figuraient une transcription de Bach, une sonate de Beethoven datant du milieu de sa production, un Chopin, et un Russe percutant grand séducteur de foules — Katchaturian, peut-être, ou Prokofiev. L'important était d'être autre chose qu'un autre brillant jeune homme fraîchement débarqué de son bled pour tenter d'impressionner « Débutown » * (comme Gould appelle parfois New York) à coup d'octaves tonitruantes — là-bas, ils savent tout sur les octaves tonitruantes et ils pourraient comparer Gould non seulement avec d'autres brillants jeunes gens qui font tous les mêmes choses, mais aussi avec les immortels du piano. Il décida donc d'y aller avec un programme qui mobiliserait l'attention par son absence d'ortho-

* Le jeu de mot est bien sûr transparent : town = ville (N.d.T.).

doxie, à défaut d'autre chose, et qui pourrait mettre en relief ses capacités propres et particulières. Il insista aussi pour que le programme fût tel qu'il eût plaisir à le jouer, en dehors de toute autre considération ; il a tenu à ce que soit respecté ce dernier point d'un bout à l'autre de sa carrière de concertiste.

Dans les années 70-80, il ne paraîtrait pas excentrique de jouer la *Partita en sol majeur* de Jean-Sébastien Bach lors d'un récital, mais dans les années 50, les partitas n'étaient pas monnaie courante ; elles étaient associées aux récitals cultuels des clavecinistes ou à ceux de Myra Hess ou de Rosalyn Tureck au piano. Mais cette Partita était depuis longtemps l'une des œuvres favorites de Gould, aussi l'inscrivit-il à son programme ; tout comme il inscrivit la *Sonate en mi majeur* de Beethoven, l'*Opus 109*, dont chacun savait qu'elle ne pouvait être jouée convenablement que par un sage musicien d'âge mûr, lui-même tout pénétré de la sagesse du monde. Et chacun savait aussi que les *Inventions* à trois voix de Bach étaient ennuyeuses, monotones études techniques destinées à de jeunes élèves, mais cela ne le détourna pas d'en jouer cinq d'affilée, avec les *Variations Op. 27* de Webern et la *Sonate* de Berg qui, l'une comme les autres, n'étaient connues de personne. Avec ces œuvres, avec quelque Gibbons et quelque Sweelinck (dont personne ne pouvait prononcer le nom), Gould disposait là d'un programme qui — il le savait bien — ne risquait en aucun cas de passer inaperçu.

Les débuts de Gould aux États-Unis eurent lieu à la Phillips Gallery de Washington, l'après-midi du 2 janvier 1955. Voici quelques lignes du critique Paul Hume, dans le *Washington Post* :

« Peu de pianistes savent user de leur instrument avec tant de beauté, tant de charme, tant de musicalité dans la manière, avec un tel respect pour sa nature véritable et sa gigantesque littérature [...] Glenn Gould est un pianiste qui offre au monde des dons rares. On ne devrait pas tarder à l'écouter et à lui

39

accorder l'honneur et l'audience qu'il mérite. A notre connaissance, aucun pianiste d'aucun âge ne lui ressemble en rien. »

Le soir du 11 janvier, Gould faisait ses débuts à New York, au Town Hall. C'était, bien sûr, l'instant crucial et, pour les normes de l'époque, il avait beaucoup investi : 1 300 dollars, selon l'information d'un journal, dont 450 pour la location de la salle et le reste pour la publicité et la promotion. Gould a confié à un journaliste qu'il avait fait une poussée de fibromatose peu de temps avant le récital, et qu'il avait été sauvé par un pharmacien secourable qui lui avait administré le médicament adéquat. A part cela, il était, dit-il, complètement détendu avant et pendant le concert.

John Briggs, pour le *New York Times* :
« Le programme provocateur que nous avait concocté M. Gould constituait une épreuve dont triompha aisément le jeune pianiste ; ce faisant, il ne laissa aucun doute sur la puissance de sa technique. Mais l'aspect le plus remarquable du jeu de M. Gould est que cette technique en tant que telle reste à l'arrière-plan : l'impression dominante ne relève pas de la virtuosité, mais de l'expressivité. On est en état d'entendre la musique. »
Le même critique écrit dans le *Musical Courier* :
« Complètement ensorcelé par les beautés abstraites, abstruses, de ces œuvres en contraste, Gould semble habité par le sentiment d'un autre monde. Il nous a donné l'impression qu'il ne pourrait absolument pas jouer une œuvre inférieure ou superficielle, ni même une œuvre facile, irréfléchie ; et tandis que la plupart des pianistes éviteraient la musique baroque non conçue pour le piano, lui, au contraire, s'y engage et en comprend la vraie signification, d'une façon telle qu'il transcende entièrement et rend futiles certaines questions comme de savoir si les touches qu'il frappe fonctionnent au vent, avec plectres ou marteaux. D'où la réussite étrange de cette association du baroque, qui si souvent ne tient aucun compte de

40

l'instrument, et de la musique atonale, qui nie carrément l'instrument, le mode et tout. Je ne peux que l'appeler grand, et prévenir ceux qui ne l'ont pas entendu qu'il les plongera dans des profondeurs nouvelles et inconnues de sentiment et de perception. »

Le lendemain, Glenn Gould signait un contrat avec Columbia Records : c'était le début d'une relation de travail remarquablement féconde, qui s'est prolongée toute sa vie. On pourrait s'étonner qu'un contrat lui ait été si promptement offert. Il existe plusieurs versions qui prétendent expliquer l'événement, mais j'ai cru bon d'aller voir directement David Oppenheim, maintenant doyen de l'École des Beaux-Arts à New York, pour lui demander de me relater les faits : il était à ce moment-là directeur de la Columbia.

Le 10 janvier, Oppenheim rendit visite au violoniste Alexander Schneider dans sa maison de New York. Ils écoutèrent un disque de Dinu Lipatti, et Oppenheim formula tout haut le vœu qu'existât un autre pianiste aussi exceptionnel. Schneider, qui avait fait de la musique de chambre avec Gould pour la CBC, répondit que cet autre existait, et qu'il allait jouer le lendemain soir à Town Hall. Oppenheim se rendit au récital ; au bout de quelques mesures, il savait que c'était là un grand artiste, à qui la Columbia allait offrir un contrat.

Très content malgré sa fatigue, Gould s'envola pour Toronto le lendemain de son récital. Il avait avec lui son contrat, sa chaise pliante, son père (qui avait assisté au récital), et Walter Homburger, qui déclarait aux journalistes que ce contrat était le premier que Columbia Records ait jamais signé avec un artiste inconnu, sur la seule foi de ses débuts.

La première prestation de Gould pour ce contrat fut l'enregistrement des *Variations Goldberg* de Jean-Sébastien Bach, dont les séances eurent lieu dans les studios de la CBS à New York en juin 1955.

Un communiqué de presse de Columbia Records, daté du 25 juin, donne une idée de ces séances en une description sur laquelle on effectuera aisément la remise d'usage qu'implique la « promo », ou la « pub », ou ce qui avait cours à l'époque :

« Le directeur de l'enregistrement et ses collègues ingénieurs à la Columbia Masterworks sont de sympathiques vétérans qui acceptent comme parfaitement naturels tous les rituels de studio — faiblesses ou fantaisies — auxquels tiennent les artistes. Pourtant, ces âmes bien trempées furent elles-mêmes frappées de stupeur par l'arrivée du jeune pianiste canadien escorté de son " équipement d'enregistrement " pour ses premières séances à la Columbia. M. Gould était supposé passer une semaine afin d'enregistrer l'une de ses principales spécialités, les *Variations Goldberg* de Bach.

C'était par un jour de juin d'une extrême douceur, mais Gould arriva en pardessus, casquette, écharpe et gants. L'" équipement " comprenait naturellement le traditionnel cartable à musique, mais aussi une pile de serviettes de toilette, deux grandes bouteilles d'eau de source, cinq petits flacons de pilules (toutes de couleurs et de prescriptions différentes), et sa chaise très spéciale et très personnelle.

Les serviettes, s'avéra-t-il, étaient nécessaires en quantité parce que Glenn trempe ses mains et ses bras jusqu'au coude dans l'eau chaude pendant vingt minutes avant de se mettre au piano — une procédure qui devint rapidement un rituel de groupe plein de bonne humeur ; tout le monde faisait cercle autour de lui, bavardant, plaisantant, parlant musique, littérature, etc., tout le temps que durait le " trempage ".

L'eau de source en bouteille était nécessaire parce que Glenn ne peut souffrir l'eau des robinets new-yorkais. Les pilules étaient là pour bon nombre de raisons — maux de tête, décontraction, bonne circulation...

L'ingénieur préposé à l'air conditionné travailla aussi dur que celui qui se tenait à la console d'enregistrement : Glenn est particulièrement sensible à la moindre variation de température, de telle sorte qu'il fallait constamment réajuster le système d'air conditionné du vaste studio.

Mais la chaise pliante fut incontestablement la meilleure de toutes les variations. C'était à l'origine une chaise de bridge, avec chaque pied séparément réglable en hauteur, pour que Glenn puisse se mouvoir en avant, en arrière, et de côté. Les sceptiques du studio pensaient que c'était là le summum de l'extravagance, et ce, jusqu'à ce que l'enregistrement eût commencé. On vit alors Glenn ajuster l'inclinaison de sa chaise avant d'entamer ses quelque peu incroyables passages à mains croisées des *Variations* et se pencher dans la direction de la " croix ". La chaise fut alors unanimement reconnue comme une logique et merveilleuse machine.

Gould au clavier était un autre phénomène — tantôt accompagnant son piano d'un chant, tantôt planant bas au-dessus des touches, tantôt jouant les yeux fermés et la tête renversée en arrière. Les auditeurs de la régie étaient subjugués — et jusqu'à l'ingénieur de l'air conditionné, qui se prit à cultiver un penchant pour Bach. Même lors des playbacks, Glenn était en un perpétuel mouvement, dirigeait avec extase, effectuait sur la musique un véritable ballet. Pour se sustenter, il mâchonnait des biscuits à l'arrow-root *, buvait du lait écrémé et fronçait le sourcil à la vue des gigantesques sandwiches que dévorait l'équipe d'enregistrement.

La semaine écoulée, Glenn déclara qu'il était satisfait de son travail, plia bagage avec ses serviettes, pilules et chaise de bridge. Il s'en fut à la ronde serrer la main de chacun — le directeur de l'enregistrement, les ingénieurs, l'homme de studio, l'ingénieur de l'air conditionné. Chacun s'accorda à dire qu'on allait regretter les joyeuses séances de " trempage ", l'humour et la fièvre de Gould, les pilules et l'eau de source.

* Racine de marante (N.d.T.).

" Bien, dit Glenn en remettant ses pardessus, casquette, écharpe et gants pour s'aventurer dans l'air de juin, vous savez, je reviendrai en janvier. "

Et il reviendra. L'ingénieur à air conditionné du studio s'entraîne déjà pour le marathon. »

Le disque fut un triomphe immédiat, devint un best-seller, et consacra Gould comme un artiste pleinement accompli parmi les tout premiers pianistes. Comme Gould le dit plus tard, ce disque paya son loyer pendant quelques années. Dans la perspective des années 70, il paraît évident que ce fut la mise en circulation au début de 1956 du disque des *Variations Goldberg,* et non ses débuts à New York en 1955, qui fut le pivot de sa carrière, encore que le disque n'aurait pu exister sans les concerts.

Durant les mois suivants, Gould joua en concert et pour des émissions de radio, enregistra son second disque — les trois dernières sonates de Beethoven *(Op.109, Op.110, Op.111).* Avec ces œuvres, comme avec les *Goldberg,* Gould enregistrait un répertoire auquel d'autres artistes s'essayaient non au début, mais en fin de carrière.

En février 1956, le *Quatuor à cordes* de Gould fut donné en première audition par le Quatuor à cordes de Montréal lors d'une émission de Radio-Canada. Il est en un mouvement, d'une structure compacte, introspectif et pourtant attrayant. Gould, et d'autres, ont souligné ce qu'il devait à Richard Strauss. Il a, dit-il, donné deux ou trois ans de sa vie à ce quatuor, et il l'aime, mais il ajoute qu'il n'est pas tout à fait abouti, parce qu'il était à cette époque insuffisamment initié aux possibilités techniques des instruments à cordes.

En mars de la même année, Gould eut aux États-Unis son premier concert avec orchestre, le Detroit Symphony, dirigé par Paul Paray. Ils jouèrent le *Concerto Nº 4* de Beethoven.

Son premier concert avec le Philharmonic de New York eut lieu en janvier 1957 ; Leonard Bernstein était au pupitre et ils interprétèrent le *Concerto N° 2* de Beethoven. Le mois suivant, il joua Bach devant des spectateurs pour une télévision en direct de la CBC de Toronto ; il y dirigeait aussi Maureen Forrester et un orchestre dans le solo d'alto de la *Seconde Symphonie* de Mahler.

Tels furent les principaux événements jusqu'au 3 mai 1957 où, avec son manager Walter Homburger, il partit pour sa première tournée européenne. Il commença par deux semaines en Union soviétique. Il donna quatre concerts à Moscou et quatre à Leningrad, débutant par Moscou le 7 mai, avec le programme suivant : J.S. Bach, quatre fugues de l'*Art de la Fugue* et l'intégrale des *Inventions à trois voix* ; Beethoven, *Sonate Op.109* ; Berg, *Sonate*.

Gould était le premier pianiste nord-américain, et le premier musicien canadien, à se rendre en Union Soviétique. Les critiques parlèrent de lui comme d'un « ambassadeur culturel », mais ce n'était guère le fait d'un diplomate que d'aller donner des conférences (par interprètes interposés) aux Conservatoires de Moscou et de Leningrad sur l'École Viennoise du XXe siècle, musique qui était prohibée en Union Soviétique. Quelques vénérables membres de l'Académie de Musique, rapporte-t-il, marquèrent leur désapprobation en quittant ostensiblement la salle.

Il est de notoriété publique que Gould eut un accueil follement enthousiaste de la part du public et de la critique en Russie et dans les autres pays où il se produisit. Il fit ses débuts à Berlin en mai 1957, avec la Philharmonie de Berlin dirigée par Herbert von Karajan, pour le *Troisième Concerto* de Beethoven. H.H. Stuckenschmidt * a dépeint Gould comme un génie absolu, le plus grand pianiste depuis Busoni.

Début juin, Gould donna un récital à Vienne, devant un auditoire restreint mais transporté, qui comptait Paul Badura-

* Célèbre musicologue et critique berlinois (NdT).

Skoda, Alfred Brendel, Jorg Demus. Ce fut la dernière manifestation de sa tournée. Il avait donné douze concerts en un mois ; à chacun, il avait été rappelé pour de nombreux bis. Il ne manqua pas d'observer que les critiques européens attachaient peu d'importance à ses particularités gestuelles ou vocales au piano, alors que, au Canada et aux États-Unis, il en était qui ne remarquaient pas grand-chose d'autre.

Il rentra chez lui fin juin en assez bonne forme, de sorte qu'il put reprendre son calendrier d'enregistrement à Columbia Records à New York, et honorer les contrats de plusieurs récitals et concerts au cours des mois suivants. En mai 1958, il eut son premier concert avec l'orchestre de Philadelphie. Eugène Ormandy dirigeait le *Concerto N° 4* de Beethoven.

En août 1958, Gould joua le *Concerto en ré mineur* de Bach à Salzbourg avec Dimitri Mitropoulos. Trois jours plus tard, toujours à Salzbourg, il dut annuler son récital à cause d'une grippe. En décembre, il donna en Israël onze concerts en dix-huit jours. Ce fut sa seconde tournée au-delà des mers, qui le conduisit aussi en Allemagne, Autriche, Italie, Belgique et Suède *.

En février 1959, le prix Bach lui fut décerné par le Comité Harriet Cohen Music Awards, à Londres. Fin mai-début juin de la même année, il joua des concertos de Beethoven au Royal Festival Hall de Londres, avec le London Symphony Orchestra ayant à sa tête Josef Krips. Quelques années plus tard, Gould affirmait que Krips était le chef le plus sous-estimé de sa génération. Il avait inscrit à son programme les cinq concertos mais, malade, il ne put jouer l'*Empereur* (Louis Kenter le remplaça). Harold Rutland, écrivant pour le *Musical Times,* évoque ses impressions sur Gould :

« Une publicité considérable avait précédé son arrivée. On disait qu'il était le premier pianiste nord-américain à avoir joué en Union Soviétique, où son succès avait été phénomé-

* Glenn Gould n'a jamais donné aucun concert en France (NdT).

46

nal ; et à Berlin, on l'avait salué comme " le plus grand pianiste depuis Busoni ". On concluait, du reste, que ses manières sur scène étaient nettement dépourvues d'orthodoxie.

Je le rencontrai quelques jours avant qu'il commençât ses concerts. Il portait des gants de laine, bien que la journée fût chaude ; et, courtoisement, il refusa ma poignée de main, craignant de toute évidence que ma main ne mît la sienne hors d'état d'agir. Je crois savoir que fréquemment il porte deux paires de gants et que, comme de Pachmann, il déteste l'air frais. C'est, à l'évidence, un jeune homme de caractère et, dirais-je, un intellectuel. [...]

Bien que l'*Empereur* ne fût pas mon concerto favori, je me rendis au Festival Hall pour entendre jouer Glenn Gould puisque, me disais-je, ce serait l'occasion de voir ce qu'il était capable de faire. Mais il était souffrant, avec une forte fièvre, et ne se produisit point. Mais je fis une seconde tentative le 1er juin, et je l'entendis jouer le *Concerto en ut mineur.* Certes oui, sa manière est peu orthodoxe ; pour ne pas dire excentrique. Il était assis sur une chaise exceptionnellement basse, le piano soulevé sur des cales de bois ; il était presque renversé en arrière, la jambe gauche croisée sur la droite ; de temps en temps, il buvait de l'eau à petites gorgées ; et il battait la mesure avec son pied. Mais il était entré en scène rapidement, sans aucune façon, et dès que la musique avait commencé, sa concentration avait été complète.

Fréquemment, on prise une interprétation pour sa clarté. Là, cependant, il ne s'agissait pas seulement de ce qu'on pourrait appeler la clarté technique (l'équilibre des voix était particulièrement admirable), mais de l'extrême clarté de l'esprit. Gould savait exactement comment il voulait jouer ce concerto, et c'était exactement comme cela qu'il le jouait. En outre, on voyait clairement qu'il avait, à un degré inhabituel, pensé la partie de solo en fonction de la texture de l'ensemble ; il écoutait avec la plus extrême attention l'orchestre qui, mené par J. Krips, lui offrait le maximum de coopération. A en juger par ce qu'on sait de Beethoven, je doute qu'il ait joué son œuvre de la même manière — il était probablement beaucoup plus dynamique, voire violent. Mais l'interprétation de Gould était finement conçue et finement réalisée, avec une impulsion continuellement tournée vers l'avant, des gradations sonores d'une grande subtilité et un son toujours parfaitement beau. De plus, aucun effet ne venait se surimposer à la musique. J'ai su, devant l'intensité de cette exécution, que Gould était l'un des très rares pianistes que je serais prêt à écouter à tout moment et en toutes conditions.

Je ne puis cependant m'empêcher de penser qu'il est dommage qu'un professeur ou un ami, dont il respecte le jugement, ne l'ait jamais pris par la main et ne lui ait dit ses quatre vérités à propos de sa manière de se tenir en scène. Mais en fin de compte, c'est le jeu qui importe, et si Glenn Gould trouvait impossible de jouer aussi bien qu'il joue sans, disons, se tenir la tête en bas, je n'aurais, quant à moi, rien à objecter. C'est d'ailleurs, j'en suis sûr, ce qu'il aurait fait s'il en avait ressenti le besoin, sans venir préalablement demander ma permission ou celle de quiconque. »

En janvier 1960, il fit sa première apparition télévisée aux États-Unis, avec Leonard Bernstein et le New York Philharmonic. Il était déjà un vétéran de la télévision canadienne, où ses émissions, dans lesquelles on peut le voir jouer et parler, furent encore régulièrement programmées jusqu'en 1981.

En 1963 et 1964, il fit des conférences au Gardner Museum de Boston et dans plusieurs institutions académiques, dont l'Université de Cincinnati, le Hunter College, et l'Université de Toronto. Cette dernière lui conféra le titre de Docteur Honoris Causa, en juin 1964. C'est une tradition dans cette université que, quand un musicien reçoit une distinction honorifique, il donne un bref concert en participation à la cérémonie. C'est ce qu'on attendait surtout de Gould, mais il prononça, à la place, un discours de réception. Le rapport entre parole et jeu penchait déjà dans sa vie en faveur de la parole. Aucun des auditeurs de Gould à cette réception ne pouvait savoir que sa dernière apparition publique en tant que pianiste avait eu lieu trois mois auparavant. C'était lors d'un récital à l'Orchestra Hall de Chicago, le 28 mars 1964, au cours duquel il avait joué des fugues de l'*Art de la Fugue* et la *Partita N° 4* de Bach, la *Sonate Opus110* de Beethoven et la *Troisième Sonate* de Krenek.

Toute sa vie d'adulte, Gould a travaillé à composer (dans plusieurs sens du terme), à faire des émissions, à enregistrer et à écrire. Au début des années 60, un conflit avait surgi entre les sollicitations de ces activités et celles de son calendrier de concertiste. Les nombreuses annulations de concerts et son hypocondrie bien connue du public en témoignent ; il était évident que concerts et récitals allaient perdre la partie. Mais Gould l'avait prédit dès la fin de son adolescence. Ce n'était pas de sa faute si personne ne l'avait cru.

Depuis 1964, la personne Glenn Gould a complètement fusionné avec les œuvres de Glenn Gould : sa vie ne s'est jamais beaucoup éloignée d'elles parce que les principaux événements de cette vie se sont incarnés dans ces œuvres. Il a continué à vivre à Toronto une vie solitaire et incroyablement féconde, extatiquement engagé dans l'exploration de la technologie acoustique et de ses applications à la « musique », au sens large et personnel qu'il donnait à ce mot, c'est-à-dire à la manipulation de toutes sortes de sons, y compris de la parole.

Chapitre 2

Pas-de-Prise-2

En 1967, trois ans après son dernier récital, Gould avait ce mot :

« A l'exception de quelques octogénaires, je suis réellement la première personne — mis à part ceux qui souffrent de dépression nerveuse ou d'une maladie quelconque — à avoir abandonné la scène [1]. *»*

Il abandonna la scène non par défaut de contrats, ni parce que les gens ne venaient pas à ses concerts ; au contraire, en 1964, il était une superstar qui pouvait compter sur des salles pleines et sur plus d'offres de contrats qu'il n'en pouvait accepter. Il ne l'abandonna pas non plus sur un coup de tête ou par une sorte de renoncement fantasque, mais pour être libre de réaliser certaines ambitions qu'il avait formulées bien avant ses débuts new-yorkais de 1955.

Il s'agissait, en plus des concerts publics, d'activités telles que composer, écrire, ou expérimenter des procédés technologiques pour faire de la musique. Gould depuis lors s'est adonné à toutes, sauf aux concerts publics. Autour de sa vingt-cinquième année, il avait pleinement pris conscience que la vie survoltée d'un interprète en tournée, avec les contraintes inhérentes aux concerts et récitals, s'opposait à la réalisation de ses autres ambitions. Comme quelqu'un en fit un jour la

51

remarque, Gould abandonna la scène pour être libre de devenir musicien plus qu'interprète. Certains ont longtemps cru qu'il reprendrait ses esprits, ou cesserait de bouder, et qu'il reviendrait à la carrière conventionnelle de soliste international. Mais Gould ne s'était pas retiré sous l'effet d'une aberration momentanée : il était tout à fait exclu qu'il pût jamais revenir au concert public.

Dans une interview radiodiffusée en 1959, on avait demandé à Gould s'il allait parfois au concert en tant qu'auditeur. Il avait répliqué :

« Non, presque jamais. Je suis extrêmement mal à l'aise au concert et, en ce qui me concerne, l'approche réelle de la musique se fait en restant chez moi à écouter des disques [2]. »

Le compositeur Ned Rorem avançait une opinion analogue : « Je ne vais jamais au concert et je ne connais personne qui y aille. Quel intérêt y a-t-il à se demander si ce soir le virtuose va jouer la *Sonate " Clair de lune "* un petit peu mieux ou un petit peu moins bien que cet autre virtuose qui a joué hier au soir ?

J'assiste souvent à ce qu'il est convenu d'appeler des récitals d'avant-garde, encore que rarement avec plaisir et, inévitablement, je regarde autour de moi et j'en viens à me demander : Qu'est-ce que je fais donc ici ? Qu'est-ce que ça m'apporte ? Où sont donc les poètes, et les peintres, et même les compositeurs qui s'attroupaient autrefois pour ces choses ? Bon, je suis peut-être ici par devoir, gardant une oreille sur ma profession pour justifier les joies du ressentiment, pour chiper une ou deux idées, ou juste pour faire œuvre de charité à l'égard de quelque ami qui figure au programme. Mais j'apprends de moins en moins. Pendant ce temps-là, les artistes absents sont chez eux en train d'écouter des disques ; les voilà qui réagissent enfin, à la recherche de quelque chose qu'ils ne trouvent plus au concert [3]. »

Gould affirme qu'il souffre de claustrophobie au milieu du public, mais pas sur la scène parce que là, il y a la place de respirer. Il parle du public comme d'un *« rassemblement de gens assis là avec la sueur des deux mille neuf cent quatre vingt-dix-neuf autres pénétrant les narines de chacun* [4] *».* Si, pour une raison quelconque, il a l'obligation impérative d'aller au concert, il l'écoutera debout dans les coulisses plutôt qu'installé au meilleur fauteuil de la salle *. Il est convaincu que les gens ne vont au concert que dans l'espoir d'assister à un désastre spectaculaire dont l'exécutant sera la victime. Debussy allait dans le même sens :

« L'attrait qu'exerce le virtuose sur le public paraît assez semblable à celui qui attire les foules vers les jeux du cirque : on espère toujours qu'il va se passer quelque chose de dangereux **. »

Dans un cirque, l'acrobate peut déraper, tomber de son fil et être affreusement mutilé. Au concert, le cor peut faire un couac, le pianiste avoir un trou de mémoire et être horriblement humilié. *« La soif du sang »,* comme dit Gould. *« Au concert, je me sens diminué, vaudevillesque* [6]. *»*

Du temps où il donnait des concerts, Gould surmontait ses sentiments si négatifs à l'égard du public en adoptant ce qu'il nommait *« une attitude de saine indifférence »,* se persuadant que ce qu'il était en train de faire sur cette scène, il l'aurait fait de toute façon pour son propre plaisir, qu'il y eût ou non quelqu'un qui se trouvât là à l'écouter.

Il reconnaît que tous les interprètes ne partagent pas son

---

* En janvier 1960, Gould assista à un récital d'Arthur Rubinstein à Toronto. Il ne se rendit pas dans la salle mais resta à errer entre coulisses et couloir. A la fin du concert, il alla voir Rubinstein qui lui demanda : « Pourquoi n'avez-vous pas pris un fauteuil à l'orchestre ? Ne me dites pas que vous aimiez le son de là où vous étiez. » Gould répliqua : « Au contraire, Maître, je préfère toujours écouter des coulisses [5]. »

** Debussy. — *Monsieur Croche* —Gallimard, p. 33.

attitude négative vis-à-vis du public. Il cite Menuhin et Rubinstein qui ont besoin du stimulant d'un auditoire en chair et en os. Myra Hess en serait un autre exemple. Pour elle, un concert public était un événement qu'elle partageait dans la confiance et le bonheur avec des gens qu'elle regardait comme des amis. Si elle était tendue, ce n'était pas parce qu'elle ressentait une hostilité de la part de ses auditeurs, mais plutôt parce qu'elle craignait de ne pouvoir s'élever jusqu'à la grandeur de la musique qu'elle avait à jouer.

Gould avait cependant raison d'être méfiant à propos des motivations de son public et des critiques. Il était parfois manifeste qu'ils s'intéressaient davantage à ses attitudes en scène qu'à la musique : depuis de Pachmann, on n'avait rien vu de tel. Et comme les oreilles ne peuvent jamais rivaliser d'attention avec les yeux, on négligeait souvent de voir que, du point de vue musical, son exécution était un autre phénomène très remarquable.

Gould devait être conscient qu'il apportait à son auditoire des interprétations d'un niveau exceptionnellement élevé. Celui-ci, en retour, ne doutait pas qu'il ait cette conscience, car il n'est jamais tout à fait possible aux personnes qui possèdent des capacités exceptionnelles de dissimuler complètement ce sentiment de leur valeur ; et il n'est jamais tout à fait possible aux personnes moins douées de cacher le ressentiment qu'elles en ont. Je ne parle pas d'arrogance, ni des réactions qui lui répondraient ; on se sert de l'arrogance pour cacher la stupidité, la couardise ou toute autre forme d'infériorité. Je parle de ces courants perturbateurs qui circulent quand quelqu'un nous montre quelque chose que nous aurions pu voir par nous-mêmes si nous avions été aussi réceptifs que lui. Reconnaissants de la révélation, nous n'en sommes pas moins irrités, spécialement quand ce sont nos limites « normales » qui nous ont empêchés de la découvrir par nous-mêmes. En retour, notre malconfort est interprété de travers comme un ressentiment par la personne qui nous a transmis la révélation, et sa

54

réponse est d'adopter une attitude distante pour se protéger, ce que nous prenons à tort pour de l'arrogance — et c'est le cercle vicieux. Secrètement, nous nous réjouissons quand quelqu'un qui se trouve de la sorte différent de nous vient à tomber.

Il va de soi que ceci n'est qu'une interprétation et non pas une explication de l'attitude négative que Gould a développée vis-à-vis du public. Il ne nie d'ailleurs pas que d'autres artistes aient une attitude différente.

Il est autre chose qu'il souhaitait voir abolir : la coutume d'applaudir au concert. Il invoque le fait que les applaudissements donnent au public une fausse idée de participation active à l'événement, et qu'ils fourvoient les exécutants, les entraînant dans une mise en avant personnelle et dans des trucs d'interprétation destinés à séduire les foules. Tant que cette mise en avant est le premier souci d'un exécutant, il ne peut qu'accorder une attention secondaire à la musique qu'il exécute. Pour Gould, toute mise en avant relève d'un esprit de compétition, et toute compétition est corruptrice. Il redoute en l'homme cet instinct de compétition, et s'en méfie.

Les concerts sont compétitifs de plusieurs façons : l'interprète rivalise avec son propre enregistrement, ou avec des interprétations antérieures de telle ou telle œuvre ; dans un concerto, le soliste rivalise avec l'orchestre ; l'interprète doit « conquérir » son public, il doit avoir un « triomphe » à New York ou à Moscou.

La motivation de mise en avant personnelle conduit l'interprète à défigurer la musique, car il court après les effets théâtraux pour galvaniser la galerie. L'exemple favori de Gould à ce propos est son enregistrement Columbia de la *Partita n° 5* de J.S. Bach, effectué en Juillet 1957. Il venait juste de « conquérir » l'Europe, au retour d'apparitions « triomphales » à Moscou, Berlin et autres villes (pour reprendre le vocabulaire de la presse à son retour). Il avait joué la *Partita n° 5* ou certains de ses mouvements presque chaque jour, dans son programme ou en bis. Afin de projeter l'œuvre dans de vastes salles de concert emplies de monde, il avait contracté des

55

habitudes de scène : dynamique expressive et rubato, et autres expédients artificieux. Ces « trucs » étaient passés sur l'enregistrement, ce que Gould trouvait mauvais, parce que ce n'étaient pas seulement des redondances mais qu'ils distrayaient de l'essentiel. A la CBS, on grimaçait probablement chaque fois que Gould déclarait à qui voulait l'entendre qu'il aimerait supprimer ce disque et en détruire chaque exemplaire, si cela pouvait se faire sans risque pour ses royalties.

« *Perversions* » est le mot de Gould pour désigner de tels trucs qui captent l'attention et déforment la charpente structurelle de la musique.

Il s'agit là pour lui d'un problème de fond parce que, selon sa manière d'envisager la musique, la structure est l'essence, l'aspect particulièrement *musical* de l'œuvre.

Cette préoccupation de structure — la *" colonne vertébrale "* comme il la nomme parfois — relève, grosso modo, d'un tempérament « classique ». Par comparaison, l'artiste « romantique » est préoccupé de sensualité et d'impulsion. Gould préfère une cohérence structurelle à un beau son, et la maîtrise du détail à l'impulsion émotionnelle. Cohérence et contrôle sont, pour la plus grande part, perdues dans les distances et les broussailles acoustiques d'une salle de concert.

Gould n'aime pas, et ne joue pas, le genre de musique auquel semblent le mieux convenir les grands auditoriums. Chopin, Liszt et Rachmaninoff viennent spontanément à l'esprit ; moins spontanément Schubert et Schumann (et le cousin Edvard Grieg, dont Gould dit un jour qu'il pourrait enregistrer le Concerto, *mais seulement comme un coup de publicité et pour regarnir son portefeuille au cas où la Bourse s'effondrerait !*). Il admire ce qu'un maître comme Arthur Rubinstein arrive à faire de cette musique romantique mais, quant à lui, la preuve a été faite que le répertoire qu'il préfère est mieux servi dans les studios d'enregistrement que dans les salles de concert. Ses propres enregistrements Columbia le démontrent. La preuve *n'a pas* été faite que Chopin, Liszt et les autres soient mieux servis dans les salles de concert qu'en studio. (Ce sont mes propres termes, non les siens, mais ils véhiculent l'essentiel même de ses vues.)

Gould n'a pas limité ses attaques contre les salles de concert aux seules descriptions de son attitude personnelle à l'égard du public, au répertoire et à la carrière d'interprète, ainsi que nous venons de le voir. Il a un faisceau d'arguments plus objectifs qui se piquent d'avoir une dimension sociale et historique.

Il soutient qu'il y a dans notre culture des forces économiques et sociales qui sont à l'œuvre et ont déjà rendu caduques les salles de concert (à l'exception des chapelles votives spécialisées, du genre de Bayreuth), et que ces forces causeront leur disparition de notre vie musicale autour de l'an 2000. La plus puissante est le progrès de la technologie en matière d'enregistrement musical, et plus particulièrement de microsillon, dont les débuts ont coïncidé par hasard avec ses propres débuts de musicien professionnel. Ce progrès technologique a non seulement modifié la mécanique et l'économie du marché musical, mais encore la nature de la composition, de l'interprétation et de l'audition de la musique, ainsi que les rapports entre elles.

Dans les années 60, Gould a beaucoup parlé de la spécialisation de la post-Renaissance qui sépara la composition de l'interprétation, et toutes les deux de l'audition. Il alléguait que, aux XVIe et XVIIe siècles, personne ne jouait de la musique qui ne fût compositeur aussi bien qu'interprète ; et ceux qui écoutaient de la musique étaient tous, à un degré plus ou moins grand, compositeurs et interprètes. Les rois et les ducs écrivaient des chansons et jouaient du luth.

Au XVIIIe siècle, l'interprétation devint une spécialisation à part entière, et le public cessa d'être formé de gens presque tous capables d'écrire, de chanter ou de jouer de la musique. Les trois fonctions musicales se séparèrent, et commença alors l'ère du grand virtuose, figure quasi divine tant admirée depuis la fin du XIXe siècle. Ce fut, selon Gould, un désastre pour la musique, et l'art de la musique n'aurait pas survécu, n'eût été l'avènement de la technologie de l'enregistrement.

L'enregistrement a déjà commencé à éliminer la compartimentalisation composition-interprétation-audition ; il entraînera par la suite la disparition complète du cloisonnement. restaurant ainsi la musique dans sa situation convenable. telle qu'elle était avant la Renaissance. Avec la musique enregistrée, il est désormais possible à l'interprète de prendre des décisions artistiques que la culture de la post-Renaissance assignait exclusivement au compositeur, et à l'auditeur de prendre des décisions artistiques qui n'étaient prises jadis que par compositeurs et interprètes. Ces décisions, l'auditeur est maintenant capable de les mettre en œuvre par le réglage de sa radio ou de son électrophone.

« Au centre du débat technologique [...] se trouve un nouveau type d'auditeur — un auditeur qui participe davantage à l'expérience musicale. L'émergence de ce phénomène au milieu du XXe siècle est ce que l'industrie du disque a accompli de plus important. Car cet auditeur ne se satisfait plus d'une analyse passive ; il est dès à présent un associé dont les goûts, préférences et penchants modifient de façon auxiliaire les expériences auxquelles il consacre son attention, et c'est de sa plus pleine participation que dépend l'avenir de l'art de la musique [7]. »

La participation du Nouvel Auditeur * selon Gould équivaut à celle d'un artiste, quand il règle sur son appareil l'intensité, la balance, la clarté et (comme c'est possible depuis le début des années 60) le tempo. De tels réglages étaient dictés jadis par la caste des compositeurs et réalisés (avec risques de déviation) par la caste des interprètes. Gould est allé jusqu'à proposer, avec le plus grand sérieux. ce qu'il a appelé le « *kit-concept* » du rôle de l'auditeur : l'auditeur aurait la possibilité d'acheter un ensemble (kit) composé de l'enregistrement de plusieurs interprétations d'une œuvre donnée et, à l'aide de

* Les majuscules sont de Geoffrey Payzant.

58

son matériel de montage, à domicile, il pourrait rassembler en les collant des fragments de ces bandes afin de réaliser une interprétation composée selon son cœur. Le Nouvel Auditeur, en tant qu'artiste, se confondrait de plus en plus avec le compositeur et l'interprète au fur et à mesure que la technologie lui en fournirait les moyens.

D'autre part, grâce à la technologie, le Nouvel Interprète * ne sera plus l'esclave du petit nombre d'œuvres qui assurent son succès dans les concerts :

> *« Le concertiste est la proie d'un terrible conservatisme — il a peur de se lancer dans le* Quatrième *de Beethoven, s'il se trouve que le* Troisième *de Beethoven ait été jusqu'à présent sa spécialité* [8]. *»*

Une fois libéré de la scène, l'interprète peut explorer l'immense répertoire de la musique moins bien connue, celle de la période baroque par exemple, pour laquelle l'industrie du disque a créé une demande. Ou bien, au lieu de se spécialiser dans un unique concerto de Beethoven, il peut s'appliquer à tous, l'un après l'autre, puisque quand il en a enregistré un, il peut s'en détacher et passer au suivant avec toute son attention. Il peut ainsi aborder, dans les termes les plus étroits, un champ de musique plus vaste qu'il ne pourrait le faire s'il était requis pour maintenir en la meilleure forme possible un petit nombre d'œuvres destinées au concert. Le Nouvel Interprète peut être incomparablement plus aventureux que son prédécesseur.

Le Nouveau Compositeur * possède, lui aussi, un avantage totalement dénié à ses prédécesseurs : la possibilité d'enregistrer des interprétations de sa musique — par lui ou par quelqu'un d'autre sous sa direction — qui demeureront et feront autorité. Britten, Copland, Stravinsky sont mentionnés par Gould, mais il en est naturellement d'autres qui font usage

---

* Majuscules de G. P.

de cette possibilité. On peut présumer que l'interprétation de son propre ouvrage par le compositeur résoudra toutes les questions qui surgissent des ambiguïtés de la notation musicale. Si, par conséquent, un interprète a besoin de savoir exactement comment le compositeur voulait qu'un passage donné soit joué, il n'aura qu'à écouter l'enregistrement du compositeur lui-même.

Cette possibilité risque d'avoir pour effet de bloquer les interprètes dans leur recherche d'interprétations nouvelles et originales. Elle pourrait en revanche engager les compositeurs à devenir de meilleurs interprètes, puisqu'ils voudront être techniquement capables de jouer la musique qu'ils écrivent ; ce qui, en retour, érodera encore la distinction entre composition et interprétation et ne peut avoir comme ultime effet que de revivifier l'art.

D'une manière ou d'une autre, il semble bien que la scène de concert soit perdante. Si les testaments enregistrés par le compositeur deviennent le canon, les interprètes devront alors s'efforcer de rendre leurs propres interprétations aussi ressemblantes que possible à celle qu'aura enregistrée le compositeur : l'intérêt et la variété déserteront pour une bonne part les salles de concert, et une partie du public suivra. Chaque exécution tendra à ressembler à toute autre, et nous écouterons le disque du compositeur, la source première, dans le plus grand confort de notre demeure, et à meilleur prix. D'autre part, comme la distinction entre compositeur et interprète s'effondre, l'interprète spécialiste démoniaque, produit et entraîné aux fins de monter un spectacle qui enivre le public dans un délire de trépignements et d'applaudissements, disparaîtra. Le musicien-généraliste n'est pas un tel phénomène ; son nom ne figurera jamais en tête du box-office. En tout cas, dit Gould, le « nom » ou l'identité de l'interprète perdront de leur signification au fur et à mesure que les distinctions compositeur-interprète-auditeur disparaîtront.

Selon Gould, en plus des autres facteurs, les pressions économiques provoqueront la fin des salles de concert. Leur clientèle payante les a déjà désertées pour le confort et l'intimité de la maison où se trouvent phonos, radios et récepteurs de télévision. Pour des raisons d'économie, on a construit peu de salles de concert qui aient une acoustique décente au cours de ces dernières années, et les gens qui peuvent entendre chez eux des enregistrements bien équilibrés, avec le son adapté en fonction de la pièce, n'iront pas supporter une soirée dominée par le violoncelle et la contrebasse, conséquence d'une malheureuse attribution de places dans la salle du concert.

Ce que nous attendons de la musique est conditionné par une quasi-perfection, pratiquement impossible à obtenir lors d'un concert, mais réalisable sur un disque.

Le fabriquant de disques peut vendre un disque composé des meilleures parties de plusieurs « prises » d'une œuvre, mais à un concert, la « prise 1 » est ce pour quoi vous payez et c'est la seule « prise 1 » que vous obtenez, qu'elle soit bonne ou mauvaise. Il n'y a pas de seconde chance pour l'interprète de concert. Gould appelle cela le phénomène du « Pas-de-Prise-2 », et c'est sa principale objection contre la salle de concert.

Peut-être est-ce par un mauvais hasard historique que nous en sommes venus à inclure au nombre des choses que nous exigeons du jeu d'un artiste son habileté à jouer une œuvre d'un bout à l'autre sans erreur manifeste. C'est mauvais pour plusieurs raisons : personne ne peut en permanence être au mieux de sa forme ; des mésaventures peuvent survenir avec les instruments délicats ; des chiens errants s'amusent à traverser la scène pendant la cadence, etc. Mais il fait surtout partie de la nature vicieuse de l'étiquette du concert que l'exécutant ne puisse s'arrêter et dire : « Ça ne vous ennuie pas que je réessaie ce charmant petit passage ? » Le disque a, sans doute, sa nature vicieuse propre ; mais une interprétation enregistrée élude complètement ce problème et les ravages dus à la tension nerveuse qui l'accompagne.

On peut cependant trouver plus faible l'argument de Gould contre les salles de concert lorsqu'il déclare :

« Une bonne partie de la musique que je jouerais si, de fait, je donnais des concerts [...] serait de la musique qui ne fut pas écrite pour un autidorium de deux ou trois mille places ; ce serait la musique de Bach, de Mozart, de Beethoven, écrite pour des palais, des églises, ou des demeures. Alors pourquoi diable devrais-je la jouer dans un auditorium de deux ou trois mille places [9] ? »

Mais en partant du fait que Bach (pour ne retenir que l'un des exemples de Gould, et non pour contester la vérité littérale du propos) destinait sa musique à être jouée dans des palais. églises ou demeures, nous ne pouvons conclure qu'il destinait cette musique à *n'être pas* jouée ailleurs. Bach n'a pas non plus destiné sa musique à être jouée sur un piano à queue moderne comme, bien sûr, le fait Gould.

Un présupposé sous-tend les arguments socio-historiques de Gould contre la salle de concert : c'est que des innovations techniques non seulement *peuvent*, mais qu'elles *doivent* être mises en usage. Dans son article de 1966, *L'enregistrement et ses perspectives*, il parle d'*« une caractéristique humaine attendrissante, quoique parfois frustrante — la répugnance à accepter les conséquences d'une nouvelle technologie »*. Dans le passage où il est question des décisions artistiques maintenant ouvertes au Nouvel Auditeur, avec ses réglages phonographiques, Gould soutient que : *« Non seulement l'auditeur peut devenir qualifié pour prendre de telles décisions ; il doit le devenir. C'est là qu'est l'avenir pour lui [10]. »*

Il n'est pas du tout prouvé que l'auditeur obéisse à l'impératif ainsi posé par Gould, ou qu'il y ait plus de compositeurs capables d'être de bons interprètes que par le passé. Les développements technologiques prédits par Gould au milieu des années 60 se sont pour la plupart matérialisés sous la forme qu'il avait annoncée, mais la publicité de la presse sonore ne suggère pas qu'il y ait un marché pour eux. Personne ne fait de publicité pour les « kits ». De même, pour les compositeurs susceptibles de jouer leurs propres œuvres : il en est beaucoup de la jeune génération qui préfèrent travailler directement sur bande avec de la musique électronique, plutôt que d'écrire de la musique destinée à être jouée, par eux ou par d'autres, sur des instruments conventionnels. Mais, et cela sur une voie que Gould n'avait pu prévoir, le Nouvel Auditeur et le Nouveau Compositeur se sont effectivement rejoints, en la personne de Walter Carlos, dont le disque Columbia *Switched-on Bach* est sorti en 1968. Gould fut profondément impressionné par ce disque ; il concurrençait, pourrait-on dire, sa propre prééminence en tant qu'interprète novateur de la musique pour clavier de J.S. Bach. Il écrivait :

« [...] l'" interprète " de Switched-on Bach *[...] n'est pas un virtuose professionnel qui prend sur sa tournée d'hiver le temps de faire une visite au studio d'enregistrement, mais un jeune Américain du nom de Walter Carlos, physicien et ingénieur du son, qui n'a pas de contrat d'enregistrement, et dont la prestation musicale la plus ésotérique était jusqu'à présent la supervision du matériel de bande-son pour la publicité de la bière Schaefer à la TV*[11]*... »*

Le disque fit sensation et fut un succès commercial que suivirent des enregistrements similaires puisés dans le répertoire classique, utilisant tous des matériaux de sons synthétiques plutôt que des interprétations au sens familier du terme. Walter Carlos est musicien, mais ce n'est pas un musicien professionnel, et c'est surtout cet aspect des choses qui retint l'attention de Gould : le Nouvel Auditeur, affranchi grâce à la technologie pour devenir son propre compositeur-interprète, n'a pas évolué progressivement. Il fit brusquement son irruption en scène, cinq ans après que Gould eut commencé à nous parler du rôle nouveau de l'auditeur et de son émergence historique. Carlos brûla plusieurs étapes du processus. Il n'assembla pas sa musique à partir de « kits » pré-enregistrés : il alla droit aux sources sonores provenant directement du laboratoire d'acoustique, et non de la salle de concert, du conservatoire, ni même du studio d'enregistrement. Et Carlos atteignit à un degré de maîtrise technique et à un éventail d'options artistiques que ni Bach, ni Gould, ni qui que ce soit d'autre, ne pouvait imaginer. Il parvint à cela au moyen d'un appareil appelé le Moog Synthétiseur, qui rend son opérateur capable de réduire des problèmes musicaux à leurs constituants de base — sons isolés avec leurs caractères différents de durée, fréquence, amplitude et intensité — afin de les enregistrer un à un et séparément, si besoin est, ou par groupes convenables, et de les mixer et assembler par des procédés mécaniques et électroniques [12].

Cet appareil et ses successeurs ont, jusqu'à un certain point, fait ce que Gould prédisait que pourrait faire le « kit-concept » : ils ont rendu l'auditeur capable de devenir compositeur et interprète. Mais le synthétiseur s'est avéré trop coûteux pour attirer l'auditeur-à-domicile, ou trop compliqué, ou inintéressant. Ou peut-être après tout requiert-il de la part de l'opérateur une certaine somme de compétence et de jugement musical, et le Nouvel Auditeur n'est pas encore prêt. Ironiquement, le synthétiseur a trouvé sa voie sur la scène, du moins en pop music, où il est utilisé comme un instrument à clavier classique.

Nous poursuivons obstinément l'exposé de cette *attendrissante, frustrante caractéristique humaine* dont parlait Gould — la résistance au changement technologique. La technologie a pourtant eu son impact sur la musique, et de plusieurs des façons prédites par Gould dans les années 60, même si ce ne fut pas toujours pour les raisons qu'il donnait. Quant à savoir si leur effet cumulatif net sera la disparition des salles de concert vers l'an 2000, qui d'autre que Gould se risquerait à le prédire ?

Le Nouvel Auditeur est resté très en-deçà de ce qu'en attendait Gould et il a rarement été question de lui dans ses écrits depuis 1970. En premier lieu, il se peut que le Nouvel Auditeur ait été distrait par des merveilles technologiques telles que l'orgue électronique au moyen duquel il peut s'illusionner, lui et ses auditeurs, en allant croire qu'il fait ce que font les musiciens.

En second lieu, comme le dit Gould avec justesse quoique de façon surprenante dans un passage cité au prochain chapitre, l'auditeur ne sait pas ce qu'il veut : il s'en remet aux interprètes comme la plupart des conducteurs de voitures s'en remettent à leur mécanicien. Le conducteur moyen, en réalité, ne sait pas en quoi consiste la correction mécanique de sa voiture ; il laisse cela à son mécanicien. Sa confiance dans le mécanicien détermine une part de son bien-être au volant. De façon analogue, selon Gould, l'auditeur s'en remet à l'interprète quand il s'agit d'un disque. Pourquoi, alors, l'auditeur réglerait-il tout un jeu de cadrans et de boutons ? C'est le travail du mécanicien, pas celui du conducteur. S'il se fiait à l'interprète, l'auditeur devrait conserver scrupuleusement sur son appareil les réglages susceptibles de produire les sons qui ressemblent aux sons ordinairement produits en studio par l'interprète, tout juste comme un conducteur confiant manœuvre sa voiture sans rien changer du réglage des freins ou de l'allumage établi par le mécanicien.

Manipuler un cadran n'est pas plus un élément de fabrication de la musique que le fait de conduire une voiture n'est un élément de fabrication de la voiture. Le manipulateur de cadran peut goûter un sentiment de puissance et d'exaltation de l'ego analogue à celui du conducteur avec son moteur huit cylindres, son air conditionné, son auto-radio Hi-Fi, ses freins et direction assistés, sa batterie de phares, son klaxon italien, et tutti quanti. Mais la « manipulation des cadrans » n'a rien à voir de significatif avec l'organisation et la compréhension de structures musicales. Un individu peut produire une masse de son accablante sur son appareil en augmentant le volume, tout comme il peut produire une époustouflante accélération de

65

vitesse sur sa voiture en appuyant sur le champignon. Il n'a pas besoin d'être un musicien pour produire la première chose, ni un mécanicien pour la seconde.

Compositeur, interprète et *auditeur-averti* sont les maillons d'une même chaîne, maillons relativement interchangeables, comme le dit Gould ; mais l'*auditeur-homme-de-la-rue*, quelque compliqué, puissant et coûteux que puisse être son appareil, ne figure pas pour autant dans la continuité de la chaîne.

L'auditeur averti peut-être comparé au technicien entraîné et expérimenté qui procède aux essais des voitures. Il sait, d'une manière assez poussée, comment la musique est construite, quelles options sont ouvertes aux différents stades de la composition et de l'interprétation, et quels rapports peuvent exister entre la structure d'une œuvre donnée et celle d'autres œuvres. L'auditeur moyen ne sait même pas qu'une œuvre musicale *est* construite, sans parler du *comment*. Ce n'est pas seulement qu'il manque d'adresse pour jouer au même jeu que compositeur et interprète ; sa limite vient de ce qu'il n'a aucune idée des règles du jeu ni du critère de compétence pour y jouer. C'est un spectateur qui sait si les équipes jouent ou non, si le jeu est rapide ou lent, morne ou excitant, complexe ou simple, et qui, sur le terrain, est en train de jouer. Il n'en sait, à vrai dire, pas beaucoup plus.

En tout cas, la nouvelle génération d'auditeurs actifs-créatifs a fait faux bond. Les salles de concert sont bondées plus que jamais, et si elles se trouvent en difficulté, ce n'est pas parce que leur public les a abandonnées et qu'il reste à la maison à manipuler des cadrans.

En avril 1966, *High Fidelity Magazine* célébrait son quinzième anniversaire avec à la une l'article de Glenn Gould, *L'enregistrement et ses perspectives*. Il y exposait comment la technologie nouvelle entraînerait la fin des salles de concert et inaugurerait l'ère du Nouvel Auditeur.

En avril-mai 1976, le même magazine célébrait son vingt-cinquième anniversaire. Aucune allusion aux perspectives de

l'enregistrement selon Gould, mais les prophéties ne man-
quaient pourtant pas : nous avons lu que, en l'an 2001, l'auditeur domestique pourra de chez lui diriger l'orchestre en écoutant ses disques, et que l'orchestre répondra à ses gestes. Nous
avons lu aussi que, la même année, nous pourrions rester à la
maison et appuyer sur un bouton qui déclencherait notre dispositif de play-back pour simuler les résonances et autres sons
caractéristiques de salles de concert spécifiques. Le Nouvel
Auditeur, au lieu de participer activement, se laissera trans-
porter en imagination au Concertgebouw, ou au Royal Festival Hall, ou dans n'importe quelle salle de concert où il souhaiterait à ce moment écouter de la musique.

La technologie, nous disait-on, est prête pour ces deux éven-
tualités. *High Fidelity* n'a pas précisé si nous pouvions espérer
combiner les deux, et conduire notre propre orchestre dans
notre salle de séjour prête à nous offrir l'acoustique de la salle
de concert qui nous séduirait à ce moment-là, ou si nous
pourrions conduire l'allegro à Munich et l'andante à Milan, si
toutefois nous disposons des accessoires adéquats. Il y a des
prodiges à venir. On peut se demander ce qu'en aurait fait
Glenn Gould.

Chapitre 3

A l'appel d'une vocation plus haute

Par une curieuse et jolie coïncidence. le premier pianiste de renom que Gould entendit en concert. Josef Hofmann. fut sans doute aussi le premier musicien classique à effectuer un enregistrement réalisé. dit-on, pour Charles Edison en 1888 [1].

Que Gould soit le premier grand artiste à abandonner une carrière triomphale de concertiste pour s'adonner à l'enregistrement de la musique. la date mérite également d'être retenue. Mais si pour Hofmann. en 1888, c'était un jeu d'expérimenter une invention nouvelle [2], c'était, en 1964. son avenir de musicien que Glenn Gould mettait en jeu.

Sur le plan financier, il encourait le risque que ses disques ne se vendent pas s'il n'apparaissait plus en personne devant le public. Est-ce que les gens n'acquièrent pas un disque surtout parce qu'ils ont, eux ou leurs amis, entendu son interprète jouer l'œuvre en concert ? Ou parce qu'ils ont lu des choses sur les bizarreries scéniques de l'artiste en question ? Ses concerts et ses récitals avaient gagné à Gould une immense audience internationale. Les journalistes l'adoraient pour ce qu'ils percevaient comme des excentricités. Cesserait-il d'être intéressant et rentable s'il cessait de paraître à l'affiche ?

Sur le plan artistique. les perspectives pouvaient également paraître hasardeuses. En dépit de sa défiance concernant les motivations du public et en dépit de sa conviction que les

69

applaudissements égaraient l'interprète, n'y avait-il pas du vrai dans la vieille idée qu'un interprète a besoin d'un public qui lui soit support, excitant et nourriture spirituelle ? Et si, sans ce support, il allait devenir terne, et perdre l'enthousiasme ? Personne ne pouvait savoir, puisque l'aventure n'avait jamais été tentée. A la vérité, la salle de concert a des limites et des vices qui lui sont inhérents ; mais elle a aussi ses vertus inhérentes. On savait bien sûr que certains artistes réussissaient à faire de superbes carrières en tant que concertistes ; mais personne ne s'était jamais risqué à fonder sa carrière exclusivement sur le disque. Le studio d'enregistrement n'avait-il pas lui aussi ses vices, ses limites, demeurés jusqu'alors dans l'ombre ? Il était rare qu'on l'eût auparavant considéré comme autre chose qu'un lieu de travail secondaire et annexe pour des musiciens. Ce studio répondrait-il aux aspirations de Gould ?

Il ne mit pas fin d'un seul coup à sa carrière de concertiste, mais espaça petit à petit ses prestations publiques ; et quand il donna son dernier concert, il se garda d'annoncer publiquement que c'était fini, se ménageant ainsi la possibilité de rejouer en des occasions spéciales. Dès 1960, le commentateur du film consacré à la carrière de Gould, *Glenn Gould : off the record*, évoquait les intentions du pianiste :

« En 1959, Gould a célébré son vingt-septième anniversaire. Son ambition est de gagner assez d'argent pour que, lorsqu'il aura trente-cinq ans, il puisse se retirer de la scène et se consacrer à la composition. »

En 1962, Gould lui-même fut cité en ces termes par Betty Lee dans le *Toronto Globe Magazine* * :

« *Je sais que l'on ne me croit pas, mais ce sera, catégorique-*

---

* Le titre de l'article ne manquait pas de pittoresque : *The odd, restless way of Glenn Gould* (« Le singulier, le trépidant itinéraire de Glenn Gould ») (N.d.T.)

ment, ma dernière tournée. Je donnerai quelques concerts spéciaux de temps à autre, mais j'ai la ferme intention de ne plus voyager sans arrêt comme par le passé. »

Dans l'interview de Gould avec Arthur Rubinstein publiée en 1971, Rubinstein taquine Gould, lui disant qu'il a le sentiment qu'il reviendra au concert. Gould proteste, Rubinstein insiste, sur quoi Gould réplique : « *Si c'est un pari, vous le perdrez.* »

*
* * *

Un seul musicien aussi important que Gould s'était risqué avant lui à abandonner une position établie dans la vie musicale de concert, et à s'engager dans une voie inexplorée : Leopold Stokowski. Voici ce qu'en dit Gould :

« *Au milieu des années 30, il abandonna son poste à la direction de l'orchestre de Philadelphie où il avait, à lui seul, transformé les normes du jeu orchestral en Amérique du Nord, afin de rallier Deanna Durbin et Donald Duck sur les écrans d'Hollywood. " Je m'en vais vers une vocation plus haute ", avait-il déclaré à la conférence de presse convoquée pour annoncer son départ ; pour peu qu'on l'épure de l'inévitable part d'accent défensif qui s'infiltre probablement dans une remarque de ce genre, c'était là un propos remarquablement révélateur.* »

La technologie, pour Stokowski, *était* une vocation plus haute.

« *Il fut certainement le premier grand musicien à concevoir nettement que l'avenir de la musique allait être inextricablement lié au progrès technologique, et que les médias étaient en fait les meilleurs amis que la musique ait jamais eus[3].* »

Les vues personnelles de Glenn Gould au sujet de la relation entre musique et technologie peuvent se résumer en ces mêmes termes. Son passage de la salle de concert au studio d'enregistrement représente dans sa carrière un pas en avant, et non une défection ou (comme certains l'ont dit) une « désertion ». Contrairement à Gould, Stokowski ne renonça pas définitivement à jouer en public ; s'il a renoncé à l'un des postes de direction les plus importants du monde, il a donné par la suite quantité de concerts à titre de chef invité, acceptant finalement d'autres charges orchestrales : chez lui, la cassure ne fut pas nette comme elle le fut pour Gould.

La rupture effectuée, Gould fit des disques, et bien d'autres choses encore, produisant notamment un nombre considérable d'écrits pour revues, radio, télévision et disques, à travers lesquels il élaborait ce qu'il considère comme une *« philosophie de l'enregistrement », « selon laquelle il est futile de rivaliser avec les sonorités propres aux salles de concert »*, et qui *« va à l'encontre de toutes les idées reçues sur cette chose insaisissable qu'on nomme intégrité artistique »*.

Dans ce qui suit, cette " *philosophie de l'enregistrement* " sera mentionnée en tant que Nouvelle Philosophie * par opposition à l'Ancienne Philosophie * qui lui est corrélative. Ses thèmes principaux et ses particularités sont illustrés par Gould dans une foule d'anecdotes dont on a ici retenu quatre. Elles se réfèrent à différentes périodes de sa carrière et évoquent la manière dont s'est développée sa relation de musicien avec la technologie. Il conviendra de se rappeler qu'il parle de la technologie du son enregistré et non de celle des instruments de musique.

La première histoire est celle de l'aspirateur. Elle a été rapportée par Gould sous au moins deux formes différentes, accompagnées de leurs interprétations. Il avait douze ou treize ans à l'époque de l'événement qu'il décrit ici oralement, et la musique dont il s'agit est la *Fugue en do majeur, K.394*, de Mozart :

* Expressions et majuscules de Geoffrey Payzant.

« *C'est une merveilleuse étude académique pour ce qui est de la manière d'écrire une fugue, d'obéir au manuel, et de ne la laisser jamais décoller tout à fait du sol. Mais enfin je l'aime. Un jour, étant enfant, j'étais en train de la travailler quand tout à coup on mit en route un aspirateur à côté du piano, et je n'arrivai plus à m'entendre jouer. Je n'étais pas en très bons termes avec la femme de ménage à ce moment précis, et la chose fut faite à dessein. Je ne pouvais presque plus m'entendre. Mais je me mis soudain à* sentir *ce que j'étais en train de faire — la présence tactile de cette fugue comme représentée par la position des doigts, et représentée aussi par ce genre de son que l'on peut obtenir quand on est sous la douche et que l'on secoue la tête avec l'eau qui ressort par les deux oreilles. C'était la chose la plus lumineuse, la plus excitante que l'on puisse imaginer — le son le plus extraordinaire. Elle décolla — toutes ces choses que Mozart n'était pas tout à fait parvenu à faire, je les faisais pour lui. Et je pris brusquement conscience du fait que l'écran particulier au travers duquel je regardais cela, et que j'avais dressé entre Mozart, sa fugue et moi, était exactement ce dont j'avais besoin — exactement la raison qui faisait, je le compris plus tard, qu'il était vraiment bon qu'un processus mécanique vînt s'interposer entre moi et l'œuvre d'art qui m'absorbait* [4]. »

Gould affirme que ce fut l'un des grands moments de sa vie.

Nous avons ici « musique et technologie » au sens littéral, conjonctif, de « musique plus technologie ». La musique est représentée par Glenn Gould jouant la *Fugue en do majeur* de Mozart et la technologie par la femme de ménage à l'aspirateur. La plupart des musiciens se seraient arrêtés de jouer, mais pas Gould. Le bruit mécanique intervint effectivement entre lui et l'œuvre, mais pas comme un obstacle. Au lieu de cela, il s'en saisit aux fins d'une unité esthétique plus haute, dont il était alors l'auteur, et qui était composée de la musique de Mozart, des sons du piano de Gould, et du bruit de la machine.

Gould devait savoir que cette anecdote paraîtrait absurde : c'est peut-être justement pourquoi il la racontait fréquemment. Mais il était on ne peut plus sérieux quand il disait que l'incident avait été « *un moment déterminant dans [sa] propre réaction à la musique* » [5], aussi devons-nous la considérer sérieusement, même si c'est avec circonspection. (Les anecdotes de Gould subissent rarement une déperdition de détails en étant re-racontées.)

Pour le moment, nous pouvons accepter l'anecdote comme un témoignage du fait que, depuis son jeune âge, Gould était à l'aise dans la juxtaposition de la musique et de la machine, et qu'il était prêt à accepter la possibilité que la machine fût un complément à la musique plutôt qu'une entrave. Il y eut dès lors une suite de courtes étapes, d'abord vers l'enregistrement effectué à la maison, puis vers le studio, chacun avec ses bruits particuliers supplémentaires et complémentaires.

La seconde anecdote est l'amorce du " roman d'amour " de Gould avec le microphone :

« *En décembre 1950, je participai pour la première fois à une émission pour le réseau de la CBC et je fis une découverte qui, d'une manière très profonde, influença mon développement en tant que musicien. Je découvris que, dans l'intimité, la solitude et — que pas un Freudien ne bronche ! — la sécurité matricielle que procure le studio, il était possible de faire de la musique d'une manière plus directe, plus personnelle, qu'aucune salle de concert le permettrait jamais. Je suis tombé amoureux de la radio ce jour-là, et n'ai plus été capable depuis lors de penser au potentiel de la musique (ou, en l'occurrence, à mon propre potentiel en tant que musicien) sans quelque référence aux possibilités sans limites de l'intermédiaire radio et/ou enregistrement. Pour moi, le microphone n'a jamais été cet analyste hostile, glacial, qui castrerait l'inspiration, dont se plaignent, par peur, quelques esprits critiques. En ce jour de 1950, il devint un ami ; il l'est resté.*

De fait, la plupart des idées qui m'ont préoccupé en tant qu'interprète étaient dans une certaine mesure en relation avec le microphone. Je sais pertinemment que ceci peut avoir l'air d'une remarque insignifiante gonflée par caprice en une imposante théorie, mais ce n'est pas le cas. Le microphone vous encourage à développer certaines attitudes vis-à-vis de l'interprétation, qui sont tout à fait déplacées dans l'acoustique diffuse de la salle de concert. Il permet de miser sur une clarté de texture qui n'a tout simplement aucune chance de rapporter des dividendes en concert [6]. »

C'est précisément ce qui arriva à Gould au début de son « *roman d'amour avec le microphone* » [7], comme il le nomme lui-même. Il se rendit aux studios de la CBC de Toronto pour réaliser sa première émission radiodiffusée. Son programme se composait de deux sonates, l'une de Mozart, l'autre de Hindemith. Le piano du studio avait des basses très épaisses, ce qui lui donna bien du souci avec Mozart. Après la séance, on lui donna un disque souple de l'enregistrement pour qu'il l'écoute chez lui sur son propre électrophone. Il découvrit, en comprimant les basses fréquences et en montant les aiguës, qu'il parvenait à obtenir les sonorités qu'il voulait mais n'avait pu obtenir sur le piano du studio. A dater de ce jour, Glenn Gould ne fut plus capable de tolérer la doctrine d'une technologie déshumanisante.

La troisième de nos quatre anecdotes qui illustrent la Nouvelle Philosophie est l'histoire de l'enregistrement des *Variations Goldberg* par Gould. Peut-être y a-t-il encore des personnes qui croient que ce qu'elles entendent sur un disque est comparable à ce qu'elles voient sur un instantané : l'image d'un événement en temps et lieu. Ces personnes, si on le leur demandait, supposeraient que quand Gould fit son enregistrement des *Variations Goldberg*, les événements se succédèrent de la façon suivante : Gould prit place au piano, le producteur et les techniciens s'installèrent dans leur cabine, et quand tout fut prêt, la bande d'enregistrement se mit à tourner et Gould joua les variations du début à la fin ; puis Gould se leva et se détendit, les techniciens arrêtèrent la bande : le travail était fait. C'est du moins — toujours selon ces personnes — ce qui aurait dû se passer si l' « intégrité » artistique avait été préservée. Mais, bien entendu, ça n'avait pas été le cas. Gould a décrit les faits :

« *Lorsque j'ai enregistré les* Variations Goldberg *de Bach, j'ai laissé de côté le thème — la très simple aria sur laquelle les variations sont construites —, me réservant de l'enregistrer quand toutes les variations auraient été portées sur bande de façon satisfaisante. Je revins alors à cette petite sarabande ingénue [l'aria] : il me fallut vingt prises avant de réussir à la situer dans un ordre d'idée suffisamment neutre pour qu'il ne préjugeât pas de la profondeur du développement qui suit dans l'œuvre. Les vingt premières prises avaient en fait servi à gommer toute expression superflue de la lecture que j'en faisais, et il n'y a rien de plus difficile à réaliser. L'instinct premier de l'interprète est d'ajouter, pas de soustraire. Quoi qu'il en soit, le thème, tel qu'il apparaît sur mon disque des* Variations Goldberg, *est la Prise 21* [8]. »

Joseph Roddy dans l'article sur Gould qu'il publia en 1960 dans le *New Yorker* sous le titre *Apollonian* semble voir les choses avec une certaine candeur quand il dit : « ... le jeune Canadien relie chaque partie du morceau à l'œuvre entière d'une façon qui laisse les connaisseurs de Bach convaincus qu'il sait dans le détail le plus précis comment il va jouer la dernière variation avant même qu'il ait commencé la première. » Mais ce que Gould connaissait « dans le détail le plus précis », c'était ce qui était déjà sur bande. En effet, la mémoire de Gould pour les caractéristiques de chaque prise est légendaire parmi les musiciens, réalisateurs et techniciens avec lesquels il a travaillé.

Ce thème (ou aria ou sarabande) apparaît à la fin aussi bien qu'au début des *Variations Goldberg.* On peut se demander si Gould et son directeur artistique ont oui ou non envisagé d'utiliser la même prise aux deux endroits. Il se trouve que la version qui conclut *n'est pas* la Prise 21 ; peut-être convinrent-ils qu'elle était excessivement neutre pour une conclusion. Mais selon les principes de notre Nouvelle Philosophie, rien ne s'opposait à ce que cette prise fût utilisée deux fois, si cela avait paru souhaitable pour des raisons esthétiques, ce qui pouvait fort bien être le cas ; et le cas se produisait effectivement de temps à autre à l'époque du 78 tours, encore qu'on y pût voir en manière d'excuse une économie d'argent pour chacun, sans perte véritable pour l'auditeur. On pouvait user de cette pratique dans certains mouvements à da capo, quand la section finale se trouvait être la même que la section de début du morceau, sans ritenuto ni problèmes textuels à la double barre. Une face du disque comportait la première partie, l'autre face la partie centrale, et une notice était jointe, invitant à rejouer la première face, complétant ainsi le morceau pour les deux tiers du prix. La seule idée du procédé révulse certaines personnes, mais la chose s'est déjà produite et continue de se produire ; la technologie de l'ère de la Nouvelle Philosophie permet au fabricant de faire usage de cette option sans que la plupart d'entre nous s'en aperçoivent.

Notre quatrième anecdote concerne l'enregistrement par Gould de la *Fugue en la mineur* du 1er livre du *Clavier bien tempéré* de Bach (17 mars 1965) :

« C'est une structure encore plus difficile à réaliser au piano que ne le sont la plupart des fugues de Bach, parce qu'elle se compose de quatre voix de grande intensité qui occupent résolument le registre central du clavier — zone de l'instrument où la conduite véritablement indépendante des voix est la plus difficile à établir. Pour l'enregistrement de cette fugue, nous avons effectué huit prises. Deux d'entre elles furent considérées, selon les notes du directeur artistique, comme satisfaisantes.

77

*Toutes deux, respectivement les nᵒ 6 et nᵒ 8, étaient des prises
complètes, ne nécessitant aucun insert — ce qui ne constitue
nullement une prouesse, puisque la fugue excède à peine les
deux minutes. Quelques semaines plus tard, cependant, quand
les résultats de cette session furent examinés en salle de montage et que les prises 6 et 8 furent jouées plusieurs fois de suite
alternativement, on s'aperçut qu'elles avaient toutes deux un
défaut qui nous avait complètement échappé en studio : toutes
les deux étaient monotones.*

*Chaque prise avait suivi un style différent pour dessiner le
phrasé des trente et une notes qui forment le sujet de cette fugue
— licence tout à fait compatible avec les libertés improvisatoi-
res du style baroque. La Prise 6 l'avait traité sur un mode
solennel, en legato, plutôt pompeusement, tandis que dans la
Prise 8 le sujet de la fugue était exposé en staccato, ce qui
conférait une impression générale d'espièglerie. Or, la* Fugue en
la mineur *est soumise à des concentrations de strettes et autres
procédés d'imitation extrêmement rapprochés, de sorte que le
traitement du sujet détermine l'atmosphère de la fugue entière.
A l'issue d'une réflexion pondérée, nous convînmes que ni la
sévérité teutonique de la Prise 6, ni l'injustifiable jubilation de
la Prise 8 n'étaient qualifiées pour représenter nos intentions les
meilleures à l'égard de cette fugue. Quelqu'un fit alors la
remarque que, malgré la grande différence de caractère entre
les deux prises, elles étaient jouées dans un tempo presque
identique (un fait assez peu commun, à coup sûr, puisque le
tempo qui prévaut est presque toujours fonction du phrasé), et
l'on décida de tirer parti de la circonstance, en créant une
interprétation faite de l'alternance des Prises 6 et 8.*

*Une fois la décision prise, il fut tout simple d'expédier
l'affaire. Il était clair que l'allure quelque peu impérieuse de la
Prise 6 convenait parfaitement à l'exposition de la fugue aussi
bien qu'à ses mesures conclusives, alors que le caractère plus
effervescent de la Prise 8 offrait un allègement bien venu dans
les modulations épisodiques qui constituent sa partie centrale.
Ainsi furent faites deux collures rudimentaires, l'une qui passe*

de la Prise 6 à la Prise 8 à la 14ᵉ mesure, et l'autre au retour en
la mineur (j'ai oublié la mesure, mais l'on est invité à consulter
la partition), qui marque également le retour à la Prise 6. On
obtint finalement une interprétation de la fugue bien supérieure
à tout ce que nous aurions pu faire lors de l'enregistrement. Il
n'y a assurément aucune raison pour qu'une telle diversité de
styles, phrasés comme avec un archet, ne relève pas d'une
conception préétablie. Mais il est peu probable que la nécessité
d'une telle diversité puisse apparaître durant les séances d'enre-
gistrement, tout comme il est peu probable qu'elle se révèle à
l'interprète soumis aux conditions du concert. En mettant à
profit le temps de réflexion qui suit l'enregistrement, on peut
cependant très souvent transcender les limites que l'interpréta-
tion impose à l'imagination [9]. »

L'enregistrement de cette fugue est un exemple relativement
simple de ce que Gould appelle « montage ». Il ne prétend pas
que chaque disque doive être un montage. Nombreux sont ses
propres enregistrements effectués d'une seule traite, sans
aucun insert, et parfois sur la Prise 1. Pour Gould, le montage
est simplement l'une des options offertes par la technologie
moderne ; il ne faut l'utiliser que dans les cas où il permet un
résultat supérieur à celui de l'enregistrement effectué d'un seul
tenant.

Ces quatre anecdotes renferment les principaux éléments de
la nouvelle philosophie de l'enregistrement. Elles attestent
que dès son jeune âge il était à l'aise quand musique et
machine se combinaient ; elles attestent que radio et enregistrement ont ouvert à la musique et à lui-même en tant que
musicien des *" possibilités sans limites "*, déterminant toute sa
perspective musicale ; qu'il se sert aussi de ces mêmes possibilités comme d'auxiliaires dans sa propre exploration d'une
œuvre musicale, et que, par l'intermédiaire, il découvre des
aspects et des alternatives qui ne pouvaient autrement lui être
révélées ; elles attestent enfin qu'il considère les « prises »
enregistrées en studio comme la matière première destinée à

une phase de création ultérieure dans l'élaboration d'un disque — à savoir la phase du montage.

Gould ne parle guère de l'Ancienne Philosophie correspondante, mais il n'est pas difficile d'en donner un aperçu qui permet, par contraste, d'avoir une vue plus exacte de ce que nous nommons « Nouvelle Philosophie » dans ce chapitre.

La première chose à dire sur l'Ancienne Philosophie de l'enregistrement, c'est qu'elle n'est pas réellement ancienne. Elle est, je crois, l'idée conservatrice que se font la plupart des gens qui écoutent des disques de musique classique : un bon enregistrement effectué avec un bon matériel doit faire pénétrer dans nos demeures le « réalisme de la salle de concert » : ce slogan se rencontre encore dans certaines revues spécialisées. La « haute fidélité » est à la fois un objectif et un critère : la fidélité aux sons qu'il nous serait probablement donné d'entendre si nous assistions au concert en direct. Le microphone est le prolongement passif de nos oreilles ; tout son dû à la machine ou au processus d'enregistrement doit être inexorablement extirpé. L'interprète est seul maître à bord, et les techniciens sont là pour veiller à ce que son interprétation, intacte et inaltérée, soit soigneusement conservée dans le produit final, le disque. Il ne doit subsister, de leur propre présence, aucune trace.

Si dans la cohue du samedi nous faisions un sondage chez un disquaire classique, nous verrions probablement que la plupart des personnes interrogées sont d'accord avec cette optique, ou avec quelque chose d'approchant, sur tout ce qui touche à l'enregistrement. Si nous interrogions Glenn Gould, il répondrait qu'il n'y a rien à redire à cette opinion, si ce n'est qu'elle fait l'impasse sur un point fondamental : l'enregistrement est en soi un moyen artistique potentiel. Elle souligne la fonction de conservation et d'archives de l'enregistrement, qui n'est d'ailleurs pas sans valeur pour Gould, mais elle ignore les " *possibilités sans limites* " dont il parle, et perpétue la tyrannie du petit nombre de compositeurs-et-interprètes-têtes-d'affiches, puisqu'elle impose à l'industrie du disque le conservatisme qui règne aussi sur la salle de concert : seuls seront valables pour le disque les œuvres et les noms sur lesquels on peut compter pour « vendre ».

La technologie et les mœurs de l'Ancienne Philosophie appartiennent à la période de transition qui va du disque 78 tours au disque microsillon, soit, en gros, de 1945 à 1955. L'ère de la Nouvelle Philosophie commence approximativement en 1960.

Tout comme l'Ancienne Philosophie n'est pas réellement ancienne, la Nouvelle Philosophie n'est pas réellement nouvelle. A l'aube de l'enregistrement — ce que nous pouvons appeler l'ère de la « pré-Ancienne Philosophie » — il y avait des choses qui étaient assez conformes à ce que Gould décrit dans la Nouvelle Philosophie. La tyrannie des compositeurs et interprètes de l'Ancienne Philosophie n'existait pas. Étant donné que, dans l'ancien procédé acoustique d'enregistrement, l'étendue des fréquences était sévèrement limitée, et que le niveau de son y était faible, que cylindres et disques à enregistrer étaient de courte durée, le projet initial du compositeur devait être modifié de façon draconienne : l'œuvre devait être réduite à la longueur qui conviendrait, ou divisée en sections : l'orchestration devait être réduite parce qu'il n'y avait pas assez de place disponible en face du cornet acoustique. Aux premiers et seconds violons étaient substitués quatre ou cinq violons spéciaux dont le corps avait été remplacé par des pavillons destinés à amplifier le son, directement reliés à la machine enregistreuse. Les pavillons des cors d'harmonie subissaient le même traitement, ce qui obligeait les joueurs de cor à s'asseoir le dos tourné au chef d'orchestre, qu'ils suivaient dans un miroir. Il ne pouvait y avoir de contrebasses parce que leurs fréquences étaient trop basses pour la machine. Un tuba les remplaçait. Le compositeur qui voyait cela pouvait toujours protester : en vain. A cette époque héroïque, il fallait, pour enregistrer, soit en passer par là, soit ne pas enregistrer du tout. Ce n'étaient pas les compositeurs mais les ingénieurs qui disaient aux interprètes ce qui, d'un point de vue artistique, produirait une impression satisfaisante ou non. Et, comme dans la Nouvelle Philosophie, les meilleurs résultats étaient obtenus quand la fabrication avait bénéficié de la plus harmonieuse et de la plus complète collaboration entre les ingénieurs et les musiciens. Les distinctions rigides entre jugements techniques et esthétiques étaient destructeurs, comme c'est aussi le cas selon la Nouvelle Philosophie. En cette ère première de l'enregistrement, certaines personnes s'étaient aperçu qu'on pouvait jouer en usant de subterfuges avec le phonographe, tout comme Gould le fit dans l'histoire des débuts de son roman d'amour avec le microphone. Roland Gelatt, à propos du phonographe des années 1880-1890, écrit dans son livre, *Ce merveilleux phonographe* :

« On suggérait d'utiliser le phonographe comme une machine à composer de la musique en lui faisant jouer ses airs favoris à reculons. »

Plus loin, Gelatt évoque un « récit contemporain » :

« Il était curieux d'observer la totale indifférence du phonographe à l'égard de la hauteur de la note sur laquelle il commençait par rapport à la hauteur de la note sur laquelle il était censé terminer. Après avoir gravement et correctement émis les quelques premières notes de la mélodie, il prenait soudain son essor vers des régions trop douloureusement hautes pour que le cornet pût être à même de le suivre. Il débitait alors les variations sur *Yankee Doodle* avec une célérité telle qu'il n'était main humaine qui pût rivaliser, entremêlant des notes nouvelles qui, selon toute probabilité, n'appartenaient ni au cornet acoustique ni à aucun autre instrument. »

Ce sont là des exemples simples et frivoles des " possibilités sans limites " du phonographe primitif. L'exemple suivant est plus proche de la Nouvelle Philosophie :

« ... il y a des fois où, je le confesse, je m'amuse à jouer des tours romantiques ou sentimentaux avec lui [le phonographe] quand, faisant passer quelque disque d'orchestre avec une aiguille aussi fine que possible, j'en viens à me persuader que j'ai produit une sorte de musique féerique, délicate et lointaine, quelque chose qui ne ressemble en rien à l'orchestre réel, mais qui possède une qualité originale bien particulière. On peut ainsi procéder avec des disques intéressants mais imparfaits, telle la version Columbia de l'*Après-midi d'un faune* qui, grésillante et très rognée, donne encore un ensemble de sons admirables et alanguis avec le concours d'une aiguille très fine [10]. »

L'auteur de ces lignes, A. Clutton-Brock, peut sérieusement prétendre au titre de « Premier Nouvel Auditeur Gouldien ». En 1924, il apportait au disque des qualités qui n'avaient pas été gravées mais qui tiraient leur origine du phonographe manipulé intentionnellement. Cette manœuvre impliquait une participation active de la machine, de préférence à la fidélité maximale au disque. Comme le dit Gould :

« *Manipuler boutons et cadrans représente, dans son ordre limité, un acte d'interprétation. Il y a quarante ans, l'auditeur avait pour toute option de donner une chiquenaude sur un interrupteur marqué " on " et " off " et, avec un tourne-disques dernier cri, de moduler peut-être d'un rien le volume. Aujourd'hui, la variété des organes de contrôle qui lui sont accessibles requiert un jugement analytique. Et ces organes de contrôle ne sont que des systèmes primitifs, permettant de simples réglages, comparés à ces possibilités de participation que savourera l'auditeur dès que les appareils domestiques se seront approprié les techniques de laboratoire courantes* [11]. »

Dans la Nouvelle Philosophie, ni le compositeur ni l'interprète n'ont le dernier mot à aucun stade du processus d'enregistrement ; personne ne l'a. La fabrication d'un enregistrement est un processus de collaboration qui, à tous les stades, laisse ouverte la possibilité de modifications ultérieures ou de réglages à un autre stade ; il n'y a pas de stade final parce que les disques sont écoutés plusieurs fois et que chaque écoute est subordonnée aux jugements et réglages du Nouvel Auditeur. Le processus entier, cependant, est supervisé par quelqu'un qui apparaît pour la première fois au premier plan dans la Nouvelle Philosophie : le directeur artistique.

Le directeur artistique est, selon Gould, mi-impresario, mi-ingénieur ; il est l'homme-orchestre de la production. Parmi les responsabilités qui lui incombent, il doit s'assurer que les interprètes sont instruits des possibilités techniques, et les techniciens instruits des possibilités musicales. Le directeur artistique est l'auteur de ce produit intermédiaire, le disque, en vente dans les magasins. Intermédiaire parce que, dans la Nouvelle Philosophie, il n'y a pas de produit final.

Dans la Nouvelle Philosophie, le directeur artistique, les techniciens et leurs appareils ne sont pas effacés et soumis comme dans l'Ancienne. Ils laissent l'empreinte de leur art propre sur le disque ou la bande. Le travail d'un grand directeur artistique se doit d'être aussi distinctif que l'est le travail du compositeur ou celui de l'interprète. Et pour un auditeur sensible, ce travail doit, du point de vue esthétique, être aussi significatif *.

Durant la période de la « pré-Ancienne Philosophie », personne ne se souciait de « fidélité » ; c'était déjà un triomphe quand le morceau était reconnaissable. Le réalisme de la salle de concert de l'Ancienne Philosophie fut provisoirement pour techniciens et inventeurs un objectif qui connut de beaux jours, mais les ingénieurs du son allaient de l'avant, tandis que musiciens et consommateurs s'attardaient béatement au stade de l'Ancienne Philosophie. Ce que la technologie nouvelle de

---

* Gould a le plus souvent travaillé avec Andrew Kazdin, son dernier directeur artistique à la CBS. Il y eut aussi Thomas Frost, John McClure, Paul Myers, Joseph Scianni et Howard Scott. Keith Mac Millan produisit les disques Hallmark de 1953. C'est ici le lieu pour moi de souligner que l'éditeur d'un livre est, comme le directeur artistique d'un disque, un artiste à part entière ; et de dire que l'éditeur de ce livre est Garry Lovatt, que j'admire et auquel j'adresse mes remerciements.

la Nouvelle Philosophie proposait n'était pas forcément meilleur, mais avait au moins le mérite d'être différent.

Elle véhiculait, pour le son musical enregistré, des promesses de possibilités nouvelles, auxquelles peu de musiciens ont répondu : les compositeurs continuent de penser que l'interprète interprète correctement quand il re-présente avec la plus grande exactitude ce qui est indiqué sur la partition ; l'interprète pense que le technicien enregistre correctement quand le disque ou la bande reproduisent avec la plus grande fidélité les sons qu'il a lui-même émis *.

Or, si nous considérons le cinéma, nous voyons que tôt dans l'histoire de cet art, la caméra devint le commentateur de l'action, un personnage dans le récit, un analyste de l'intrigue et des mobiles. La caméra n'est pas un simple réceptacle d'images. Un film achevé ne présente pas les scènes et les actions dans l'ordre chronologique où elles furent réellement tournées.

Glenn Gould compare fréquemment le montage de la bande sonore d'un disque avec le montage de la pellicule d'un film, et il s'impatiente de l'attitude de l'Ancienne Philosophie qui refuse à la musique, sous prétexte d'« intégrité », l'usage de procédés reconnus depuis longtemps comme l'ABC de la fabrication d'un film. Ce sont ces procédés, et beaucoup d'autres, qui ouvrent les " *possibilités sans limites* " dont il parle. On abordera l'examen de ces procédés dans les chapitres suivants. Il s'agit ici d'envisager ces possibilités d'une manière théorique, puisqu'elles sont le fondement des arguments de Gould en faveur de cette " *vocation plus haute* " qu'est la carrière d'un artiste qui se consacre à l'enregistrement.

Les deux possibilités de la Nouvelle Philosophie les plus fréquemment mentionnées par Gould sont : une plus grande intimité entre interprète et auditeur, et une conscience plus profonde des cheminements intérieurs de la musique, plus grande et plus profonde qu'elles ne peuvent l'être lors d'une

---

* Cf. Appendice n⁰ 3 sur les *Instruments mécaniques au XVIIIe siècle*.

85

interprétation publique. Il en existe d'autres, mais considérons d'abord celles-là.

Gould affirme qu'un bon enregistrement crée entre l'auditeur et l'interprète un rapport plus étroit que celui d'un concert. Cette revendication nous semble singulière à première vue. Dans le cas de l'enregistrement, interprète et auditeur sont séparés par l'espace et le temps, et aussi, pourrait-on penser, par les appareils d'enregistrement et d'écoute. Gould arguera que les appareils ne séparent pas mais plutôt unissent, plus intimement à vrai dire que ne le fait la proximité physique. Au concert, le virtuose, avec ses poses à captiver les foules, se tient à part, le grand homme, objet d'attention et de vénération plutôt qu'homme de partage dans la profondeur d'une expérience humaine.

« La manière dont l'interprétation de la musique s'est modifiée par son exposition aux médias électroniques est [...] significative. En écoutant les premiers enregistrements effectués pour le phonographe par des artistes formés dans la seconde moitié du XIXᵉ siècle, nous sommes frappés, non tant par les bonheurs ou les maladresses de leur art, que par l'extrême différence que les prémisses de leur interprétation avaient l'air d'être en comparaison de ce que nous avons l'habitude d'entendre aujourd'hui — le caprice et l'extrême bizarrerie, le caractère hautement flirteur et extravagant de la dynamique, si l'on en croit le degré de distorsion qu'atteignent ces enregistrements — en bref, dans quelle incroyable mesure ces artistes trouvaient le moyen de conformer à la situation spécifique de l'arène publique leur relation à la musique, dans quelle incommensurable mesure ils avaient dû être tributaires de la connexion visuelle, de l'ajout chorégraphique qu'inspiraient le geste et le mouvement. Aujourd'hui, l'interprète, conditionné à penser en termes de projection électronique, en vient automatiquement à penser en termes d'immédiateté de réception entre lui et l'auditeur individuel (représenté par le microphone ou par tout ce qui peut être organe de transmission électronique) ; grâce à cela, on

*peut accéder à un champ d'insinuation interprétative fantasti-
quement subtil et varié* [12]. »

Si l'interprète peut ne tenir aucun compte des aspects
visuels de son interprétation, et s'il peut assujettir son image
ou son identité de « star », orientant son interprétation non
plus vers une foule présente ici et maintenant, mais vers un
auditeur attentif situé au point terminal du dispositif, en quelque autre temps et lieu, c'est alors la présence de la musique et
de ses détails, et non l'identité personnelle de l'interprète, qui
occupera l'attention de l'auditeur. Telle est l'intimité dont
parle Gould : une attention à la musique intensément partagée, entre l'interprète à l'une des extrémités du système technologique et l'auditeur à l'autre.

Les cheminements intérieurs de la musique sont révélés aux
deux participants comme une conséquence de leur attention
particulière ; le microphone découvre des détails de la structure ou, comme le note Gould, le microphone " *dissèque
et analyse* " la musique, aussi bien dans le cas d'une
œuvre courte et transparente, disons, une *Partita* de J.-S.
Bach, que dans celui d'une œuvre vaste et impressionnante
comme la *Seconde* ou la *Huitième Symphonie* de Gustave
Mahler.

*Gould. — [...] Je pense que c'est précisément pour cela que
vous trouverez la* Seconde *et la* Huitième Symphonies *pratiquement en tête du Hit-Parade ces temps-ci. Parce qu'elles
réclament de façon tellement pressante d'être disséquées, d'être
analysées par le microphone — or c'est précisément ce que le
microphone, dans une bonne production, fera pour ces œuvres, et
c'est pour cela que le microphone est parvenu à redonner une
audience à Mahler...*
McClure. — Mais l'auditeur moyen veut-il vraiment d'une
œuvre disséquée ? ne veut-il pas plutôt qu'elle le trans-
porte ?
Gould. — Je ne pense pas que l'auditeur moyen sache

vraiment exactement ce qu'il veut — et je ne dis pas cela dans un sens dépréciatif quelconque. Je ne pense pas qu'il y ait de raison pour que l'auditeur moyen doive savoir exactement ce qu'il veut. Je ne pense pas que moi, en tant que conducteur de voiture très moyen, je sache si la voiture que je conduis est parfaitement ou médiocrement réglée, comme un mécanicien peut le déterminer ; je sais simplement que j'en conduis une et qu'elle me mène quelque part. Néanmoins, j'ai probablement une vague idée des choses qu'un bon mécanicien peut faire pour cette voiture. De la même façon, je pense qu'un auditeur, qu'il s'y connaisse ou non, a idée de ce qu'un microphone peut faire pour cette œuvre, et je suis tout à fait sûr que la Huitième *de* Mahler *peut, si elle est entendue dans les meilleures conditions à la maison, dans l'intimité, le calme et la réflexion, créer un effet qui comble infiniment plus qu'il n'est possible dans une salle de concert* [13]. »

Ce que Gould entend par " *dissection et analyse* " est moins clair qu'il n'y paraît. Il semble que, pour ce qui est de l'interprétation, elles soient le résultat d'un effort délibéré de l'interprète pour mettre en relief la *colonne vertébrale* (ou structure) d'un morceau, aux dépens, si besoin est, de l'expressivité ou de la qualité du son. Et pour ce qui est de l'audition, que ce soit le résultat d'un effort orienté vers une conscience intense et accrue de la même *colonne vertébrale* ou structure. La technologie de l'enregistrement donne à l'interprète la possibilité d'amener l'auditeur à une conscience plus étroite de la structure que ce n'est faisable au concert. Gould a illustré cela en plusieurs occasions. Par exemple :

« *La musique de Schoenberg, particulièrement ses dernières œuvres, qui ont influencé le climat de la composition d'aujourd'hui de façon si décisive, convient tout aussi sûrement que les œuvres de Bach à l'enregistrement. Comme la musique de Bach, celle de Schoenberg est techniquement complexe, résolument contrapuntique dans son architecture, et peut-être*

*plus occupée de la signification du mouvement que de la séduc-
tion brillante d'un son attractif en soi* [14]. »

Gould porta la dissection et l'analyse à l'extrême dans l'unique enregistrement qu'il ait effectué jusqu'à présent à l'orgue,
L'Art de la Fugue, Fugues 1-9, de J.-S. Bach. Il a commenté à
la radio son interprétation de la *Troisième Fugue* :

« *Ce que j'aime dans cet enregistrement, c'est que, à cause de
la registration somptueusement excentrique qu'offrait cet orgue
Casavant, les fibres centrales de la musique sont autorisées à
vivre chacune sa vie propre — elles ne sont pas embaumées
dans la réverbération comme les récitals d'orgue tendent à
l'être dans les églises. Bien sûr, nous eûmes la grande chance de
pouvoir enregistrer dans une église qui possédait une réverbération exceptionnellement légère. Mais cet enregistrement va
encore au-delà : les micros étaient placés tout contre les som-
miers de l'orgue, de telle sorte que les tuyaux pouvaient parler,
comme on dit, et peut-être même à l'occasion siffler tout aussi
bien en asthmatiques. Il n'était pas question d'enjoliver le son,
de le ceindre d'un halo de résonance, ou d'en faire la prise de si
loin qu'il suggérât qu'on était à l'écouter loin derrière, au fond
dans l'assemblée. Il n'était pas question, en fait, d'investir sur le
sentiment né de l'occasion — de rattacher notre interprétation
de l'*Art de la Fugue à cette église, en cet après-midi d'hiver et, à
partir de là, de créer pour l'auditeur un sentiment artificiel de
participation. Notre objectif était d'ignorer l'occasion de l'enregistrement et de nous concentrer plutôt sur les circonstances
susceptibles d'être celles de l'écoute — de penser aux salons et
studios, aux voitures, aux transistors dans les dunes, dans lesquels ou par lesquels il était concevable que cet enregistrement
fût entendu* [15]. »

La *Troisième Fugue*, que Tovey caractérise comme « l'un
des plus beaux morceaux de musique au chromatisme calme
et lent », est jouée par Gould sur cet enregistrement avec une

articulation saccadée et un tempo rapide. Son intention était apparemment de tirer parti de l'acoustique sèche et de la prise rapprochée pour révéler la " *colonne vertébrale* ". L'aspect typiquement Nouvelle Philosophie de cet enregistrement tient au fait qu'il visait les temps et lieux de l'écoute, et s'écartait des temps et lieu de l'enregistrement.

Voici un autre passage qui illustre ce que Gould entend par " *dissection et analyse* " :

« *Les disques de Robert Craft [...] en disent long sur la manière dont les interprétations qu'on prépare avec le microphone en tête peuvent subir l'influence de considérations techniques. Pour Craft, le chronomètre et la colleuse sont instruments de son métier aussi bien qu'objets de cette inspiration à laquelle une génération antérieure de manieurs de baguette trouvait à accéder par le truchement d'effets de capes et les éclats d'accès de colère. La comparaison entre les lectures qu'a faites Craft des œuvres orchestrales de grande envergure de Schoenberg, spécialement des premiers essais post-romantiques tels que la* Nuit Transfigurée *ou* Pelléas et Mélisande, *et les interprétations de plus vénérables maestros — le* Pelléas et Mélisande *au romantisme rayonnant de Winfried Zillig de 1949, par exemple — est fort instructive.*

Craft applique un ciseau de sculpteur à ces vastes complexes orchestraux du jeune Schoenberg et les ordonne en plateaux successifs sur lesquels opérer — une chose vraiment très baroque ! Il semble sentir que ses auditeurs — installés chez eux, l'oreille collée au haut-parleur — sont prêts à lui permettre de disséquer cette musique et de la leur présenter d'un point de vue conceptuel fortement partial, ce que les circonstances d'intimité et de concentration de leur écoute rendent faisable. L'interprétation de Craft, alors, est toute direction assistée et freins pneumatiques. Par comparaison, dans le Pelléas *de Zillig [...] l'usage à loisir du rubato, la légère brume sensuelle dont il dore son interprétation, comme s'il redoutait que la clarté fût l'ennemie du mystère, tout cela fait clairement ressortir que son inter-*

prétation dérivait de l'expérience du concert où de telles parti-
cularités d'exécution étaient les intuitives compensations d'un
dilemme acoustique [16]. »

Glenn Gould n'est pas seulement le principal commentateur et apologiste de la Nouvelle Philosophie ; il en est aussi le
plus dévoué praticien. Plusieurs personnes ont remarqué qu'il
n'était pas de musicien qui participe aussi activement à
l'aspect technologique du processus d'enregistrement — certains de ses directeurs artistiques regardent cela comme une
bénédiction mitigée *.

Gould dit qu'il passe très peu de temps au piano pour préparer ses enregistrements ; il le passe plutôt à lire les partitions.
Il étudie très rapidement le répertoire nouveau, mais il a en
tête une somme fabuleuse de musique qu'il a ou non précédemment jouée. Sa mémoire renferme aussi bien les parties
des autres musiciens ou chanteurs lorsqu'il s'agit de musique
d'ensemble, et il est renommé pour sa capacité à jouer aux
répétitions leur partie aussi bien que la sienne, pas toujours
pour le plaisir des intéressés. Bien que ses écrits ne nous le
laissent jamais deviner, il est tendu et anxieux lors des séances
d'enregistrement — parfois aussi désespérément, et plus, que
lorsqu'il donnait des concerts **. C'est peut-être parce qu'il
prend au sérieux l'enregistrement, alors que les concerts
étaient pour lui des maux nécessaires mais temporaires qu'il
fallait traverser du mieux que l'on pouvait. Ce peut être aussi
parce que la bande magnétique est tout à fait implacable : les
erreurs imprimées sur bande sont plus durables que les erreurs

---

* Le disque enregistré et manufacturé en direct est bien sûr irréductiblement lié à
l'« Ancienne Philosophie » : il a vocation d'archives. Aucun doute qu'il ne connaisse
une grande mode, en dépit de son coût élevé. L'intérêt de Gould s'est évidemment
orienté vers les nouvelles méthodes d'enregistrement « digital », qui ont ouvert des
possibilités insoupçonnées de montage et de mixage — pour l'enrichissement de cet
art dont il fut l'un des pionniers et des chefs de file. Ses derniers enregistrements ont
été réalisés selon ce procédé.
** Certains témoignages qui font autorité suggèrent un état d'esprit apparemment
différent (NdT).

de concert, et tous les montages du monde ne sauraient rendre bonne une prise complètement mauvaise. En théorie du moins, une interprétation enregistrée *peut* être parfaite, dans une mesure que l'interprétation de concert ne permet pas, et cette perfection est un objectif presque toujours présent à l'esprit de l'artiste lors d'un enregistrement. Tout artiste qui enregistre sait ce que c'est que d'avoir joué de façon admirable et parfaite jusqu'aux dix ou douze dernières mesures et de soudain se voir confronté à l'horreur que la prise puisse être anéantie dans les quelques mesures finales. A de tels moments, le mouvement qui anime l'enregistrement cesse d'être une joie pour devenir une menace accablante. Dans ces conditions, la catastrophe vécue dans le privé est aussi terrifiante que sa variante étalée en public.

Bien que beaucoup moins ritualiste que du temps de ses concerts, Gould a toujours utilisé la fameuse chaise pliante : il procédait toujours à des vibro-massages avant une séance d'enregistrement et quelquefois pendant, exigeant, dans le studio même, la présence constante d'un technicien pour le piano. Il préférait enregistrer la nuit, toute la nuit si nécessaire. Sur la fin de sa carrière publique, il annulait fréquemment des concerts, alléguant la maladie. Mais il s'est toujours montré scrupuleux en ce qui concernait ses engagements pour la radio, la télévision ou les enregistrements. La plupart des musiciens qui ont travaillé avec lui depuis le milieu des années 60 l'ont trouvé d'une prévenance et d'une courtoisie indéfectibles (et, bien entendu, extraordinairement stimulant sur le plan musical), mais il en est certains qui parlent de difficultés avec Gould dans les années antérieures. Au micro ou devant la caméra, il travaillait avec une intensité tout à fait inimaginable, carrément effrayante pour les gens qui n'y étaient pas accoutumés. Bien qu'il ait, dans les derniers temps, modéré ses positions à ce sujet, il voulait toujours que la climatisation fût coupée, quelle que soit la chaleur dégagée par les projecteurs.

Un concertiste possède parfaitement un nombre limité de

morceaux qu'il tient prêts pour satisfaire aux prestations de l'avenir immédiat. Il travaille quotidiennement ces morceaux, que ce soit en répétition ou en concert, les peaufinant jusqu'à se les approprier. L'engagement d'interpréter un morceau ou un programme particulier implique des mois ou des années de préparation, de labeur physique et mental centré sur des difficultés techniques à surmonter, des possibilités d'interprétation à explorer, avec l'intention d'être prêt au jour dit.

Ce n'était pas le cas de Gould. Prenons, par exemple, ses enregistrements des sonates de Beethoven, au début des années 60. Ces œuvres, il les connaissait, disait-il, depuis son jeune âge, et pouvait, si on le lui demandait, jouer de mémoire n'importe laquelle d'entre elles, si bien que le " *regard spécialisé et très particulier* " n'intervenait à leur égard que deux semaines environ avant la date de l'enregistrement. Il comparait cette approche apparemment suicidaire à celle d'un acteur de feuilleton qui apprend son texte la nuit précédant le tournage, et puis qui l'oublie : « *Ce que j'oublie, ce n'est pas l'œuvre, ce ne sont pas les notes, c'est la relation particulière à l'œuvre* [17]. »

Cette " *relation particulière* " est une approche interprétative spécifique du morceau, ou une recherche du sens qui pourrait lui être donné lors de l'exécution. Gould arrivait au studio d'enregistrement avec parfois une approche unique à l'esprit, mais parfois avec plusieurs, toutes différentes. Un des exemples qu'il mentionnait était celui de l'enregistrement réalisé avec Leopold Stokowski et l'American Symphony Orchestra du Concerto de Beethoven, l'*Empereur*. Gould avait à l'esprit pour ce projet deux " *relations particulières* " tout à fait différentes : l'une extrêmement rapide et l'autre extrêmement lente. Stokowski, à la satisfaction de Gould, opta pour la version lente, qui est celle que l'on peut entendre sur le disque.

Gould n'a pas précisé s'ils firent des prises pour les deux " *relations* ". S'ils l'avaient fait, et qu'une semaine plus tard, ou un peu plus, ils s'étaient réunis avec le directeur artistique et les techniciens dans la salle de montage pour établir les comparaisons et les choix et amalgamer des fragments de prises différentes, ils auraient réalisé le genre de travail caractéristique de la Nouvelle Philosophie. Cet enregistrement de l'*Empereur* est, de toute façon, un montage et, par là même, un produit de la Nouvelle Philosophie ; mais le tempo est marqué par une lenteur régulière d'un bout à l'autre, de telle sorte que nous pouvons en conclure qu'il n'y eut pas d'insert destiné à obtenir des contrastes de tempo, et que la « relation lente » fut la seule à être essayée en studio.

Avec un orchestre symphonique, il peut être coûteux de s'essayer à des " *relations* " variées en studio. Si Bach avait écrit ses *Variations Goldberg* pour un orchestre symphonique au lieu de les écrire pour piano seul, il n'aurait pu y avoir 21 prises de l'Aria. Autrement dit, le champ des décisions qui peuvent être écartées au stade du montage est plus vaste dans le cas d'une musique pour soliste que dans celui d'une musique concertante qui requiert de nombreux exécutants. De telle sorte que la Nouvelle Philosophie fonctionne probablement mieux quand il s'agit de musique pour soliste que dans le cas de formations importantes, en dépit des considérations allègres de Gould sur les *Seconde* et *Huitième Symphonies* de Mahler.

Gould s'exprima sur tout cela de façon très persuasive :

Gould. — En arrivant, j'avais peut-être cinq ou six idées qui me paraissaient alors également valables, mais il était possible qu'aucune d'elles ne marche, auquel cas nous serions revenus une semaine plus tard pour en essayer une septième. S'il y en avait deux ou trois qui marchaient, nous nous rendions alors à la cabine de montage au bout d'environ une semaine, et nous les écoutions. Et réellement, une bonne semaine est nécessaire pour avoir quelque recul. Un jugement que l'on porte une semaine plus tard n'a jamais grand-chose à voir avec celui qu'on avait porté sur-le-champ, sous l'impulsion du moment — ça ne se passe jamais comme ça. Les choses qui vous semblent les meilleures, les plus inspirées et les plus spontanées sur

le coup le sont en fait très rarement. Elles sont ordinairement
artificielles, elles sont ordinairement affectées; et elles sont
ordinairement bourrées de tout un arsenal de gadgets musi-
caux dont on ne veut pas sur un enregistrement.

McClure. — Vous voulez dire qu'une partie de votre processus de création se fait au montage ?

Gould. — Absolument... Nous ne considérons pas que le pro-
duit soit fini au sortir du studio [18].

Son anecdocte sur la *Fugue en la mineur* est l'histoire favo-
rite de Gould pour illustrer la manière dont le matériau brut,
imprimé sur bande à sa sortie du studio, est retravaillé en salle
de montage. On rappellera que deux versions (" *relations* ")
très différentes ont servi à monter la version définitive du
disque. Paul Myers était le producteur de cet enregistrement,
aussi son évocation de Gould à l'œuvre est-elle du plus haut
intérêt, particulièrement pour le rapport qu'elle présente avec
les " *dissection et analyse* " que nous avons mentionnées plus
haut :

« Il ne s'occupe jamais des vues traditionnelles de l'interprétation, ni des versions déjà enregistrées qui sont considérées
comme les parangons d'une œuvre. Au contraire, il préfère
jouer un morceau presque comme s'il venait d'être composé,
dans l'attente de sa première interprétation. Quand il est au
studio, il lui arrive de jouer dix ou quinze versions du même
morceau — chacune très différente des autres et la plupart
d'entre elles valables — comme pour scruter la musique sous
tous ses angles avant de décider de l'interprétation finale. Ce
qui, en soi, est très rare, car il est peu de pianistes qui possèdent une technique à la hauteur de la tâche. Ses idées musicales stimulent l'imagination ; étayées par la complète intégrité
du propos et la conception abstraite et minutieuse du travail
technique de l'œuvre, elles font de lui l'avocat du diable ou

95

l'enfant terrible de la musique, comme on voudra. Une chose est certaine : une interprétation de Glenn Gould est infailliblement originale et résulte d'une étude et d'une réflexion approfondies, qui se passent à la fois au piano et loin du piano.

Tout cela pourrait faire croire à une représentation dévoyée de la musique qu'il enregistre, mais, comme je l'ai toujours vérifié par expérience — et en ayant ces faits présents à l'esprit —, l'approche de la musique par Glenn Gould et l'occasion qu'il donne à l'auditeur de reconsidérer son attitude envers telle ou telle œuvre — de " repenser " le morceau de fond en comble si nécessaire — aboutissent à une compréhension plus complète et plus profonde. C'est particulièrement vrai du répertoire pour piano seul, où aucune contrainte orchestrale ne vient entraver la liberté de son interprétation. J'éprouve aussi le plus grand plaisir à écouter l'interprétation par Gould d'une œuvre que je croyais déjà " connaître " car, l'ayant démontée et reconstruite de cette manière unique, il révèle de nouveaux aspects de la musique que je n'avais peut-être, quant à moi, jamais envisagés [19]. »

Chapitre 4

Action à distance

Des voisins d'Uptergrove, où les Gould avaient leur cottage se souviennent de Glenn comme d'« un petit garçon plutôt solitaire, avec des opinions très affirmées et la haine de la cruauté, heureux surtout quand il était libre de travailler son piano [1] ». Chez Gould, la haine de la cruauté et le besoin de solitude sont deux thèmes qui se nouent pour toucher pratiquement chaque aspect de sa pensée musicale.

Dans la cour de l'école publique de la Williamson Road, ces fermes opinions suscitaient, de la part de ceux qui étaient moins doués, le traitement que subissent ordinairement les enfants intelligents. Dans son article sur Gould, *Apollonian*, paru dans le *New Yorker*, Joseph Roddy le cite :

« Il n'y avait rien que de très naturel, je suppose, dans le fait que mon incapacité à m'entendre avec mes camarades me pousse à chercher refuge toujours plus profondément dans le sein de ma propre imagination. »

Mais la musique, qui peut ainsi fournir un refuge contre la cruauté, est cruelle à sa façon, analogue à celle de l'arène : des publics assoiffés de spectacle sanguinaire, des interprètes en rivalité avec d'autres interprètes pour se concilier les bonnes grâces de l'auditoire. Les écrits et les enregistrements de Glenn Gould témoignent de sa volonté de séparer la musique de la

97

cruauté, de montrer que la compétition n'est pas une loi de la vie civilisée. La nature peut se saigner à coups de griffes et de morsures, et l'élément compétitif dans la lutte pour survivre est peut-être une loi de la nature, mais la technologie — dit Gould — s'interpose dans la culture humaine entre l'homme et la nature, entre l'homme et la bestialité qui est en l'homme (ou tout au moins dans le cœur de l'homme, quand il assiste par exemple à une corrida ou à un concert).

Anthony Storr, dans son livre fascinant, *Dynamique de la création,* procède à l'étude de la personnalité créatrice. Dans le passage qui suit, Storr évoque l'artiste créateur de type schizoïde, et considère ce qui détermine le choix de sa vocation :

« ... puisque la plupart des activités créatrices sont solitaires, le choix d'une telle occupation signifie pour le schizoïde qu'il s'octroie la possibilité d'esquiver les problèmes de la relation directe avec les autres. Qu'il écrive, peigne ou compose, il est indéniable qu'il communique. Mais il s'agit d'une communication dont il contrôle tous les termes. Il possède en totalité le contrôle de la situation. Il n'ira pas se trahir par des confidences qu'il aurait à regretter plus tard. Il peut exprimer tout ce qu'il veut révéler avec une exactitude telle qu'il encourt moins le risque d'être mal compris que ce ne serait le cas lors d'échanges fortuits et spontanés. Il peut choisir (du moins est-il enclin à le croire) la part de lui-même qu'il veut révéler, et celle qu'il veut garder secrète. Par-dessus tout, il encourt peu le risque de tomber au pouvoir de quelqu'un d'autre. Comme nous l'avons vu, la tragédie du schizoïde est qu'il redoute l'amour presque autant que la haine ; parce que tout engagement intime porte en soi le risque de se faire dominer ou « avaler » par l'autre. Une certaine forme de relation avec autrui est ressentie comme nécessaire, comme chez nous tous, mais cette relation est mieux assumée si une distance protectrice est ménagée. Se montrer uniquement par l'entremise d'un livre, d'une peinture ou d'un quatuor à cordes, revient à se protéger tout en jouissant dans le même temps du plaisir de se révéler. »

Joachim Kaiser, l'influent critique allemand, écrit :
« Existe-t-il un secteur de l'interprétation musicale autre que le piano, où chaque chose dépende autant de l'individu, de sa capacité à percevoir, à façonner, à ordonner ? Même le violoniste, même la prima donna, ont généralement besoin d'un accompagnateur, d'un orchestre [...]. Seul le pianiste est complètement seul, et présente, à l'âge du travail d'équipe, de la répartition des tâches et de la sécurité qu'offre le nombre, l'image du sujet que grandit sa complète indépendance [2]. »

Donc, selon Storr, l'artiste créateur de type schizoïde a choisi, par le choix même de son occupation, l'isolement ; selon Kaiser, le pianiste est le plus solitaire des musiciens. Et Gould est certainement le plus solitaire des pianistes :

« L'expérience de l'enregistrement est la plus matricielle des expériences qui existe en musique, dit-il. C'est une façon de vivre tout à fait cloîtrée, et j'ai effectivement retranché de ma vie musicale tout ce qui n'était pas cloîtré [3]. »

Le musicien non cloîtré est constamment exposé aux influences de l'extérieur. Dans sa jeunesse, son professeur représente une influence extérieure. Adulte, il peut lui-même devenir professeur et, dans ce cas, les réponses que lui feront ses élèves, à lui et à la musique qu'ils étudient, l'influenceront. Va-t-il au concert ? Il est alors influencé par les idées et le style de l'interprète qu'il écoute et par ce qu'on en dit. S'il donne des concerts, il est influencé par l'approbation ou la désapprobation des critiques et du public. Le moindre accroc à sa santé ou à son humeur, la moindre défaillance de son instrument, ou le temps qu'il fait, autant de choses qui peuvent, sans que lui-même y puisse rien, l'exalter ou l'abattre. En revanche, le musicien cloîtré est à l'abri de tous ces aléas ou — ce qui revient au même — il pense l'être.

Gould se considère comme largement autodidacte, déclarant qu'il n'a vraiment commencé à apprendre la musique que quand il eut cessé de travailler avec Alberto Guerrero [4]. La majeure partie de ce qu'il sait de la musique, c'est dans la solitude, par le canal de la radio et de l'enregistrement, par l'étude des partitions, les livres, et par sa réflexion personnelle au piano et à propos du piano, qu'il l'a apprise. Il s'est ainsi protégé contre les pressions qui lui enjoignaient de se conformer à l'idée des autres sur la manière dont il faut jouer du piano ou aborder le répertoire.

Il est certains compositeurs en qui il admire tout particulièrement le refus de se soumettre aux tendances dominantes, de céder au courant de la mode : Hindemith, Ives, Schoenberg, Richard Strauss et, surtout, Jean-Sébastien Bach :

« Je trouve dommage que des créateurs [...] éprouvent le besoin de rechercher la compréhension. La productivité et la création sont des choses bien plus directes que cela. [...] C'est pourquoi je suis fasciné par ce que devient la production d'un créateur lorsqu'il s'isole [...] à l'écart de l'entourage [5]. »

A propos de l'enseignement, il déclare :

« C'est quelque chose que je n'ai jamais fait et que je n'imagine pas avoir jamais le courage de faire. Cela m'apparaît comme une responsabilité des plus terribles, que je préférerais éviter [6]. »

« L'enseignement me fait peur. Quand j'y suis disposé, je trouve extrêmement stimulant de parler avec des gens et d'analyser de la musique avec eux ; mais je suis sujet à des périodes de non-communication de telle sorte qu'il serait très desséchant d'avoir à le faire selon un horaire préétabli. J'ai par ailleurs

besoin de résilience spinale quand je suis confronté à des opinions qui ne sont pas les miennes [7] ! »

Celui qui résiste victorieusement aux influences extérieures est en droit d'affirmer que ses capacités et ses réalisations sont vraiment les siennes propres et celles de nul autre. Ce phénomène d'appropriation n'est pas particulier au génie créateur qui a du succès : il est commun à tout le type ; il fait partie de sa sécurité dans une situation qui est, selon l'expérience courante, dépourvue de sécurité : la situation de quelqu'un qui sait qu'il n'a pas un ami dans un rayon de mille milles, mais qui ne peut être sûr qu'il n'y a pas un ennemi embusqué derrière l'arbre le plus proche. Ce phénomène d'appropriation se révèle n'être parfois qu'une fausse sécurité, une bravade toute de façade. Gould a écrit un article dans lequel il s'assimilait à un ermite [8] ; nous pouvons cependant douter qu'il se serait senti à l'aise s'il s'était retrouvé entièrement seul au cœur d'une nature vraiment sauvage, sans le moindre agrément matériel ou social de la civilisation.

Pour la pochette de son disque, *The Idea of North (l'Idée du Nord)*, Gould a composé le texte suivant :

« Le nord m'a fasciné dès l'enfance. Du temps où j'allais à l'école, j'aimais à me plonger dans toutes les cartes de la région qui pouvaient me tomber sous la main, malgré l'extrême difficulté que j'éprouvais à me rappeler qui de Great Bear ou de Great Slave était situé le plus au nord — au cas où vous auriez le même problème, c'est Great Bear. L'idée de cette terre m'intriguait, mais ma notion de ce dont elle pouvait avoir l'air se réduisait à peu de choses près aux peintures du Groupe des Sept, romanticisantes et teintées d'art-nouveau, qui, de mon temps, ornaient pratiquement une salle de classe sur deux, et qui probablement servirent d'introduction picturale au nord pour bon nombre de personnes de ma génération.

Un peu plus tard, j'entrepris l'examen de photographies aériennes et de levés géologiques, et j'en vins à me dire que le nord était doté de qualités plus insaisissables que ce que même un magicien comme A.Y. Jackson pouvait suggérer par ses toiles. C'est à peu près à cette époque que je fis, à titre d'essai, quelques incursions dans le nord, et que je commençai à me servir de lui, métaphoriquement, dans mes écrits. C'était là un curieux genre de retombée littéraire, si l'on peut dire. Quand j'allais vers le nord, je n'avais nulle intention d'écrire à son sujet, ni de m'y référer dans mes écrits, fût-ce par parenthèse. Et pourtant, presque en dépit de moi-même, je me mettais à faire toutes sortes d'allusions métaphoriques fondées sur ce qui était en réalité une connaissance très limitée de cette terre, et une approche qui en était très superficielle. Il m'arrivait par exemple d'écrire des critiques musicales dans lesquelles le nord — l'idée du nord — se mettait à servir de repoussoir à d'autres idées, à d'autres valeurs, qui me semblaient de façon déprimante orientées vers l'urbain, ce qui les limitait spirituelle-ment.

A présent, il est bien évident qu'une telle manipulation méta-phorique du nord a quelque chose de vaguement suspect, pour ne pas dire de romantique, parce qu'il n'est guère d'endroit aujourd'hui qui soit hors de portée et hors du contact des styles, attitudes et techniques homologués par Madison Avenue. Time, Newsweek, Life, Look *et le* Saturday Review *peuvent être aéroportés jusqu'à Frobisher Bay ou Inuvik, à peu près aussi facilement que le dépositaire local peut les distribuer en ville au kiosque le plus proche ; et il existe probablement des gens vivant au cœur de Manhattan qui réussissent à se ménager une existence toute aussi indépendante et érémitique que celle d'un prospecteur parcourant cette sorte de tundra recouverte de lichen, évoquant le nord de Great Bear Lake, que A.Y. Jackson aimait tant à peindre.*

Aucun doute, c'est une question d'attitude, et je ne suis pas du tout sûr que ma propre attitude quasi allégorique vis-à-vis du nord soit la manière convenable d'en faire usage, ni même que ce soit une manière juste de le définir. Je ne suis pourtant pas le seul à réagir de la sorte à l'égard du Grand Nord ; bien rares

*sont ceux qui l'approchent et en reviennent tout à fait indem-
nes. Il se passe réellement quelque chose chez la plupart des
gens qui vont dans le nord — ils deviennent au moins
conscients de l'occasion créatrice que représente le fait physique
de cette terre et bien souvent, je crois, ils en viennent à prendre
la mesure de leur propre travail et de leur propre vie en les
confrontant à cette possibilité de création assez sidérante — ils
deviennent, en fait, des philosophes. »*

Les habitants de Toronto utilisent la locution « monter au
nord » dans un sens particulier qui mérite une explication.
Quand l'un deux déclare qu'il « monte au nord » pour le week-
end, il pense à une destination considérablement éloignée du
Cercle Polaire ; il s'agit probablement d'une latitude qui se
trouve au sud de Venise ou d'Astrakhan, de Portland Oregon
ou de Portland Maine. Il pense en fait et selon toute probabilité à un voyage d'environ cent cinquante kilomètres : en tout
état de cause, à peu près la distance de la maison de Toronto à
celle d'Uptergrove ; pourtant, ces cent cinquante kilomètres
« vers le nord » représentaient pour le jeune Glenn Gould
autre chose qu'un simple voyage jusqu'au cottage. Ils représentaient une échappée loin des brutes de la cour de récréation
et loin de l'ennui des salles de classes. « Monter au nord »
devait apparaître comme l'image d'un accès à ce paradis rus-
tique où l'on était libéré de ce qu'il y avait de morne, de
déprimant, dans les jours de la semaine passés à Toronto.

Un peu plus tard, dans les années où il effectuait ses tournées, c'était à la maison d'Uptergrove que Glenn Gould, entre
ses concerts, se reposait et se reconstituait spirituellement.

Mais ce n'était pas la vraie solitude. Le cottage des Gould se
trouvait proche d'autres maisons, et il y avait un chemin qui
passait derrière. Devant, c'était le lac et ses canots à moteur
qui le sillonnaient bruyamment les jours d'été. Cependant, la
maison était équipée pour toutes les saisons, de sorte que pour
Glenn, aller « vers le nord » prenait probablement toute sa
signification durant les week-ends d'hiver quand il y avait peu

de monde. Nous avons déjà évoqué l'image de son enfance qui lui faisait associer Beethoven à la neige, aux lacs gelés et au retour à Toronto l'après-midi des dimanches d'hiver, quand passait à la radio l'Orchestre Philharmonique de New York. Gould a effectué au Canada quelques voyages bien plus au nord que Uptergrove, et il a été profondément touché par l'indépendance des gens qui vivent là-haut, dans des lieux isolés. La correspondance musicale de cette expérience est représentée pour lui par la *Cinquième Symphonie* de Sibélius. (Le lecteur est invité à demeurer seul à écouter cette musique dans la tourmente d'un jour d'hiver, pour se pénétrer de la " *mélancolie ibsénienne* " par laquelle Gould est si fortement attiré, et qu'il associe aux étendues sauvages et au ciel triste et bas.)

Les préférences musicales de Gould sont puissamment influencées par le concept du nord. Il est mal à l'aise avec la passion ensoleillée du tempérament méditerranéen, avec toutes ses manifestations, mais tout particulièrement avec la corrida espagnole et l'opéra italien, incitations tant au besoin qu'a la foule de spectacles violents qu'au désir d'éblouir par une exhibition personnelle [9].

Par contraste il associe le concept du nord à la rectitude morale, à l'adhésion à la loi (y compris aux lois de Dieu et du contrepoint, et donc à J.S. Bach) et au protestantisme puritain. Dans un article paru en 1974, Gould laisse entendre qu'il établit un rapport d'équivalence entre " *séparation du monde* " et latitude : plus haute est la latitude, plus grand le degré de séparation ou d'isolement [10]. Il n'est pas possible de citer en leur totalité les nombreux passages qui, pour lui, font état de ces correspondances entre le Nord, la solitude, la musique qu'il préfère et la conduite morale qu'il estime. Ces textes ne cessent de dire sa position individualiste en matière de morale et d'esthétique ; il dévie rarement quand il poursuit ces correspondances. Pour lui, la " *ligne de productivité et de création* " passe directement d'individu à individu, et elle peut être favorisée par les moyens technologiques : ils nous *séparent* dans l'espace et dans le temps en tant qu'êtres capables de se haïr et de se heurter l'un l'autre, capables de passion, d'enthousiasme et autres impulsions ; mais ces mêmes moyens technologiques nous *unissent* en tant qu'êtres capables de se comprendre l'un l'autre à un niveau d'intelligence élevé, pur et abstrait. Ils nous rendent capables d'agir à distance.

Le téléphone était pour Gould le prototype déclaré de l'action à distance. Dans sa vie privée, il évitait le plus possible les contacts directs de personne à personne et restait en relation avec ses amis par l'intermédiaire du téléphone — ses notes de téléphone devaient être effarantes, étant donné l'importance de ses communications à longue distance. Pour lui, le fait de *voir* la personne avec laquelle il parlait était un facteur de distraction et la relation lui paraissait plus satisfaisante quand l'élément visuel était éliminé par la distance : le téléphone était un pont jeté au-dessus du vide de silence entre lui et son interlocuteur [11].

La plus farfelue de toutes les histoires apocryphes au sujet de Gould concerne le téléphone et l'effet particulièrement indésirable qu'il est susceptible d'avoir à distance : Van Cliburn ou Alfred Brendel, ou qui que ce soit d'autre, passe par Toronto et profite de l'escale pour téléphoner à Glenn Gould de l'aéroport et bavarder amicalement avec lui. Après un début où l'on échange d'agréables propos, le correspondant dit qu'il est enrhumé et se met à éternuer. Gould, saisi d'une panique hypocondriaque, raccroche. (Les apocryphes au sujet de Gould s'élèvent rarement au-dessus de cette qualité d'humour.) Un journaliste demande un jour à Gould s'il mange beaucoup. Gould répond qu'il mange très peu, et qu'il se sent coupable de manger. Le journaliste enchaîne en lui demandant s'il a besoin des gens.

Réponse de Gould :

« Les gens sont pour moi à peu près aussi importants que la nourriture. Au fur et à mesure que je vieillis, je m'aperçois de plus en plus que je peux très bien me passer d'eux : je me sépare

des notions de conflit et de contraste. La réclusion monastique me convient [12]. »

Il dit un jour lors d'une émission télévisée :

« *La solitude est le préalable de l'expérience extatique, spécialement de l'expérience que recherche l'artiste post-wagnérien — elle est la condition de l'héroïsme. On ne peut pas se sentir héroïque sans avoir d'abord été rejeté par le monde, ou sans avoir peut-être accompli ce rejet soi-même [...]. Pour des hommes d'une certaine trempe (Arnold Schoenberg par exemple), l'isolement façonnait une vie héroïque, et l'héroïsme était le garant de la créativité* [13]. »

Emmanuel Kant a écrit :

« Se suffire à soi-même et n'avoir par conséquent aucun besoin de la société, sans pour autant devenir insociable — c'est-à-dire sans fuir cette société — est quelque chose qui approche du sublime, comme l'est toute restriction volontaire de besoins [14]. »

Que le génie s'épanouisse dans la solitude est une idée étrangère à la scène musicale canadienne, où les musiciens en herbe. calibrés comme des œufs, sont invités à lutter en compétition à la mode des gladiateurs et à rivaliser, dressés les uns contre les autres, pour l'obtention du prix ou du meilleur score. Dans son enfance, Glenn Gould fut pris dans l'engrenage d'un tel état de fait, auquel il s'est, dans ses écrits, vigoureusement opposé ; c'est ce qu'il résume en disant des Canadiens : « *Nous autres Canadiens, nous ne créons pas, nous évaluons* [15]. »

C'est, plus que nulle part ailleurs, ce qui ressort de la vie musicale des Canadiens, ou tout au moins des Canadiens anglophones. Gould pensait en particulier à deux institutions qui ont fleuri au Canada plus qu'en tout autre lieu : le système des concours de musique et les festivals de compétition musicale.

En ce qui concerne les examens propres à la musique, le Royal Conservatory de Toronto disposait du système le plus généralement répandu au Canada (publication de programmes pour chaque discipline, classes établies sur examens de passage par niveaux de 1 à 10, examen final chaque année qui rassemble la totalité des élèves canadiens, etc.). A tous les stades : la compétition.

Or, pour Glenn Gould, toute évaluation, fondée sur la notation par chiffres ou par lettres, implique une forme de compétition. Mais la plus déclarée et la plus féroce des compétitions est représentée par la notion omniprésente de festival-concours : il n'est guère de communauté musicale non professionnelle, si petite soit-elle, qui ne possède, au Canada anglophone, son propre festival.

Ces festivals de musique sont de véritables tournois où s'affrontent les candidats, triés en diverses catégories : classes d'ensembles, classes de solistes, classes d'instruments en tout genre, classes pour voix, classes pour chœurs, le tout classé par niveaux différents de maîtrise. On pouvait compter en 1971 plus de 160 festivals de cet ordre au Canada [16] ; 500 000 personnes avaient eu le privilège d'entrer en lice pour tenter de remporter l'un des innombrables prix mis à l'encan. Comme on l'a vu plus haut, Gould prit part à l'un de ces festivals en 1944 (Cf. Ch. 1) Voici ce qu'il pense du phénomène considéré dans son ensemble :

« Il existe [...] au Canada anglais une tradition festivalière du genre mini-championnat — laquelle tradition ne se préoccupe guère des chances d'agir ou de périr de professionnels en herbe, mais plutôt d'asséner aux étudiants une série annuelle de jugements régionaux, sous la présidence d'académiciens britanniques sur la touche. En ces occasions — telle est l'aura de leur mansuétude et l'excellence de leur confraternité — une note de 80 est automatiquement accordée au concurrent du simple fait

de sa participation (79, considéré comme une souillure infligée à l'honneur familial, est réservé aux incongruités scéniques de la plus extrême gravité, telles que tirer la langue à un camarade de compétition, ou jouer son morceau imposé d'un petit air désinvolte et avec un brio des plus contraires à la retenue britannique.)

En outre, les membres du jury, tenus de livrer leurs appréciations devant l'assemblée des parents, amis et condisciples de chaque concurrent, déploient dans leur rapport un genre d'euphémisme à l'accent tout à fait débonnaire : " Dites-moi, n° 67, joliment bon, votre prestation ! Fameux ! Désolé, avons dû vous descendre d'un point, pour vos cafouillages aux barres de reprise... Z'avez joué cette bonne vieille exposition quatre fois... Un peu beaucoup, non [17] *? " »*

Ce texte remonte à 1966. En 1971, ils n'étaient que 22 membres du jury sur 600 à provenir du Royaume-Uni (les statistiques sont muettes sur le nombre de ceux qui étaient " *sur la touche* "). Mis à part les quelques excès stylistiques, les festivals-concours de musique ressemblent fort dans le Canada d'aujourd'hui à l'évocation qu'en fait Gould. Il avait rédigé cet article pour dénoncer un genre de festival quelque peu différent, où s'opposent non des élèves mais de jeunes musiciens mis en compétition pour l'argent et la célébrité. L'occasion en avait été le premier Concours International de Violon de Montréal, en 1966 ; voici ce qu'il pensait de lui et des concours de musique analogues :

« *[Les membres du jury sont souvent] des musiciens capables et respectés, dont la carrière, jadis, n'a cependant pu parvenir à une renommée universelle. Et il est caractéristique de musiciens frustrés dans leur aspiration à la gloire internationale de décrier les mystères insondables de la personnalité, de ravaler ces vertus propres à l'indépendance tempéramentale, qui signalent l'authenticité d'une flamme re-créatrice. [...]*

108

Il va de soi que la prodigalité peut, dans la quête compétitive, être flattée par le jury, mais l'originalité doit coûte que coûte être découragée. C'est sûrement l'une des ironies monumentales de la scène musicale contemporaine que ces manifestations, où sont rassemblés les jeunes talents les plus prometteurs de tous les continents, ignorent les révélations ethnographiques, implicites au travers de leur appartenance régionale distinctive, à seule fin de préserver un consensus de médiocrité — minable moyen terme de l'indifférence tempéramentale. [...]

On allègue parfois que sans la frénésie compétitive qu'engendre le consensus, les candidats ne pourraient prendre conscience de leur propre potentiel. Mais j'ai bien l'impression que ce qui arrive plutôt, c'est que, en raison du consensus, le concurrent qui sait observer — il n'en est pas d'autre qui ait une chance de vaincre — prend désagréablement connaissance du potentiel de ses confrères, et conscience de toutes les traditions malencontreuses qui constituent le « style » d'interprétation — son initiative émoussée par l'erreur suprême qui fait de l'interprétation un acte essentiellement répétitif — et cela, juste au moment où dans sa vie une réponse en sourdine au monde extérieur et l'attention la plus aiguë aux vibrations de l'oreille interne pourraient de la manière la plus propice donner forme et caractère à son art. Des concours sont alors rarement bénéfiques à l'artiste véritable, dont la carrière se ferait de toute façon [...].

Il serait insensé de faire une discrimination à l'encontre d'un niveau de compétence sans lequel notre vie musicale serait d'autant plus pauvre. Mais alors qu'il est tout à fait judicieux de parler d'électriciens et de plombiers compétents, et hasardeux — voire en contravention avec une bonne gestion de la sécurité publique — de s'en remettre à des extatiques dans ces domaines, en revanche la notion d'extase, seule quête fondée pour un artiste, englobe la compétence comme une partie intégrante

109

d'elle-même. La menace que fait peser l'idée de compétition consiste, en raison de l'accent qu'elle met sur le consensus, à extraire le pauvre, l'indiscutable et aisément certifiable noyau de compétence, et à laisser ses suppliants ardents et si mal avisés à jamais racornis, victimes d'une lobotomie spirituelle [18]. »

Dans une interview de 1962, Gould disait :

« *Durant mon adolescence, j'étais plutôt réticent à l'idée d'une carrière de pianiste de concert. [...] J'imaginais que seule valait la peine d'être poursuivie une carrière musicologiquement motivée, et que toute autre chose était un tant soit peu frivole. Je me voyais, dans le domaine musical, comme une sorte d'Homme de la Renaissance, capable de faire beaucoup de choses. Je voulais évidemment être compositeur. Je le veux toujours. Paraître dans l'arène n'avait pour moi aucun attrait. C'était, au moins en partie, une attitude de défense. Même d'après le peu que je savais alors de la politique du métier, il était clair qu'une carrière de soliste impliquait une compétition que je sentais bien trop grande pour vouloir jamais l'affronter. Je ne parvenais pas à m'imaginer engagé dans une lutte sans merci contre d'autres garçons de dix-sept ans, qui jouaient probablement beaucoup mieux du piano* [19]. »

« *Le spectateur de l'arène, qui considère la performance musicale comme une sorte d'événement sportif, est bien aise de se trouver à l'écart du risque. Il éprouve une espèce d'allégresse à voir ce qui se passe là, mais il est complètement à côté de ce qui est en train de se passer en réalité : la tension de l'interprète pour accéder à une puissante identification avec la musique. Une interprétation n'est pas un combat mais une histoire d'amour* [20]. »

C'est en 1972, au cours d'une émission de radio, intitulée *The Scene*, que Gould a présenté son argument le mieux élaboré contre l'esprit de compétition. (On rappellera pour mémoire que Gould n'est jamais si sérieux qu'au moment où il plaisante le plus.) Il y commente un tournoi d'échecs et un match de hockey, incarnant par ailleurs les personnages imaginaires d'un boxeur italien, d'un producteur anglais précieux et prétentieux et celui d'un psychiatre viennois. Il fait en outre ressortir, par la même occasion, bon nombre d'arguments contre l'agression humaine.

Dans son émission, Gould s'oppose *« en bloc, au phéno-mène du fait compétitif »* : sports, jeux, combats, affaires, autant de formes d'agression. Il cite le champion d'échecs Bobby Fischer : « J'aime les voir [ses adversaires] à la torture. Je veux écraser leur ego. » C'est là une impulsion meurtrière. Le meurtre n'est pas une chose purement physique. Il existe aussi bien un meurtre de l'esprit. Le meurtre physique est aisément observable, le meurtre psychique est insidieux. La distinction entre corps et esprit est un postulat particulier à l'occident, qui dissimule et va même jusqu'à cautionner les ravages psychologiques causés par notre esprit de compétition [21].

Dans n'importe quel type de compétition, nous supposons que seul le perdant perd (le prix, un travail, son rang dans la hiérarchie des champions, un contrat...). Mais que savons-nous si le vainqueur n'a pas lui aussi subi une perte, bien que ce soit de façon invisible ? Ou que le perdant n'a pas perdu quelque chose de plus fondamental qu'un prix, un travail, une réputation, etc. ? Pouvons-nous jamais estimer à son juste prix une victoire ou une défaite ?

C'est la volonté de puissance qui sous-tend toutes les activités de compétition. C'est vrai non seulement des épreuves d'adresse ou de force, mais de toutes les formes de compétition : *« La compétition sportive, dit Gould, est aussi la méta-phore d'autres types de compétition. »* Certains affirment que la compétition est une loi de la vie issue de notre jungle ancestrale. La société humaine est fondée sur la compétition, et c'est sa seule manière possible d'être, disent-ils. A quoi Gould

111

répond par une question : *« Êtes-vous satisfait de la société telle que vous la connaissez ? »* Il soutient que nous avons maintenant le pouvoir de nous affranchir par un choix créateur : *« ... il y a une génération plus jeune pour laquelle [...] le fait compétitif n'est pas une composante inéluctable de la vie, et qui programme sa vie sans en tenir compte [22] ».*

Gould propose une voie qui, si on la choisit, permet de sortir de façon créatrice du système de compétition de la société : accepter l'alternative qui nous est offerte par la technologie. La technologie édifie un rempart protecteur autour de l'humanité, libérant les humains de la nécessité de se mesurer en s'affrontant les uns aux autres, tant sur le plan physique que psychique. Nous ne sommes plus les frontaliers d'une terre âpre et sauvage qui lutterions comme des bêtes pour trouver refuge et nourriture.

A ce point de son argumentation, Gould cite le texte d'une interview radiodiffusée de Jean Le Moyne, qui a exercé une influence profonde sur sa pensée morale. Le Moyne s'exprime ainsi, sur le ton calme et discret qui lui est personnel :

« Les manufactures extrêmements pernicieuses de l'époque victorienne furent évidemment terribles, parce que le type de machines qu'elles utilisaient provoquait une hyper-concentration d'humanité et de travail. Les conditions étaient vraiment épouvantables. Mais ces manufactures glacées et si lugubres ont vêtu plus d'hommes que toute la charité de tous les rois, de tous les seigneurs et de tous les saints de l'humanité. Nos plus redoutables technologies, celles qui nous effraient — la technologie du pétrole, par exemple, quand on voit la nuit ses raffineries avec les flammes et le reste — la chaleur qu'elle dispense est infiniment plus considérable que celle de tout le bois qu'on ait jamais coupé. Et je pense que de la sorte la technologie exerce une sorte de charité, sur laquelle nous n'avons pas encore réfléchi. Il y a une charité réelle de la machine. Elle est là pour aider l'homme. Évidemment, elle peut être pervertie. Dans ce sens, nous ne sommes pas tout à fait libres parmi nos propres créations. Mais en elles-mêmes, elles sont bonnes.

Le réseau des machines et des techniques, qui entoure la terre, est l'ensemble de tous les réseaux : le réseau des chaînes de radio, de télévision, le réseau des industries pétrolière, hydraulique, ferrovière, le téléphone, le télégraphe, etc., si bien qu'aujourd'hui il est presque impossible de considérer une machine isolée du reste. Elle fait partie intégrante du tout. De telle sorte qu'en fait il n'y a qu'une machine unique qui entoure la terre. Et cela a un sens : cette machine, issue de l'activité humaine, est entre l'homme et la nature comme une seconde nature, nous offrant sa médiation: Nous ne pouvons aujourd'hui accéder à la nature sans passer par le réseau [23]. »

Le germe de l'esprit de compétition existe en chacun de nous, y compris en Glenn Gould. Des amis de sa famille se souviennent de parties de croquet sur la pelouse devant la maison, qu'il était apparemment pour le jeune Glenn si essentiel de gagner ; plus tard, il prit l'habitude de conduire à toute vitesse de puissantes voitures. Et parfois, sa manière de jouer du piano à la télévision fait penser à une forme de compétition, ou ressemble du moins à un « tour de force ». Sa propre transcription de *La Valse,* qu'il a jouée sur les antennes de la CBC en 1975, en fournit un bon exemple ; l'œuvre de Ravel, sous sa forme ou, plus exactement, sous ses formes premières, est déjà une étourdissante parodie de la valse viennoise sentimentale. La transcription de Gould est une parodie de ces transcriptions pour piano que le XIXe siècle se plaisait à faire à partir d'opéras, d'œuvres pour orchestre ou de certaines œuvres de Bach écrites pour l'orgue (on se souvient que dans sa jeunesse Gould honnissait ces dernières). Par son interprétation, il semblait absolument décidé à pulvériser la performance de ces virtuoses qui débitent les plus spectaculaires transcriptions de Liszt pour le concert ou pour le disque, dans le seul but de nous éblouir par les invraisemblables prouesses

113

physiques de leur virtuosité. A la télévision, Gould les surpassa tous en matière d'éblouissement.

Il y a aussi chez Gould une tendance au romantisme, qu'il
s'applique d'ailleurs à maîtriser en s'appuyant sur des structures musicales classiques et régulières, et en enregistrant fugues,
variations canoniques et autres types de musique techniquement élaborés et dont l'émotion est contrôlée. Il s'efforce
d'imposer des limites à ces aspects — tendance à la compétition et au romantisme — de sa nature. Ce qu'il respecte le plus
en lui-même et chez les autres, ce sont les choses qui sont faites
pour elles-mêmes et non pour la puissance ou la gloire, ainsi
qu'un style de pensée et d'action responsable et ordonné.

Mais même lorsque nous ne recherchons pas la puissance et
la gloire, nous ne sommes pas quittes d'un genre singulier de
compétitivité : celle qui nous dresse contre nous-mêmes.

Arthur Rubinstein rapporte qu'il s'est une fois trouvé lui-
même en butte à l'ahurissante virtuosité de Vladimir Horowitz :

« Horowitz séduisait Paris, me l'arrachant littéralement. Je
voyais en lui un nouveau Liszt, capable de l'emporter sur toute
une génération. Je serrai les poings, mais comme un pianiste
ne peut, de par la nature de sa profession, les garder serrés bien
longtemps, je les réouvris et me mis à travailler dur. J'avais
une revanche à prendre, non contre Horowitz, mais contre
moi-même [24]. »

Ernst Bacon va dans le même sens :

« Un concert est comme un match de tennis, à la différence
près que l'adversaire n'est pas de l'autre côté du filet, mais
qu'il est soi-même [25]. »

Il n'y a pas d'échappatoire possible : la compétitivité est un
facteur important de notre développement, en tant qu'indivi-
dus et en tant qu'espèce.

114

Elle donne du mordant à notre jeu, fournit des motivations à notre maturation, à notre éducation, à notre travail. Sans elle, il n'y aurait ni innovation ni changement, technologique ou autre. Dans chaque activité humaine, il y a une échelle de valeurs du plus au moins, du meilleur au pire [26]. Il n'y aurait pas d'orchestre, pas d'opéra ni de compagnies de ballets sans auditions, par lesquelles certains se voient engagés et d'autres refusés sur la base des critères de compétition.

Certains ont par nature un esprit de compétition plus prononcé que d'autres : et par bonheur il est toujours possible à ceux qui sont moins sollicités par cette forme d'esprit de choisir, comme dit Gould, de rester hors jeu et de laisser passer le fracas de la horde. Dans la jungle, un homme qui ne jouerait pas le jeu mourrait de faim ou de froid ; dans une société primitive, il serait réduit en esclavage ; mais la charité de la machine vient le protéger du pire, que l'indifférence de la nature, les brutes de la cour de récréation ou la rapacité du tyran peuvent lui infliger — selon Gould et Le Moyne.

Je contesterai la position de Le Moyne à propos de la charité de la machine, mais admettons pour l'instant que la technologie rende possible aux personnes qui veulent rester hors compétition de le faire sans danger. On pourrait choisir de rester en dehors sans créer, tout aussi bien qu'en créant, quoique Gould n'envisage pas cette éventualité : celui qui opte pour cette abstention créatrice doit *créer* quelque chose, ou le mot " créateur " est employé à tort. Que crée-t-il ? Qu'y a-t-il dans son abstention créatrice qui manque dans l'abstention *non*-créatrice ?

Deux notions difficiles mais capitales constituent, à elles deux, la réponse de Gould à ces questions. Elles figurent l'une comme l'autre dans les citations faites plus haut à propos de la compétition, mais il ne les y développait pas. Ce sont l'*extase* et la *non-répétitivité de l'interprétation de la musique*.

Le " *tenant du hors-jeu créateur* " crée alors deux choses. Il crée dans son propre esprit et dans l'esprit d'autres personnes un état de choses pour lequel le mot de Gould est " *extase* ". Et

115

il crée un état de choses dans le monde perceptible — une unique interprétation, donnée une seule fois, d'une œuvre particulière, qui possède une signification différente de toute autre interprétation de la même œuvre. Il crée le premier en créant le second, et la technologie donne la permanence aux deux en rendant possible la permanence — par l'image ou par l'enregistrement — du second. Il y a peut-être d'autres états de choses qu'un abstentionniste créateur peut créer, mais nous ne pouvons les déduire des écrits de Gould comme nous venons de le faire pour les deux états dont il est question ici. Examinons les donc en commençant par l'*extase*.

L'extase est, stricto sensu, un état solitaire, l'état d'une personne qui se trouve transportée hors d'elle-même. Ce n'est ni l'euphorie ni l'exaltation. Une foule pourrait être exaltée par un spectacle ; c'est-à-dire qu'elle pourrait collectivement être saisie d'un état extrême de peur, de plaisir ou de douleur. Mais il serait bizarre de dire qu'une foule se trouve transportée hors d'elle-même. Il est d'ailleurs tout aussi bizarre de dire qu'un individu se trouve transporté hors de soi, puisque cette locution implique deux « moi » ou un pseudo-moi et un vrai moi, l'un qui accomplit ce transport et l'autre qui est à le supporter. Bizarre, soit, mais nous sommes accoutumés à cette façon de parler.

En outre, un individu peut, non moins qu'une foule, être exalté. Être exalté signifie littéralement « être élevé » ; au sens figuré, une foule ou une personne peuvent être « élevées » sans contradiction excessive ni bizarrerie.

C'est peut-être une mauvaise étymologie mais c'est du bon Gould. Il use du mot " *extase* " au sens strict que je viens de lui donner : un état dans lequel l'individu éprouve quelque sentiment d'être transporté hors de soi. Gould use du mot en mettant un fort accent sur le caractère de solitude qu'il implique. C'est un état qu'une foule ne saurait atteindre collectivement, comme, par exemple, en assistant à un concert.

Le mot est étroitement lié à un autre mot qu'emploie Gould : " *narcissisme* ". Selon l'usage qu'il en fait, les deux mots s'éclairent l'un l'autre, mais il a abandonné le " *narcissisme* " dans ses écrits les plus récents. Il écrivait, en 1962 :

« ... *Je crois que la justification de l'art est la combustion interne dont il embrase le cœur de l'homme, et non ses manifestations publiques superficielles, extérieures. Le but de l'art n'est pas de déclencher une décharge momentanée d'adrénaline, mais c'est plutôt la construction progressive, qui engage toute la vie, d'un état d'émerveillement et de sérénité. Grâce au ministère de la radio et du disque, nous apprenons rapidement et avec justesse à apprécier les éléments du narcissisme esthétique — j'emploie le mot dans son sens le meilleur — et nous prenons conscience de ce défi : chaque homme crée en contemplatif sa propre divinité* [27]. »*

Ce que Gould entend par " *narcissisme esthétique* " n'est pas évident, non plus que " *narcissisme dans son sens le meilleur* ". Nous allons tenter de creuser.

Un sens familier du mot consiste à faire de la création d'une œuvre d'art une affirmation de soi-même : l'artiste crée dans le but de clarifier à ses propres yeux quelque chose dont il est difficilement, obscurément conscient, une conduite, une volonté, un mystère. Ce n'est pas de cela que parle Gould.

Il s'agit pour lui de ce que l'art a de commun avec la prophétie : la capacité de servir de miroir à celui qui le contemple. Si l'on contemple une œuvre d'art avec concentration, partant de l'agrément qu'il présente en surface pour pénétrer jusqu'au trouble de ses profondeurs, que trouve-t-on ? Peut-être les secrets intimes, vulnérables, de l'artiste. Ou peut-être entreverra-t-on la révélation du monde, de la Divine Vérité ou de la condition humaine.

Peut-être ce qu'on découvre n'est-il rien de tout cela, peut-être n'est-ce rien d'autre que le moi réel, révélé dans sa force et sa faiblesse, sa simplicité et sa complexité. Je n'essaierai pas d'expliquer l'affirmation poétiquement obscure qui est celle de Gould en lui substituant une affirmation également poétique et obscure qui serait mienne ; mais ce que je crois qu'il veut dire par " *narcissisme* ", et à quoi je me conformerai, réside en ceci : tout en séduisant celui qui l'appréhende, l'œuvre d'art lui offre simultanément une possibilité d'introspection d'un genre particulier et potentiellement salubre ; s'abandonner à une telle introspection est une réponse active et opportune à une œuvre d'art, et constitue un état hors duquel personne ne peut en produire. Répondre passivement, ou ne répondre qu'en adjoignant sa voix à la voix d'une foule de spectateurs déchaînés, c'est se dérober à la responsabilité qu'on a envers soi-même, c'est manquer une occasion de se mettre en accord avec soi-même. Comme le dit Karlheinz Stockhausen à propos de son *Stimmung,* composé pour six chanteurs :

« *Stimmung* est sans aucun doute une musique méditative. Le temps est suspendu. On entend le moi profond du son, le moi profond du spectre harmonique, le moi profond de chaque syllabe, le *moi profond* [28]. »

Gould a cité ce commentaire de Stockhausen dans son émission télévisée l'*Age de l'Extase.* Je crois que nous ne parviendrons pas à serrer de plus près ce qu'il entend par « *extase* » et par " *narcissisme* ".

Il emploie indifféremment le mot " *extase* " pour désigner une qualité de musique, une qualité d'interprétation, un état de l'interprète et un état de l'auditeur. Mais ce manque de discrimination est intentionnel, et constitue l'essence de ce que veut dire Gould : l' " *extase* " est le fil délicat qui relie les uns aux autres musique, interprétation, interprète et auditeur, dans le tissu d'une conscience partagée de l'*intériorité.*

En de rares occasions lors d'une interprétation en concert il existe parfois un instant magique, d'une force extrême, où interprète et public semblent se fondre dans l'unité, l'absolue communion. On peut la ressentir, non l'expliquer. Gould connut cette expérience, comme ce fut le cas de nombre d'auditeurs et d'interprètes. Il l'apprécie hautement *, mais ne s'y sent pas à l'aise car il ne peut la contrôler. Je pense qu'il ne s'agit pas là d'extase, mais d'exaltation. Il y a extase non quand il y a simplement union d'un moi à d'autres moi, mais union du moi avec l'intériorité de la musique. Un interprète seul avec son piano (ou tout autre instrument, quoique selon Joachim Kaiser, le pianiste soit plus seul avec son instrument qu'aucun autre musicien) connaît des instants, de nombreux instants, d'illumination transcendante, d'extase véritable, instants où se produit cette fusion du moi avec la musique.

Gould est en état d'extase tout le temps qu'il joue. « *Seul* » est le mot-clef : seul chez soi avec son piano, au studio d'enregistrement, ou sur la scène de concert dans l'illusion délibérément cultivée que le public n'était pas réellement là. Un auditeur vraiment et totalement attentif au point terminal d'écoute du système de transmission peut partager l'extase. Le système sépare Gould de l'auditeur et lui garantit la solitude ; mais il les unit aussi l'un à l'autre sur un plan purement intellectuel et auditif, là où se situe la démarche de Gould pour que s'accomplisse cet état, en lui, et en son auditeur.

Voilà, à peu de choses près, ce que Gould entend par "*narcissisme esthétique*". Dans la foule bruyante du concert, il fait défaut. Quand il est présent dans l'expérience individuelle, il n'est pas le fruit d'un instant unique et privilégié, mais résulte plutôt de la tendance cumulative qu'on a de baisser sa garde, de se dégager des protections sociales et des illusions personnelles qui se sont accumulées. Pris dans la bande, nous hurlons avec les loups. La solitude nous octroie le don de réconciliation.

L'antonyme de l' "*extase*" est l' "*apathie*", mot qui définit bien l'état d'esprit de l'individu dans la foule : on peut certes entonner les chants rituels (« Bravo » ou « A mort l'arbitre ») mais ce n'est pas là qu'est la participation active. C'est l'inter-

---

* « *De temps en temps, bien sûr, il se produit au concert quelque chose de très beau — je voudrais alors qu'il n'y ait pas deux mille mais vingt mille spectateurs* [29]. »

prétation qui vient à vous, qui vous environne. Mais l'extatique, lui, est un agent, non un patient : il agit, il ne subit pas. Il est la cause, ou tout au moins il est l'un des éléments qui contribuent à la cause de son propre état mental ; en ce sens, il trace et exécute, compose et interprète cet événement élaboré qui est sa conscience à cet instant ou durant ce laps de temps.

Deux points forts et vraiment fondamentaux se détachent de l'article de Gould sur les festivals-compétitions de musique : le premier, c'est qu'il n'existe pas d'expérience musicale authentique sans extase ; le second : l'extase ne saurait être mesurée et comparée, parce qu'elle est unique pour chacun et en chaque occasion, entièrement particulière au moi, ou à l'union de deux moi intimement liés par l'expérience profondément vécue et partagée. Je ne peux pas ne pas être d'accord avec le second point, parce que (à moins que je n'aie mal compris les propos de Gould à ce sujet) il laisse pressentir simplement la signification qu'il donne lui-même au mot *"extase"*. Je mets cependant le premier point en doute, parce que la plupart des gens éprouvent rarement les choses avec le degré d'intensité qu'implique le mot *"extase"*. Gould *semble* éprouver chaque chose avec un niveau de conscience extrêmement élevé ; nous autres éprouvons ordinairement les choses avec sensiblement moins d'intensité qu'il n'est normal pour lui. Nous ne sommes pas sollicités par nos expériences d'une façon aussi introspective que c'est le cas pour lui, ce qui n'empêche pas que nos réponses ne puissent nous procurer autant de plaisir que les siennes ne lui en donnent.

Par rapport à notre propos, les deux questions les plus importantes qui concernent l'extase sont les suivantes : est-il possible de l'enregistrer, est-il possible d'en faire le montage ?

Nous avons déjà dit qu'un morceau de musique est pour Gould autre chose qu'une série d'événements acoustiques ; et que la musique est pour lui une forme de cognition plus que de sensation. Que les événements acoustiques (c'est-à-dire susceptibles d'être entendus) puissent être enregistrés et montés ne pose pas de question. En ce sens, la musique n'est rien de plus que le fait d'agencer les notes correctes en une séquence correcte. Mais la plupart des gens confirmeraient que la musique est quelque chose de plus que cela. L' *"extase "* pourrait être ce quelque chose : elle n'est ni un événement acoustique, ni une série de tels événements.

Sur la question de savoir si elle peut être enregistrée et montée, nous envisagerons les réponses de Glenn Gould au chapitre VIII. Laissons pour l'instant cette notion d'*extase* et tournons-nous vers celle de *non-répétitivité d'une interprétation musicale.*

Gould veut signifier par là que toute interprétation donnée d'un morceau devrait être unique dans l'histoire de ce morceau et dans l'histoire personnelle de l'interprète. Il y voit pour ce dernier quelque chose qui va plus loin que de garder « fraîcheur » et « vitalité » à son interprétation — pour employer un vocabulaire familier aux lecteurs de la presse musicale à grand tirage. Considérer le point de vue opposé va nous éclairer sur ce sujet.

Sous sa forme radicale, le point de vue opposé déclare qu'il ne peut exister, pour quelque œuvre musicale que ce soit, qu'une seule et unique manière de l'interpréter correctement — une sorte de paradigme abstrait de l'interprétation. Elle ne peut exister dans la réalité mais un bon interprète a pour objectif de l'appréhender, une bonne interprétation tend à s'y conformer, une mauvaise à s'en écarter. On ne saurait l'atteindre, mais on peut l'imaginer comme le point de convergence de tout travail et de toute interprétation. Sous une forme moins extrémiste, ce même point de vue exige de l'interprète qu'il porte « son » interprétation, marquée de sa griffe propre, vers un sommet où il tentera désormais de la maintenir. Dans les deux cas, l'interprétation est regardée comme un acte répétitif. « Établir une interprétation correcte et désormais s'y tenir » serait le slogan, comme s'il s'agissait d'une opération de routine apparentée au curage de l'évier ou au paiement des factures.

Le système de notation des compétitions présuppose la forme extrême dont il vient d'être question : il existe une interprétation parfaite et inaccessible dans l'esprit de tout juge, à l'aune de laquelle il mesure toutes les interprétations qu'il entend pour de bon ; or, plus vraisemblablement, ce qu'il y a dans son esprit en guise d'étalon, c'est un amalgame qui combine, en fonction de ses goûts et de ses tendances profondes, les meilleurs traits de plusieurs interprétations différentes. Et s'il n'est pas le juge unique, s'il n'est que l'un des membres du jury, il prendra garde à ne pas révéler que ses goûts et tendances profondes puissent être « différents », de peur d'être tacitement jugé par ses collègues du jury. C'est à cela que se réfère Gould quand il parle des effets aveulissants du consensus.

Les partisans de l'idée que l'interprétation est essentiellement un acte répétitif attendront d'un enregistrement qu'il soit la cristallisation de ce que l'interprète ferait toujours s'il portait toujours l'interprétation à son sommet. Cette interprétation enregistrée serait alors « la sienne » en quintessence. Les auditeurs compareraient alors toute version qu'il donnerait d'une œuvre à la version qu'il en aurait enregistrée pour voir celle qui s'approcherait au plus près du paradigme ainsi établi.

Au moment d'enregistrer, Glenn Gould ne songeait à rien de semblable, et il aurait rejeté toute invitation à travailler en fonction d'une version-paradigme pour le microphone. L'une des raisons de son refus aurait été que ce genre d'idée détourne l'attention de la musique pour la diriger vers l'identité de l'interprète : le « Chopin de Rubinstein », comme on entend dire pour l'opposer, par exemple, au « Chopin d'Ashkenazy ».

Une autre raison concerne le rapport à l'extase. L'extase ne se contente pas d'isoler l'individu de la foule, elle isole également son expérience de toute autre. Il n'y a pas d'extase à tout faire qui serait applicable à chaque expérience de chaque œuvre musicale, non plus qu'une extase Brahms ou une extase Bach. Il nous manque une forme lexicale qui nous permettrait de parler d'« *une* extase » sans embarras. Nous en aurions pourtant besoin parce que l'extase est un état vécu ici et maintenant, qui appartient à cette unique occurence de jeu ou d'écoute. L'extase du moment, et non quelque image modèle de l'œuvre, est ce qui définit et distingue ce moment et ce jeu ou cette écoute de l'œuvre. Une interprétation conforme au modèle pourrait être répétée, pas une extase.

Il est possible de jouer un morceau plusieurs fois avec la succession correcte des notes, avec les altérations adéquates de tempo, de phrasé, de dynamique, etc., mais sans la moindre trace d'extase. L'extase est en soi dangereuse pour le jeu parce qu'elle presse celui qui joue d'abandonner inhibitions et conventions. On pourrait envisager avec quelque raison de comparer des non-extatiques entre eux et de leur assigner un rang dans la compétition d'un festival ou d'un examen de musique. Mais on ne peut attribuer d'ordre à l'extase. Elle insuffle à nos solitudes et à nos instants d'isolement la réflexion la plus profonde.

A l'appui de son argumentation contre la fatalité qu'il y aurait à ce que la compétition soit une loi de la vie et de la culture humaine, Gould invoque fréquemment les idées de Jean Le Moyne, particulièrement celles exprimées lors de l'interview radiodiffusée déjà mentionnée ci-dessus.

En 1968, Le Moyne et Gould reçurent conjointement le Prix Molson du Conseil des Arts du Canada. De la même année datent le *Switched-on Bach* de Walter Carlos et l'article de Gould qui lui fut consacré [30]. Gould marquait son admiration pour le disque de Carlos et en était ébranlé. Il est évident que les écrits de Le Moyne fournirent à Gould le cadre conceptuel à l'intérieur duquel il pouvait situer cette chose nouvelle, avec ce Bach presque totalement livré à la technologie. En plus de son article, Gould produisit un documentaire radio pour la

CBC, consacré à *Switched-on Bach,* qui comprenait une longue interview de Jean Le Moyne.

Jean Le Moyne est né à Montréal en 1914. Il poursuit une carrière essentiellement littéraire de journaliste, traducteur, critique littéraire, essayiste, scénariste et producteur de films *. Son seul livre, *Convergences,* fut publié en français en 1961. Il contient des essais écrits entre 1940 et 1960 sur divers sujets : religion, littérature, les femmes, la culture et la politique franco-canadiennes, le cinéma, la musique, etc. Il peut s'être rendu cher à Gould en raison de son amour pour Bach et de son inaltérable « résistance » à Mozart [31].

Comme Gould, Le Moyne est un homme d'une inépuisable curiosité intellectuelle. Chacun dans sa voie est hautement qualifié : Le Moyne à titre d'essayiste et Gould de pianiste (entre autres choses). On a ainsi caractérisé la prose de Le Moyne : « ... chatoyante, fortement imagée, manque peut-être de sobriété et confine même à une certaine préciosité, à une sorte de baroquisme [32]. » On pourrait en dire autant de la prose de Gould.

Gould a cité l'interview de Le Moyne en plusieurs occasions à l'appui de ses propres théories sur musique et technologie.

Si nous faisons abstraction du manque de sobriété et du baroquisme, il reste quelque chose de ce genre : d'abord, les progrès technologiques sont un bien potentiel pour l'humanité ; en second lieu, nous avons établi entre nous et le monde naturel une hiérarchie de systèmes technologiques combinés en un réseau qui est lui-même un système unique, qui recouvre tout, et dont le pouvoir bénéfique pour l'humanité est considéré comme une évidence, en même temps que nous le regardons avec angoisse en raison de son potentiel maléfique. Rien à objecter à la théorie ainsi posée, à condition qu'aucun argument de conséquence ne vienne se greffer sur elle. Mais Gould en greffe justement un, qui appelle, de ce fait, un examen critique.

* Jean Le Moyne est actuellement Sénateur à Ottawa.

Le Moyne formule des jugements quantitatifs et des comparaisons : les avantages pour l'humanité, en matière d'habillement et de chauffage, l'emportent sur les souffrances endurées. Les atroces conditions de travail des manufactures du XIXe siècle sont celles qu'il mentionne, mais nous pourrions ajouter les nuisances dues à la pollution, à titre d'autres exemples. Il y a des maux inclus dans le prix à payer pour les avantages. Le Moyne dit simplement que le bien l'emporte sur le mal. Probablement, s'il n'y avait ni usines ni pétrole, beaucoup de gens iraient nus et glacés. Mais que vaut-il mieux : que quelques uns souffrent de façon terrible pour le bien du plus grand nombre, ou que chacun souffre, mais de façon moins terrible ? Il n'y a pas de réponse possible, mais les philosophes « utilitaristes » ont réfléchi à ce problème depuis plus d'un siècle et ont grandement aidé à clarifier le débat.

Depuis le XVIIe siècle, savants et philosophes n'ont pas manqué, qui manifestèrent le même optimisme suave : le progrès technologique et scientifique ne peut qu'améliorer notre sort et nous sauver, tant des catastrophes naturelles que des horreurs de notre propre sauvagerie. Pour ramener les choses à plus de réalisme, on pourra avancer qu'elles n'ont pas tourné comme on l'espérait : nous vivons sous la menace de nos machines, non seulement quand elles marchent, mais quand elles ne marchent plus et que nous leur sommes asservis. Et, bien entendu, il leur arrive de ne pas marcher ; et même quand elles marchent, elles n'ont pas toujours amélioré notre sort. Ce que Lewis Mumford illustre avec à-propos :

« Comparez notre situation présente à celle qui accompagnait l'époque relativement primitive, technologiquement parlant, du XVIIe siècle : en ces temps-là, un bon bourgeois de Londres, tel Samuel Pepys, esprit pratique, bon administrateur et travailleur acharné, recrutait les membres de son personnel domestique sur la qualité de leurs voix, de façon à ce qu'ils puissent se joindre à la famille pour tenir chacun sa partie lors des soirées musicales à la maison. De tels hommes ne se contentaient pas d'écouter passivement la musique, ils la faisaient ou du moins l'interprétaient, pleinement. Aujourd'hui, les temps ont bien changé : nous rencontrons des gens qui se promènent sur Riverside Drive, à écouter la musique de leur transistor ; il ne leur vient même pas à l'idée qu'ils pourraient eux-mêmes chanter en plein air, sans invoquer l'aide d'aucune mécanique [33]. »

Les capacités du Nouvel Auditeur, quel que soit leur degré de développement, et si élaboré que soit l'appareil dont il dispose, peuvent-elles se comparer aux capacités nécessaires pour chanter une mélodie ou pour tenir sa partie dans un chœur ? Allons plus loin : ses capacités peuvent-elles se comparer à celles d'un chanteur, d'un instrumentiste, d'un compositeur, si élémentaire que soit le niveau de ces derniers ? La technologie n'a-t-elle pas réduit au silence le chant qui se trouve en la plupart d'entre nous ?

Nous pouvons supposer que Glenn Gould, en acceptant la notion de charité de la machine, ne veut pas dire autre chose que ceci : qu'une position entièrement négative à l'égard du « technologique » par opposition à l' « humain » n'est pas soutenable.

On peut être d'accord avec cette position tout en évacuant, comme je crois que nous devrions le faire, la notion métaphysique d'un bien objectif et inhérent au réseau technologique. Gould s'efforce de faire comprendre qu'il nous est possible de communiquer l'un à l'autre ce qu'il y a de meilleur en chacun, sans la proximité physique mais avec l'aide de la technologie. Nous sommes d'accord aussi avec cette proposition. C'est elle que Gould éclairait, je pense, par son évocation des premiers temps de la radio :

« *Il m'a toujours semblé que ces premiers auditeurs, quand ils restaient collés, rivés, à leur poste à galène, ce qu'ils reconnaissaient en réalité, c'était le phénomène d'une autre voix humaine. Ce n'étaient pas les faits diffusés par le bulletin*

126

d'informations, ce n'étaient pas les données capitales de la météorologie, c'étaient le pur mystère et le défi d'une voix humaine — à cinq rues de là et encore perceptible. Peu importait de savoir si ce qui était dit était exact ou inexact, si c'était insensé ou sérieux ; rien de tout cela ne comptait. Ce qui comptait réellement, c'était qu'il y avait un moyen de communiquer quelque chose, n'importe quoi, d'une personne à une autre, tout en n'étant pas dans la même pièce, dans le même espace acoustique [34]. »

Gould revient sur cette idée qui se trouve, parmi d'autres, dans son essai à la beauté obsédante, *A la Recherche de Petula Clark*. Il y affirme que dans la solitude de l'Ontario du Nord, la radio est le signe le plus sûr que « *le monde extérieur est encore avec nous* [35]. »

Il y a des voix humaines ailleurs.

Glenn Gould révèle de façon explicite sa position anti-compétitive par sa haine des concertos de bravoure pour soliste et orchestre. Sont coupables d'en avoir produit : Liszt, Grieg, Mac Dowell et Gottschalk, entre autres, mais aussi Mozart et Beethoven, si l'on en croit le texte de certaines de ses pochettes de disques [36]. Ses raisons ne sont pas une surprise : le concerto renchérit sur l' « identité » du soliste ; le soliste est catapulté dans une compétition dirigée contre l'orchestre ; tout ici est destiné à être un spectacle.

Il met ce qui suit dans la bouche d'un patient de fiction allongé sur le divan du psychanalyste :

« *Docteur, je souffre d'une incroyable fixation : je veux désespérément être sur une scène, au piano, face à un orchestre, à subjuguer cet orchestre par mon jeu, lui faisant imiter mes phrases, les lui faisant embellir le plus délicatement qu'il le peut et me voir, à la fin, applaudi pour mes efforts pendant que mes collègues de l'orchestre restent là, subjugués.* »

127

Il commente :

« *Je ne pense pas qu'il soit du tout rare d'avoir ce genre particulier de tendance exhibitionniste, vaguement tournée contre (par opposition à " en faveur de ") un public. Et je pense qu'il y a là une sorte de névrose sous-jacente à ressentir cette impulsion à l'agressivité* [37]. »

Gould s'adressait, au cours d'une interview à la radio, à un psychiatre réel, ce qui justifie les exagérations. Mais le passage donne une idée claire de la résistance de Gould à tout ce qui est conception et tradition du concerto de virtuosité, une conception qui véhicule l'essence même des raisons qui l'amenèrent à abandonner la scène. Le concerto est intrinsèquement compétitif et agressif, dit-il, et l'attente du public sur ce chapitre avilit l'interprète :

« *Nous exagérons le rôle du protagoniste dans les concertos. Nous exagérons un sentiment de dualisme, tant entre orchestre et soliste, qu'entre individu et masse, condition masculine et féminine, comme le dit Tovey. C'est une grave erreur* [38]. »

En deux mémorables occasions, Gould tenta d'atténuer ce dualisme.

La première, pour le *Concerto en ré mineur* de Brahms en 1962, avec Leonard Bernstein et la Philharmonie de New York. Juste avant le début du concert, Bernstein fit une déclaration au public, par laquelle ils se désolidarisaient, lui et son orchestre, de l'interprétation proposée par Gould, dont l'intention était de procéder à une expérimentation sur l'œuvre pour voir ce qui se passerait si on la traitait en litote, si l'on réduisait l'exhibition du soliste au minimum, en employant une dynamique retenue et un tempo immuable :

« *Je voulais jouer les deux mouvements extrêmes [... de telle sorte] que les thèmes principaux et les thèmes secondaires fussent joués dans un tempo homogène, sauf indication contraire de Brahms. Malheureusement, toute une tradition virtuose avait été échafaudée d'autre façon* [39]. »

La session d'enregistrement du Concerto de l'*Empereur* sous la direction de Leopold Stokowski avec l'American Symphony Orchestra, servit de théâtre à la seconde occasion en 1966. Gould et Stokowski s'étaient mis d'accord pour que l'œuvre ne fût pas traitée comme le prétexte d'un faire-valoir du soliste avec simple accompagnement d'orchestre, mais comme une symphonie avec piano obligé.

« *Ce qui est mauvais dans le concerto, c'est que l'attention de l'auditeur est dévoyée. On devrait, me semble-t-il, rendre l'auditeur conscient d'un processus qui oriente le regard vers l'intérieur plutôt que vers l'extérieur. Tout ce qui est mêlé à la virtuosité et à l'exhibitionnisme de la scène s'oriente à coup sûr vers l'extérieur, ou provoque un regard tourné vers l'extérieur ; et je pense que c'est un péché, pour employer un mot vieux-jeu* [40]. »

Vieux-jeu, peut-être, comme orgueil, envie, colère et jalousie ; mais sur la place du marché et dans l'arène, comme dans la jungle, on ne peut leur échapper, non plus qu'aux autres formes de péché ou à leurs manifestations ancrées dans la cruauté de l'homme. On peut cependant s'échapper, dans la solitude ; en se détournant de la foule, en donnant réalité à ce qu'il y a de meilleur en soi, au moyen de l'introspection créatrice ou (comme la nomme Glenn Gould) de l'*extase*.

Chapitre V

Le cerveau musical et la musique
elle-même

Une fois posés les thèmes de la solitude et de l'extase, et le fait que la musique soit chose mentale plus que physique étant admis, quelle peut être la forme d'esprit de quelqu'un qui pense la musique selon ces termes ? Que se passe-t-il dans son cerveau ? A quels types d'objets sa réflexion se consacre-t-elle ?

Les gens qui ne connaissent Glenn Gould que par le battage fait autour de ses « bouffonneries », ou seulement d'après ses disques les plus excentriques, le rejettent en le tenant pour complètement fou. C'est ce qu'ont fait les échotiers en propageant toutes sortes d'extravagances, au grand amusement de Gould.

Mais les « fous » n'ont pas la vision claire de ce qu'ils veulent faire de leur vie, et n'organisent pas les choses en conséquence pour parvenir exactement au but fixé. Il n'est pas un fou au monde qui soutiendrait l'allure à laquelle travaillait Gould.

Qu'il ait été différent, il n'y a pas l'ombre d'un doute, mais cela ne prouve en rien la folie. Avant de me mettre à l'étude approfondie de ses écrits, je le croyais, sur certains propos qu'il avait publiés, imprévisible et incohérent, mais sa démarche est en fait remarquablement cohérente dans ses grandes lignes. Il a, certes, gagné beaucoup d'argent, mais son style de vie personnel est resté austère et secret. Et il n'est pas un psychiatre sérieux qui diagnostiquerait la folie chez quelqu'un sous prétexte qu'il est simplement différent, qu'il semble incohérent dans certaines de ses déclarations publiques (alors qu'en fait il ne l'est pas), et qu'il ne dilapide pas l'argent qu'il gagne à la façon d'un marin ivre.

Gould a toujours été fasciné par la psychanalyse et par la psychiatrie, et leur a fait référence à douze reprises au moins dans ses textes. Son intérêt pour elles était celui d'un homme ouvert aux courants intellectuels de son temps, plutôt qu'il ne manifestait un souci de son état ou de ses dispositions psychologiques personnelles.

Deux psychiatres ont été interviewés par Gould au cours d'émissions radiodiffusées : Peter F. Ostwald et Joseph Stephens. Le docteur Ostwald vit à San Francisco. Il a, dans sa jeunesse, étudié la composition auprès d'Arnold Schoenberg et l'interview de Gould porta sur Schoenberg en tant que maître. Ostwald est l'auteur de deux livres : *La Production du Son* et *La Sémiotique des Sons produits par l'Homme*. Dans ce dernier ouvrage, Ostwald établit une connexion entre le fait de chantonner et celui de « s'abstraire plus généralement des réalités du monde extérieur ». On pourrait appliquer cette théorie au chantonnement de Gould au piano. Si les « réalités du monde extérieur » impliquent également les aspects extérieurs et audibles de son propre jeu, les marmonnements de Gould pendant qu'il joue pourraient alors être interprétés comme l'effort inconscient pour s'abstraire soi-même de ces réalités, qui sont pour lui inévitablement inférieures aux images mentales de la musique qu'il joue.

Le docteur Stephens vit à Baltimore. C'est en tant que « psychiatre et claveciniste » qu'il participa à l'émission ; Gould le questionna sur les composantes psychologiques qui amènent les musiciens à céder à l'impulsion de jouer des concertos en public. Le docteur Stephens ne se laissa pas impressionner par les questions de Gould et ne se départit pas de la position conventionnelle à propos des concertos et des concertistes.

Deux psychiatres de fiction sont nés de la machine à écrire

de Gould, S.F. Lemming et Wolfgang von Krankmeister. S.F. Lemming, docteur en médecine, fit son apparition sur la pochette du disque de la transcription par Liszt, jouée par Gould, de la *Cinquième Symphonie en do mineur* de Beethoven. Il y est présenté comme l'auteur d'un prétendu rapport de recherche paru dans *Aperçu,* « organe de l'Association des Psychiatres du Nord Dakota ». Ce rapport de recherche concerne les séances d'enregistrement du disque :

« *Au fur et à mesure que se déroulait l'enregistrement, il devenait clair que le facteur "désorientation de carrière" constituait la pierre d'achoppement : l'œuvre retenue par l'artiste était en effet destinée à un orchestre symphonique, et ce choix de l'artiste reflétait clairement son désir d'assumer le rôle autoritaire du chef. Frustré dans la satisfaction de son ego par suite du manque de personnel orchestral, l'artiste déléguait à celle fin compensatoire le directeur artistique du disque ainsi que les ingénieurs du son, et s'évertuait, en cours de séance, à manifester son approbation ou sa désapprobation des différentes finesses musicales par une gesticulation vigoureuse, à la manière d'un chef d'orchestre.* »

On peut trouver en ces lignes un écho de la jovialité subtile des rapports entre Gould, son directeur artistique de l'époque et les techniciens avec lesquels il travaillait à la CBS. Sa manière de se diriger soi-même à l'aide d'une main s'il l'avait libre, et du nez s'il ne l'avait pas, avait fait l'objet, depuis 1955, de nombreuses plaisanteries.

Wolfgang von Krankmeister apparut, quant à lui, lors de l'émission précédemment mentionnée où il était traité de l'esprit de compétition. Parmi les sketchs de cette production — tous interprétés par Gould lui-même —, il en est un où se trouve mis en scène le personnage de von Krankmeister, paranoïaque agité, doté de ce qui est censé être un accent viennois.

133

Joseph Roddy, dans le *New Yorker,* cite Gould, qui déclare n'avoir jamais été soumis à analyse *.

Dans une émission ultérieure, Gould a déclaré n'avoir jamais discuté avec son voisin et ami psychanalyste de la signification psychologique de ses griffonnages. Il a toujours volontiers plaisanté à propos de ses maux physiques, de son hypocondrie et de sa dépendance vis-à-vis des tranquillisants et des sédatifs ; tout cela de la même façon dépourvue d'inhibition que s'il avait été préalablement soumis à un traitement psychiatrique.

Il va de soi que la santé mentale de Gould est une affaire privée, qui ne nous concerne en aucun cas dans ce livre. Mais il en va différemment pour ce qui est de sa personnalité artistique. Comme nous l'avons vu plus haut, Anthony Storr, dans sa *Dynamique de la création,* procède à une intéressante étude de la relation qui existe entre le génie créateur et le besoin de solitude dans le cas d'une personnalité créatrice schizoïde. Nous avons déjà remarqué que l'évocation du docteur Storr convenait bien à Gould, de même que la description qu'il fait de la personnalité artistique à caractère obsessionnel :

« Le trait le plus frappant du caractère obsessionnel est peut-être le besoin impulsif de posséder le contrôle et de soi et de l'environnement. Le désordre et la spontanéité sont deux états qui doivent être évités autant que faire se peut car ils relèvent tous deux du menaçant et de l'imprévisible. »

La « Prise 2 » est à l'opposé du désordre et de la spontanéité ; les éléments imprévus et imprévisibles d'une interprétation musicale peuvent être écartés au montage, une prise

* Les mots propres de Gould sont les suivants : *« Il semble que j'interprète aux XVIIIe et XXe siècles, et que je compose au XIXe. Cela doit avoir un rapport étroit avec une signification analytique. Mais je n'ai jamais dépensé un sou pour savoir de quoi il s'agissait. »* Pris littéralement, cela n'exclut pas que Gould ait consulté un ou plusieurs psychanalystes.

peut être rejetée. Gould n'a jamais travaillé sans posséder ce type de contrôle dans ses productions. Il n'appréciait guère la musique dite « aléatoire », et il a réalisé un documentaire radio (dont le titre est un jeu de mots tout à fait gouldien : « *Anti-Alea* [1] ») qui reflète ce parti-pris. Il a, au cours d'une autre émission, exposé ses objections vis-à-vis de l'improvisation en musique [2]. Mais retournons à Storr :

« Le contrôle rigoureux qu'elle a l'habitude d'exercer rend souvent difficile à la personne à tendance obsessionnelle de plonger, de faire de l'acrobatie ou de sauter au cheval d'arçon, toutes activités qui exigent de se laisser aller au moment critique. »

Glenn Gould a manifesté sa répugnance à « se laisser aller » dans au moins deux domaines de sa production créatrice — la composition et l'humour.

Si l'on considère son activité de compositeur, il semble qu'il ait éprouvé du mal à se laisser aller, en ce sens qu'il ne parvenait pas à achever les projets entrepris. Il ne pouvait apparemment pas adopter l'attitude qui consiste à se dire : « Voilà qui est fait, et tel que c'est, eh bien, laissons courir les choses. » Dans une interview de 1959, il rapportait qu'il avait de nombreuses compositions qui traînaient chez lui, la plupart d'entre elles « *d'environ une page alors qu'elles étaient prévues pour soixante-quatre, et brusquement abandonnées au bout de la première* [3] ». Quelques années plus tard, il disait quelque chose d'assez différent à un autre journaliste : « *Je suis un spécialiste de l'inachevé. Ce n'est pas que j'écrive, comme beaucoup le font, jusqu'au bas de la première page et puis que je m'arrête là. J'écris jusqu'à l'avant-dernière page et c'est alors que je m'arrête. [...] D'une manière ou d'une autre, je laisse cette dernière page m'échapper* [4]. »

On peut relever chez lui, en tant qu'humoriste, une certaine peine à « laisser aller » ou à conclure une plaisanterie, particulièrement s'il s'agit de scènes où évoluent des personnages de fiction à l'accent étranger fortement prononcé. Il dit un jour qu'une vertu commune à tous les grands compositeurs de fugues était de savoir toujours quand il fallait s'arrêter [5]. Gould ne possédait apparemment cette vertu que jusqu'à un certain point, à la fois comme humoriste et comme compositeur de fugue. Il était bien évidemment conscient de cette faille, car dans l'unique composition fuguée qu'il ait publiée, les paroles, chantées à plusieurs reprises par les quatre voix, proclament, avec une habileté ravageuse et allusive, qu'il faut « *n'être jamais habile pour le plaisir d'être habile, pour le plaisir de parader* ». Ce passage est délibérément homophonique *.

Comme le dit Anthony Storr :
« ... L'activité créatrice peut représenter, de la part d'un caractère à tendance obsessionnelle, un effort pour transcen-

---

* La fugue *So you want to write a fugue...* (« Alors, vous voulez écrire une fugue... ») dont Glenn Gould a écrit à la fois la musique et les paroles évoque allusivement l'histoire de la fugue, en partant d'un sujet qui aurait pu être écrit par un compositeur de la Renaissance, suivi d'un contre-sujet mendelssohnien. Chaque phrase du texte est soutenue par un événement musical équivalent à son sens dans le texte. Références et citations parcourent allègrement la fugue. Les deux plus évidentes sont justement faites à propos de la phrase citée ici par Geoffrey Payzant : un rapide extrait du *Deuxième Concerto Brandebourgeois* précède immédiatement l'entrée de la voix d'alto — la première à conseiller qu'il ne faut « jamais être habile pour le plaisir d'être habile » *(But never be clever for the sake of being clever)*. Après trois phrases où texte et musique expédient ironiquement en calque quelques-unes des ressources de l'imitation, ce sont les *Maîtres Chanteurs* qui font irruption sous la forme instrumentale (quatuor à cordes) pour introduire la proclamation commune des quatre voix « *Never be clever for the sake of showing off* » — « ne jamais être habile pour le plaisir de parader » —, avant que ne se disloque la citation. Dans la même atmosphère de dérision savante doublée discrètement pour la partie instrumentale d'une ombre de mélancolie, la fugue elle-même s'achève par une sorte de démolition de la fugue. Humour et composition musicale ont ici conjointement décidé de se « laisser aller » au bout d'eux-mêmes.

Commentant lui-même son œuvre à l'intention de Bruno Monsaingeon (pour l'un des films de la série diffusée en 1974 par l'ORTF, et au cours duquel on pouvait voir et entendre quelques extraits de cette fugue), Glenn Gould disait que c'était « *un morceau en mouvement. Je suis parti*, expliquait-il, *des fonctions historiques de la fugue — je les démonte et puis les démolis...* » — « *Les bons thèmes comportent un contre-sujet* », ajoutait-il un peu plus loin avec humour. « *Celui-ci avait pour mots : Never be clever for the sake of being clever.* » A la fin de la fugue, concluait-il, « *il reste un peu de contrepoint, mais il s'épuise de lui-même. Il y a dans tout cela du* En attendant Godot ». (N.d.T.)

der les limites et les restrictions de sa propre personnalité, ou même pour échapper complètement à son corps. »

Ce passage remet en mémoire la notion d'" *extase* " chère à Gould. Il établit en outre un rapport avec la position théorique de Gould en esthétique musicale : la réalité de la musique est avant tout pensable, et ce n'est qu'en second lieu qu'elle est jouable ou audible ; par essence, la musique est mentale plus que corporelle. Une fois de plus, Storr a une observation pertinente :

« ... un rituel peut se révéler réellement très précieux en mettant la personne en contact avec sa propre vie intérieure, ou en l'amenant à un état d'esprit favorable à son équilibre et à son progrès. »

Gould avait toute une série de rituels et d'objets rituels du temps où il donnait des concerts ; certains ont survécu à cette époque. Ce sont, avant de jouer, le « trempage » et le vibro-massage des bras, un temps prolongé de recueillement silencieux, le refus d'écouter toute autre musique avant d'interpréter Beethoven ; Joseph Roddy cite Gould dans le *New Yorker* :

« *Avant de jouer Bach, je peux écouter Strauss, Franck, Sibélius, des juke-boxes — n'importe quoi. Mais rien avant Beethoven. Je dois me lover dans une sorte de cocon avant de le jouer. Je pénètre dans Beethoven comme un cheval avec des œillères* [6]. »

Quant aux objets rituels, on peut citer le petit tapis destiné à être posé sous ses pieds, la bouteille d'eau minérale à proximité, la panoplie des médicaments et naturellement sa vieille chaise grinçante. On peut entendre les effets de cette chaise sur la plupart des disques de Gould — c'est comme un second label d'origine, à l'égal du chant de sa voix.

***

Le génie créateur œuvre dans la solitude, il recherche le contrôle de soi et de ce qui l'environne, et par cette recherche il tente d'imposer un ordre intérieur sur le désordre extérieur. Il tente de transcender les limites de l'extérieur et du physique, et de maintenir en activité le contact avec sa vie intérieure.

Arthur Schnabel, à partir de sa propre expérience d'interprète, a beaucoup écrit sur la vie intérieure, sur la condition mentale et spirituelle du musicien. Il eut une influence profonde sur Glenn Gould, qui dit de lui :

« *Ce qui le caractérise, c'est la volonté de se garder presque totalement inconscient des ressources propres du piano, et de ne faire absolument aucun effort pour les exploiter mais, à tort ou à raison, la volonté d'utiliser le piano pour transmettre son analyse propre et particulière de la musique qu'il joue*[7]. »

Il peut paraître singulier de dire d'un pianiste qu'il était inconscient du piano et ne l'exploitait pas. Mais les propos de Schnabel lui-même vont tout à fait dans le même sens. De son maître Théodor Leschetizky, Schnabel écrit :

« *Il ne cessa de me répéter pendant des années et devant pas mal de témoins : " Vous ne serez jamais un pianiste, vous êtes un musicien. " Bien sûr, je n'attachais pas trop d'importance à cette déclaration et je n'y réfléchissais guère ; et encore aujourd'hui, je ne vois pas tout à fait ce qu'elle veut dire. Il faisait cependant bien la distinction*[8]. »

Schnabel voyait suffisamment clairement ce que la distinction voulait dire pour en fournir une illustration :

« *Mon rival chez Lischetizky était un jeune homme qui avait trois ou quatre ans de plus que moi. Il se peut qu'à lui Leschetizsky ait dit : " Vous ne serez jamais un musicien, vous êtes un pianiste. " Il s'appelait Mark Hambourg. Il possédait réellement de solides qualités. Ses octaves fulminantes, incomparables, avaient une flamme réelle, absolument pas mécanique. Il fit une grande carrière et fut un virtuose fort populaire [9]. »*

Schnabel avait parfaitement compris ce que voulait dire Leschetizsky et il lui suffisait en ce sens d'être un « musicien » plutôt qu'un « pianiste », parce que pour lui, le fait d'être un « musicien » représentait une condition plus noble. Par « pianiste », Schnabel entendait « virtuose » dans le sens peu flatteur du terme : un extraverti bruyant, l'un de ces interprètes démoniaques qui quémandent l'adulation de la foule. Il voyait dans le « musicien » quelqu'un d'infiniment plus introspectif et solitaire. C'est ce que viennent confirmer ces deux remarques de Schnabel à propos de Leschetizsky (qu'il considérait comme un « virtuose ») :

« Il voyait la musique comme une fonction publique, si l'on peut dire. Pour lui, ce n'était pas la musique elle-même qui donnait au musicien — qui n'aurait fait que prendre. Pour lui, le musicien, en tant que personne, était celui qui faisait le don, et c'était celui qui écoutait qui prenait. Quand Leschetizsky me déniait la possibilité d'être jamais un pianiste mais affirmait que j'étais, apparemment depuis le commencement, un musicien, peut-être voulait-il signifier par là que j'étais de l'ordre de ceux qui "prennent " de la musique [10]. »

En ce sens, « pianiste » égale « virtuose ». Mark Hambourg appartenait à cette catégorie ; c'était lui qui faisait don de la musique alors que l'auditoire la recevait. Quand nous nous rendons au concert, nous prenons ce que donne le virtuose : « son » Beethoven, par exemple.

Schnabel, quant à lui, voit en la musique une fonction privée, et non publique. Le don est octroyé non par l'interprète mais par ce que Schnabel nomme " *la musique elle-même* ". La personne qui interprète la musique reçoit ce don, qu'elle joue ou non en présence d'un auditoire.

« Les limites de Leschetizsky apparaissaient dans son indifférence relative, voire son aversion, à l'égard de ce genre de musique dans laquelle l' " individuel " n'est qu'une composante de l' " universel ". Par exemple, il ne pratiquait guère la seconde partie de l'œuvre de Beethoven, et ne manifestait que peu d'amour ou de curiosité pour elle. Plus éclatant est le pouvoir de la musique elle-même, moins grand celui qui en revient à l'interprète. Instinctivement, c'est à une musique d'une telle transcendance qu'il semblait vouloir échapper [11]. »

Schnabel dit — et Gould est d'accord — que le virtuose évite ce type de musique qui se glorifie soi-même, parce qu'elle diminue d'autant la part de gloire qui auréolerait le don de l'interprète. Les trois dernières sonates de Beethoven constituent un exemple fameux de cette musique qui secrète sa propre gloire ; il est intéressant de rappeler que les premiers enregistrements que Glenn Gould ait faits de Beethoven sont justement ceux de ces trois sonates, alors qu'il n'avait pas encore vingt-quatre ans.

Le paragraphe suivant, qui est de Schnabel, pourrait avoir été écrit par Glenn Gould, aux fins d'expliquer ses notions d'extase et de non-répétitivité de l'interprétation musicale :

« L'art n'est pas divertissement ; il est bien autre chose que la simple composante d'une structure donnée ; il constitue un organisme indépendant et chacune de ses représentations particulières est également indépendante. C'est sa nature intrinsèque d'être produit par ce qu'il y a de meilleur en l'homme, d'être adressé à ce qu'il y a de meilleur en l'homme, d'être produit par l'interrogation la plus profonde de l'homme sur lui-même, par son désir conscient d'être en contact avec la réalité de l'invisible et la vérité dépourvue d'équivoque [12]. »

Schnabel affirme qu' « *en ce qui concerne l'écriture et l'interprétation de la musique, les idées et les intentions musicales doivent précéder l'apparition de la musique elle-même* [13] ».

Ce n'est pas le jeu qui donne son existence à la musique ; celle-ci est antérieure à son exécution :
« *Ce n'est que lorsque l'idée musicale précède l'interprétation que le maximum de concentration — qui est toujours requis — peut être garanti* [14]. »

« *D'abord entendre, jouer ensuite* [15] *!* »

Selon Schnabel, la musique plonge les racines de son être dans l'imaginaire. Une musique existe dans son intégrité et en toute indépendance antérieurement à sa matérialisation dans la notation ou par les sons produits par les instruments. Le virtuose, « *dans la tension que lui imposent les impératifs techniques de son instrument [...] en vient facilement à négliger sa tâche de créateur, au point d'oblitérer cette part d'imaginaire propre à la musique, que ni l'habileté la plus extraordinaire, ni la perfection de l'instrument, n'ont le pouvoir de remplacer* [16] ».
Il dit encore :

« *Je ne crois pas que les grands compositeurs aient jamais été inspirés par les qualités propres à tel ou tel instrument. [...] Je crois que c'est la conception de l'idée musicale qui, dans l'esprit du compositeur, commande progressivement la découverte intérieure des instruments susceptibles de servir au mieux l'expression de cette idée* [17]. »

Quand un compositeur choisit par exemple le piano comme étant l'instrument susceptible de servir au mieux ses idées musicales, celui-ci devient alors une partie de ce monde extérieur sur lequel, selon Anthony Storr, le génie créateur cherche à imposer son ordre — un ordre qui sourd de son monde intérieur. Grâce à cette notion de génie considéré comme source d'un ordre, nous pouvons affiner la distinction entre « pianiste » et « musicien ». Le « pianiste » lutte pour la faveur du public, qui est extérieure, imprévisible et désordonnée. Le « musicien » fuit le désordre extérieur quand il ne peut lui imposer l'ordre ; il concentre l'énergie de son monde intérieur sur la musique elle-même, qu'il peut contrôler, et qu'il ne *donne* pas à des centaines, à des milliers de personnes, mais qu'il *prend* dans sa solitude intérieure, qu'il y ait ou non des auditeurs présents.

Compositeur, le « musicien » s'efforce de transcender les limites d'ordre physique que lui imposent les instruments ; sa pensée procède par idées musicales pures ou en termes de conceptions exclusivement intérieures. Schnabel pense que

> *« Le processus de la création artistique est toujours le même* > *— du monde intérieur vers la clarté* [18]. »

Glenn Gould n'a jamais entendu Schnabel en personne, et n'a lu aucun de ses livres avant sa maturité. C'est uniquement en écoutant ses disques, dit-il, que se sont formées ses impressions sur la personnalité musicale et sur la philosophie de Schnabel.

On peut considérer que l'extrême ressemblance entre la philosophie musicale de Gould et celle de Schnabel n'est que l'un des multiples aspects de ce qui rapproche ces deux hommes extraordinaires, tout comme leur attitude ambivalente vis-à-vis du piano.

Une autre description, de provenance assez inattendue, évoque le « musicien » par opposition au « pianiste » :

« Liszt a dit de l'un de ses élèves : " Ce que j'aime en Untel, c'est qu'il n'est pas un simple virtuose fanatique de ses doigts et qu'il n'a pas le culte de son clavier : il n'en fait pas son saint patron, mais simplement l'autel sur lequel il rend hommage à l'idée du compositeur. " [19] »

La preuve est désormais faite que Gould, comme Schnabel, pense que la musique est d'abord chose mentale, et qu'elle n'est que secondairement physique. Une telle position porte le nom philosophique d'*idéalisme ;* la position inverse, *empirisme.*

Appliquée à la musique, la théorie empiriste considère que les racines et l'essence de la musique ne se trouvent pas dans nos idées musicales ou dans nos images mentales. Elle les affirme secondaires et dérivées de l'expérience de nos sens, qui elle-même se fonde sur la stimulation de l'ouïe, du toucher et de la vue : sons et appréciation tactile des instruments dont nous jouons, sons que nous percevons à leur écoute, expérience visuelle à la lecture des partitions, observation de nous-même et des autres quand nous jouons et chantons, sifflons et frappons, fredonnons et sautons, et le tout à l'avenant.

Lorsqu'il admire l'indifférence de Schnabel à l'égard du piano, qu'il préfère les compositeurs qui écrivent leur musique sans guère se soucier des instruments, quand il parle de " *colonne vertébrale* " de l'œuvre, et qu'il dit de lui-même compositeur qu'il ne compose pas pour des instruments précis mais pour une partition non instrumentée, Gould est un idéaliste. Mais il est à l'inverse un empiriste quand il parle des expériences tactiles du piano — des rapports de la main et du son (ce qui sera le sujet du prochain chapitre).

Les analogies rencontrées dans leur formation musicale peuvent avoir produit des effets analogues sur les philosophies musicales de Gould et de Schnabel. Tous deux sont nés musiciens, précoces au point de donner l'impression qu'ils n'eurent même pas besoin d'apprendre la musique parce qu'ils la portaient déjà en eux. La technique fut assimilée chez tous deux avec bien moins d'exercices et d'efforts qu'il n'est d'usage de les associer à la formation des grands interprètes. Schnabel déclare même :

« Il n'y a aucun rapport entre la persévérance (rester au piano quand il s'agit du piano) et le génie (qui est d'une autre nature).

On imagine mal qu'un génie doive passer quotidiennement des heures et des heures dans la seule intention d'entraîner ses doigts et ses muscles ; ce pourrait même être futile et superflu, à moins de satisfaire à des ambitions athlétiques [20]. »

Le développement musical d'un génie de cet ordre présente nécessairement, du moins à son premier stade, un décalage : ses pensées sont en avance sur la faculté qu'il a d'actionner les touches du piano. Il commence par apprendre à *penser* une œuvre et, la chose étant faite, il se met à son piano et joue sans avoir eu besoin d'en passer par toute la série des exercices, gammes, arpèges, trilles et autres expédients physiques auxquels sont astreints la plupart des pianistes.

Enfant, Gould était capable de lire une partition et de concevoir par l'oreille interne des intervalles qu'il ne pouvait pas réaliser sur le clavier. Alors que d'autres musiciens (et pas nécessairement des moindres) découvrent leurs images mentales à partir du contact physique avec les instruments, Schnabel et Gould parvenaient à concevoir les leurs par la seule opération de la pensée pure, à l'écart de l'instrument. Une fois ces images mentales conçues, ils étaient capables de les matérialiser au piano sans effort physique répétitif.

A trois ans, Glenn Gould, avec ses petites mains et ses grandes idées musicales, était peut-être obligé, quand il était au piano, de chanter ou de fredonner des notes qu'il ne pouvait atteindre ou combiner en raison de la taille de ses mains qui n'étaient pas encore développées. C'est une explication plausible du fameux chantonnement qui l'accompagne jusqu'à ce jour au piano.

On a déjà vu un peu plus haut dans ce chapitre l'explication que proposait du phénomène le docteur Peter F. Ostwald. Gould a donné, lui, deux explications de son cru : son chant pourrait représenter un effort inconscient pour pallier les déficiences mécaniques du piano, un effort pour produire le genre d'articulation mécanique qu'il entend dans son imagination, qu'il voudrait entendre au piano, mais que l'instrument ne peut produire [21].

L'autre explication est également liée à ses images mentales :

« C'est là, à mon avis, une manière de " vœu pieux " [...] : VOILÀ ce que je voudrais entendre, et voilà ce que je ne puis arriver à faire au clavier [22]. »

La première explication met en cause le piano, la seconde, lui-même.

Chacune de ces quatre explications évoque un musicien qui tente de produire dans le monde extérieur, ou physique, des événements corrélatifs à des images mentales antécédentes à la musique elle-même. Un musicien très jeune mais qui se développe rapidement voit sa capacité manuelle largement dépassée par sa maturité mentale. A moins de faire une absolue confiance au mental en attendant que le physique puisse le rattraper, le risque est grand de se décourager et de s'arrêter en chemin.

Accepter le mental et lui faire cette totale confiance en un âge si tendre est justement ce qui est indispensable pour faire de quelqu'un un musicien idéaliste : idéaliste dans le sens où les idées musicales ont pour lui plus de réalité que leur incarnation.

Rien ne montre plus clairement l'idéalisme de la philosophie musicale de Glenn Gould que ses penchants ou ses aversions pour tel ou tel compositeur. Il lui arriva de dire un jour que Stravinsky et Bartok étaient les deux compositeurs les plus surfaits du XXe siècle. Quant à son attitude vis-à-vis de Chopin, elle a toujours été réservée, et plutôt négative *. Dans chacun de ces cas, la raison du refus est identique : ces compositeurs sont empiriques plus qu'idéalistes — pour incrire les

---

* Aucune œuvre de Chopin ne figure dans la discographie de Glenn Gould. Il a cependant joué dans sa jeunesse quelques œuvres de lui, et a également enregistré la *Sonate en si mineur* pour la Radio Canadienne.

vues de Gould dans le langage que nous avons adopté. Ils ont écrit une musique inspirée par les qualités spécifiques des instruments. En 1959, Gould fut interviewé par Vincent Tovell pour la Radio Canadienne à ce propos :

Tovell. — Vous n'avez jamais envie de jouer Chopin ?

G.G. — *Non, jamais. C'est quelque chose qui ne me va pas. Je le joue dans des moments de faiblesse, peut-être une ou deux fois par an, mais il ne me convainc pas... Quand je l'entends jouer superbement par la personne voulue, il m'arrive de me laisser convaincre, ne serait-ce qu'un instant. Chopin était à l'évidence quelqu'un d'extrêmement doué. Je ne pense cependant pas qu'il ait été un grand compositeur [...].*

Dans les structures de grande ampleur, il échoue presque toujours complètement. Je pense que comme miniaturiste, il est merveilleux ; comme dispensateur d'états d'âme, incomparable ; comme possédant l'intelligence du piano, incontestablement sans précédent. Mais envers et contre tout, ce n'est pas un compositeur avec lequel je me sente bien.

Tovell. — Il ne vous suffit donc pas que le compositeur soit, pour le piano, un compositeur qui sache exactement tout le parti qu'on peut tirer de l'instrument ?

G.G. — *Non. En tout état de cause, la plupart des compositeurs que je joue figurent à mon répertoire pour des raisons très différentes.*

Tovell. — A votre avis, quel est le compositeur qui a le mieux écrit pour le piano ?

G.G. — *Eh bien, je crois que je ferai comme tout le monde, et que probablement je répondrai Chopin — à condition que le piano veuille dire pour vous ce qu'il veut dire pour Chopin. Pour moi, ce n'est pas comme cela que je le vois. Parce que, si le*

146

piano est utilisé au maximum de ses possibilités, cela signifie qu'on se laisse aller à toute une série de choses pour lesquelles j'éprouve l'aversion la plus profonde ; l'une d'elles est la pédale.

Parmi les compositeurs que Gould a le plus aimé à jouer figurent Orlando Gibbons, Jean-Sébastien Bach et Arnold Schoenberg. Selon lui, tous trois sont maîtres dans l'organisation de la matière musicale et demeurent indifférents aux sonorités particulières de l'instrument. Ils œuvraient d'abord à partir d'images mentales, dont la matérialisation notée et sonore n'était pour eux que secondaire. En ce sens, ce sont des compositeurs idéalistes. Gould écrit, à propos d'Orlando Gibbons :

« ... *en dépit du contingent requis de gammes et d'ornements divers dans des pages d'esprit aussi peu virtuose que la* Gaillarde pour Lord Salisbury, *on ne peut jamais tout à fait se défendre d'éprouver le sentiment d'une musique suprêmement belle, à laquelle font cependant défaut certains moyens de reproduction idéale* *. *A l'instar de Beethoven dans ses derniers quatuors ou de Webern à presque chaque instant, Gibbons apparaît comme un artiste de caractère si intransigeant, que ses œuvres, au moins celles écrites pour le clavier, semblent plus faites pour la mémoire ou pour l'œil que pour l'oreille, comme si l'intercession du son n'était plus nécessaire* [23]. »

C'est encore la même chose que signifie Gould quand il parle, comme il l'a fait à maintes reprises et en des termes identiques, de la *" sublime indifférence instrumentale "* de Jean-Sébastien Bach. Ainsi, à propos de l'*Art de la Fugue* :

« *En dépit de ses proportions monumentales, une aura de*

---

* Gould emploie le terme dans son sens ordinaire : « le meilleur qu'on puisse imaginer » — et non dans le sens technique du présent chapitre.

retraite irradie l'œuvre entière. Bach se retirait en effet des sou-
cis pragmatiques inhérents à la composition pour pénétrer dans
un monde idéalisé d'invention absolue [24]. *»*

Les *" soucis pragmatiques inhérents à la composition "* ren-
voient à l'écriture musicale destinée à des instruments spécifiques ; nous dirions « empiriques » plutôt que *" pragmati-*
ques ", pour rester strictement fidèles à la convention lexicale
du présent chapitre. L'*" invention absolue "* fait référence à un
mode de composition qui ne cherche pas à prendre en compte
des facteurs tels que la sonorité, l'articulation et l'ampleur de
la dynamique. Sans entrer ici dans le débat de savoir si Bach a
écrit ou non l'*Art de la Fugue* pour instrument à clavier, nous
pouvons avancer qu'il s'agit en effet d'une musique destinée
au clavier avec moins d'évidence qu'une *Suite* ou une *Toc-*
cata ; c'est de cette distinction que parle Gould.

La même question est encore abordée d'une autre manière,
toujours à propos de la musique de Bach. Si un morceau n'est
pas écrit pour un instrument donné, il s'ensuit qu'il est également possible (ou également impossible) de le jouer sur plusieurs instruments différents :

« *Comme l'*Art de la Fugue, *le* Clavier bien tempéré, *en tout*
ou en partie, a été joué au clavecin et au piano, par des ensem-
bles à vent ou à cordes, par des orchestres de jazz et par au
moins un ensemble vocal à scansion syllabique, tout aussi bien
que sur l'instrument dont il porte le nom. Et cette magnifique
indifférence à l'égard d'une sonorité spécifique n'est pas le
moindre des attraits qui rendent éclatante l'universalité de
Bach [25]. *»*

Un jour, au cours d'une émission de télévision, Gould a
interprété quelques fugues du *Clavier bien tempéré* au piano,
au clavecin et à l'orgue électrique, dans un montage où se
succédaient alternativement quelques mesures jouées sur chacun de ces instruments. L'idée qui présidait à cette opération

était de démontrer l'indifférence de la musique de Bach à des sonorités spécifiques.

En ce qui concerne Arnold Schoenberg, Gould déclare :

« ... Il est possible de retracer jusqu'à un certain point l'évolution des idées stylistiques de Schoenberg à travers son écriture pour le piano ; on en arrivera par cette démarche à la conclusion que, au fur et à mesure que se succèdent ses œuvres, le piano en soi a pour lui de moins en moins de signification. Mais attention, il serait erroné d'aller supposer que Schoenberg était indifférent à la mécanique de l'instrument. Il n'y a pas une seule phrase de toute sa musique pour piano qui soit mal conçue pour le clavier.

Schoenberg n'écrit pas contre *le piano, mais on ne peut pas non plus l'accuser d'écrire* pour *lui. Dans son œuvre pour clavier, pas une phrase ne révèle le moindre emprunt aux sonorités percussives exploitées dans une proportion accablante par la musique contemporaine pour clavier* [26]. *»*

Je ne me souviens pas d'avoir rencontré chez Gould la moindre référence qui laisse supposer qu'un compositeur puisse faire coexister en lui l'idéaliste *et* l'empirique — la faculté d'associer dans sa musique un sens puissant de l'organisation pour satisfaire à l'idéal, et une sonorité instrumentale distinctive pour satisfaire à l'empirisme.

Son opinion est que les deux s'excluent mutuellement. Pourtant, comme ils en tombèrent d'accord lors d'un entretien télévisé, Yehudi Menuhin et lui convinrent que si la *Sonate en do mineur* pour violon n'était pas *« conditionnée par la nature de l'instrument »*, il s'avérait que Bach était *« si bon instrumentiste que tout ce qu'il écrivit pour le violon est éminemment jouable sur cet instrument »*.

La transcription est un excellent test pour dire s'il s'agit d'une musique composée en termes d'idéal ou d'empirisme. Transcrire une œuvre revient à lui faire prendre corps à l'aide de ressources instrumentales autres que celles pour lesquelles elle a été composée à l'origine. On peut avoir affaire, par exemple, à des transcriptions orchestrales d'œuvres pour piano, à des transcriptions pour piano d'œuvres orchestrales, à des transcriptions pour bois d'œuvres pour cordes, etc.

Les œuvres qui peuvent être transcrites sans altération notable révèlent l'approche idéaliste du compositeur — tels sont Gibbons, Bach et Schoenberg. Celles qui ne peuvent l'être sans altération notable révèlent l'approche empirique du compositeur — tel Chopin, dont les idées musicales reposent sur le sens des sonorités pianistiques — moins exclusivement toutefois que ne l'affirme Gould. Berlioz et Tchaïkovski sont eux aussi des compositeurs empiriques ; comme Chopin, ils sont particulièrement sensibles à la couleur instrumentale, et c'est cette forme de sensibilité qui commande leur pensée musicale. Gould dirait qu'ils pensent en sonorités plutôt qu'en structures. La musique de ces trois compositeurs empiriques a cependant été transcrite : la chose était possible et ce fut fait parfois avec bonheur. Mais l'ossature qui sous-tend la musique des compositeurs empiriques est moins apparente et apparaît avec moins de rigueur que celle des idéalistes. Dans la mesure où la musique composée de façon empirique dépend davantage de la sonorité spécifique que ce n'est le cas pour la musique composée selon les normes de l'idéal, la musique empirique est susceptible de subir plus de pertes et de dommages que n'en encourt le risque la musique idéaliste.

L'art visuel, avec ses termes plus familiers, rendra l'idée plus accessible. Une gravure peut être destinée à un tirage en une seule couleur — disons le vert — sur papier blanc. Mais elle pourrait être tirée en différents coloris sur du papier de différentes couleurs, sans perte de détails ni dommage pour l'ensemble, à condition qu'il y ait un contraste approprié entre la figure et le fond. (On ne saurait par exemple imprimer du vert pâle sur du vert pâle). Étant donné un contraste adéquat, le dessin peut demeurer intact et l'œuvre survivre sans dommage parce qu'elle est d'abord un dessin. Elle n'est un arrangement de couleurs que de façon accessoire. On peut évidemment ne pas aimer la couleur nouvelle ou en être choqué parce qu'on était accoutumé à l'original, mais le dessin demeurerait inchangé dans l'indifférence aux couleurs particulières. La musique idéaliste survit à une transcription en des sonorités différentes exactement de la même façon.

Mais il est des œuvres picturales qui sont d'abord couleur et rapport de couleurs ; elles ne sont dessin que secondairement. Changer leur palette revient à altérer leurs caractères premiers, ce qui ne peut être fait sans perte ni dommage. Sans doute, il est possible de produire un rapport équivalent (au sens littéral equi-valent) entre les nouvelles couleurs ; c'est une possibilité théorique. Mais cela nécessiterait un niveau de compétence artistique égal à celui de l'artiste qui fut à l'origine de l'œuvre. C'est quelque chose de ce genre que Glenn Gould a tenté de réaliser dans ses transcriptions pour piano d'œuvres orchestrales de Wagner : le Prélude des *Maîtres-Chanteurs*, le « Lever du Jour » et le « Voyage de Siegfried sur le Rhin » tirés du *Crépuscule des Dieux*, et *Siegfried Idyll*.

Gould s'est toujours révélé un infatigable improvisateur de transcriptions pour piano, en particulier d'œuvres de compositeurs dont il aimait la musique mais qui ont peu écrit pour le piano : Richard Strauss, Sibélius et Wagner en sont les exemples privilégiés :

> « *J'ai fait les plus hallucinantes transcriptions pour piano des poèmes symphoniques de Richard Strauss que vous puissiez jamais entendre. Je les joue en privé. J'ai fait ma propre transcription du Prélude et de la dernière scène de* Capriccio, *le dernier opéra de Strauss* [27]. »

La critique a dans son ensemble beaucoup apprécié son disque de la transcription par Liszt de la *Cinquième Symphonie* de Beethoven. Au chapitre Premier, nous avons vu que Gould se refusait à jouer des transcriptions d'œuvres pour orgue de Jean-Sébastien Bach à une époque où c'était la mode de les inscrire au programme des récitals de piano. La raison qu'il avançait alors n'était pas qu'il contestait en lui-même le principe des transcriptions, encore que beaucoup de musiciens le fassent, mais que les gens ignoraient les *Suites* et les *Fugues* de Bach — la musique extatique — pour succomber aux charmes de transcriptions à effets.

La CBS adjoignit aux transcriptions wagnériennes de Gould un texte dans lequel il exposait sa manière d'opérer. Nous trouvons là quelques éclaircissements sur la notion gouldienne de ce que Schnabel nommait *"la musique elle-même"*, et nous y découvrons comment se fait la relation entre la musique elle-même et sa matérialisation en des sonorités spécifiques.

Selon lui, les œuvres de jeunesse de Wagner n'ont rien d'intrinsèquement pianistique ; il mentionne en particulier l'Ouverture de *Tannhäuser*, le Prélude de l'acte III de *Lohengrin* et l'Ouverture de *Rienzi*. Si ces œuvres n'ont rien d'intrinsèquement pianistique, c'est parce que, *« toutes choses étant relatives, elles possèdent une nature harmonique statique »* :

« ... elles sont assorties de thèmes qui peuvent incontestablement, à titre de thèmes, sonner magnifiquement au piano, mais les figures d'accompagnement font terriblement penser à des flonflons d'harmonie municipale ; aucun problème dans une texture orchestrale : tout cela fait partie intégrante du style de l'opéra héroïque post-webérien. On peut répéter le même accord ad infinitum, *et tant qu'on renforce le rythme en s'aidant des percussions ou en modifiant constamment la couleur orchestrale, tout va très bien. Mais cela ne marche pas au piano, précisément parce qu'il est périlleux d'abuser des éléments percussifs sur cet instrument. »*

Mais par ailleurs, *Siegfried Idyll* est une transcription qui, elle, marche toute seule au piano : *« Toute sa tension dramatique passe par le contrepoint, jamais par les effets de percussion. »*

Sa tâche de transcripteur fut, dit Glenn Gould, de *« recons-*

truire l'œuvre pour le piano ». Reconstruire est ce que Liszt n'a justement *pas* fait dans ses transcriptions de Wagner :

« *Liszt est, pour des fins qui lui sont propres, trop fidèle à la partition. C'est entendu, dans une œuvre pour orchestre, on peut redoubler toutes les octaves qu'on veut en fonction de la différence de nature des instruments employés, ce qui confère à la texture une grande richesse et une grande somptuosité sonores. Mais si l'on tente la même chose au piano, même en usant de toutes les combinaisons possibles et imaginables avec les dix doigts, et bien qu'on puisse atteindre à une certaine authenticité, ce qu'on obtiendra finalement, ce sera une espèce de magma, peut-être superbe, mais magma tout de même. Liszt est curieusement beaucoup plus puritain que moi à cet égard. Il tend à résoudre ces problèmes à grands coups de trémolos à la main gauche — ou pis encore, à la main droite — qui sonnent toujours à mes oreilles comme les pires excès de la tante Amélie au piano droit du salon.*

J'ai tout simplement tiré les conséquences du fait que — eh bien, par exemple, du fait qu'on ne peut tenir indéfiniment un accord au piano en espérant une augmentation des bénéfices sonores — trouvez le jeu de mots ! —, et qu'on ne peut certainement pas compter sur cet accord pour construire une progression dynamique de la matière sonore, comme on peut y parvenir avec une formation à cordes. Ce que je fis donc, en de telles occasions, ce fut, partout où c'était possible, d'activer des voix internes, leur donnant une tournure wagnérienne en rajoutant des motifs en imitation, et ainsi de suite... — quelque chose qui maintienne un sentiment effectif de temps et de mouvement. Il y a par exemple dans Siegfried Idyll *une séquence de dix mesures, qui dure environ une minute et demie, dans laquelle les structures orchestrales sont singulièrement peu animées [...] ce qui pose un problème parce que, comme je l'ai dit, un orchestre à cordes peut tenir un accord pendant plusieurs mesures mais pour un piano c'est carrément impossible — sauf à faire sonner la chose comme une transcription.* »

153

Et voilà bien le hic : une transcription ne devrait pas sonner comme une transcription, et le transcripteur ne devrait pas se contenter de refaire la partition originale en la colorant différemment. Il devrait plutôt se projeter mentalement au-delà de la partition originale et tendre à revêtir la musique de ses sonorités nouvelles en s'inspirant de " *la musique elle-même* ". C'est effectivement ce que Gould dit avoir fait :

« Je décidai de faire comme si Wagner avait un sens pianistique aigu ; or, pour autant que nous puissions en juger par l'accompagnement des Wesendonck Lieder, *l'unique composition pour piano relativement " mûre " qu'il ait entreprise, ce n'était pas le cas. Ayant donc admis qu'il avait pour le clavier un flair égal à son flair orchestral bien que, par la force des choses, ce flair dût se manifester différemment, je m'affranchis délibérément de tout scrupule textuel et m'efforçai d'imaginer ce qui aurait pu se produire si quelqu'un, doté à la fois de flair orchestral et de flair pianistique — disons Scriabine —, avait mis la main à la pâte. »*

Dans le but de reconstruire l'œuvre pour le piano, Gould se projette au-delà de la partition originale de Wagner dans une partition imaginaire, une partition instrumentalement indifférente, qui puisse aisément s'incarner dans un type de texture instrumentale aussi bien que dans un autre. Cette partition imaginaire, c'était " *la musique elle-même* ". Ce sont de telles partitions qui font l'objet de la réflexion des idéalistes de la musique. Que ce soit en écoutant une interprétation, en interprétant, en lisant une partition ou en se la remémorant, ils n'écoutent pas *directement* les sons instrumentaux réels ou imaginés, mais écoutent à travers eux et comme par transparence.

Telle est la réponse à la troisième des trois questions avec lesquelles nous ouvrions ce chapitre : à quel type d'objets un cerveau musical idéaliste consacre-t-il sa réflexion ?

Mais là comme en toutes choses, Gould semble se compliquer la tâche à plaisir, si l'on en croit cette autre version de son anecdote de l'aspirateur. Il y raconte comment, alors qu'il travaillait une fugue de Mozart, il découvrit que le vacarme de l'aspirateur, loin de bloquer en lui le son de la musique, le lui restituait exalté :

« ... *dans les passages piano, je n'entendais littéralement plus rien de ce que je jouais. Bien entendu, je sentais une relation tactile avec le clavier, qui est lui-même chargé de tant d'associations acoustiques. Je pouvais donc imaginer ce que je faisais, mais sans réellement l'entendre. La chose étrange était que soudain tout se mettait à sonner mieux que ce n'était le cas sans l'aspirateur, et particulièrement les endroits où je ne pouvais plus m'entendre du tout. [...] Ce que j'ai appris de la rencontre fortuite de Mozart et de l'aspirateur, c'est que l'oreille interne de l'imagination est un stimulant beaucoup plus puissant que tout ce qui peut provenir de l'observation extérieure* [28]. »

On peut, bien sûr, rester perplexe. On ne peut attendre, pas même des plus inconditionnels lecteurs de Gould, qu'ils acceptent que la musique sonne mieux quand elle ne peut être entendue, ce qui semble être à première vue ce qu'il dit. Mais Gould joue ici sur deux sens du mot « son » : le son externe, ou physique, et le son interne, ou mental. Il décrit un truc par lequel un pianiste peut se forcer lui-même à se détourner des sons physiques qu'il émet en jouant pour atteindre de façon plus aiguë les sons imaginaires qui leur correspondent. Ces sons imaginaires sont " *la musique elle-même* ", et pour Gould ils sont plus intéressants et plus « réels » que les sons physiques ne parviendront jamais à l'être.

Chapitre 6

La main et le clavier

« Le Mille-Pattes coulait des jours heureux.
Vint le Crapaud qui pour rire
Lui demanda : " Dis-moi,
Tes pattes, dans quel ordre tu les bouges ? "
Depuis, plongé dans la perplexité,
Il gît là sur le bord de la route,
Cherchant comment pouvoir marcher [1]. »

Un journaliste demanda une fois à Glenn Gould quelle était la fonction de son chant pendant qu'il était au piano.

« C'est très difficile à dire, répliqua Gould ; c'est l'une de ces questions millepattesques — rappelez-vous, Schoenberg dit un jour qu'il était plutôt réticent quand l'un de ses étudiants en composition lui demandait comment il utilisait telle ou telle série ; il répondait qu'il était comme le mille-pattes, qui ne pense pas à l'ordre dans lequel il fait bouger ses pattes, sans quoi il n'arriverait plus à marcher. Il y a dans cette question quelque chose qui risque de réduire à l'impuissance. Elle me fait passablement peur [2]. »

Et il y a de bonnes raison pour avoir peur, si l'on suit l'analyse d'Arthur Koestler :

157

« Quand on est rompu à la pratique d'une chose, les rouages du mode d'emploi doivent fonctionner sans heurt et automatiquement — ils ne doivent jamais focaliser l'attention.

C'est là une vérité, qu'il s'agisse de monter à bicyclette, de jouer du violon, de prononcer la lettre M, ou de construire des phrases selon les règles du bon usage...

Le paradoxe du mille-pattes est une conséquence de l'organisation hiérarchique du système nerveux, qui demande que les centres supérieurs ne soient mobilisés que par des opérations globales, et que l'exécution des opérations subalternes qui en forment les composantes soit abandonnée à des centres inférieurs, situés plus bas dans l'échelle des centres nerveux. Pendant l'action, un général ne peut donner d'ordre individuel à ses soldats, ni concentrer son attention sur chacun d'entre eux, sous peine que l'action ne s'enraye [3]. »

Gould raconte une expérience calquée sur la classique histoire du mille-pattes, où un problème d'ordre inférieur vint bloquer son jeu :

« *Il y a des années, je devais avoir dans les dix-neuf ans, je jouais pour la première fois la* Sonate op. 109 *de Beethoven. J'avais coutume à l'époque de roder les œuvres que je n'avais jamais jouées auparavant dans de petites villes du Canada. J'inclus donc cette Sonate dans un récital que je devais donner à Kingston, petit centre universitaire situé à environ deux cents kilomètres de Toronto. Je n'ai jamais beaucoup travaillé le piano — aujourd'hui je ne le travaille plus du tout — et alors déjà, je ne le faisais que très rarement. Je préférais apprendre la partition loin de l'instrument : je la mémorisais d'abord complètement avant de l'essayer au piano. Il s'agissait de séparer les phénomènes tactiles des diverses manifestations expressives possibles. Non, ce n'est pas tout à fait exact car, évidemment, les manifestations expressives étaient intégrées dans le processus d'analyse, tandis que les phénomènes tactiles ne l'étaient pas*

158

encore que, dès qu'on connaît bien un instrument, on ne peut guère se défaire de quelques présupposés tactiles élémentaires.

L'Opus 109 n'est pas une œuvre particulièrement éprouvante ou difficile sur le plan technique, à l'exception d'un seul moment littéralement épouvantable, comme vous le savez peut-être, et qui est la cinquième variation du dernier mouvement. Il s'agit d'une fughetta ; c'est en un sens la variation la plus violente du cycle. A un endroit, il y a un passage ascendant en sixtes diatoniques, qui survient au moment le plus malcommode, pas seulement à cause du rapport touches noires-touches blanches, mais parce qu'il se situe environ deux octaves au-dessus de la partie centrale du clavier, là où les problèmes de répétition des notes apparaissent de la manière la plus aiguë, du fait de la configuration du piano moderne. C'est à cet endroit précis que le dessin en sixtes se change en un dessin en tierces. Il faut opérer ce changement au quart de seconde. Chaque fois que j'ai entendu jouer cette œuvre, le pianiste ressemblait en cet endroit à un cheval qu'on aurait sorti d'une grange en feu — une expression de terreur emplissait son visage et je m'étais toujours demandé pourquoi.

Toujours est-il que, deux ou trois semaines avant le concert où je devais jouer cette œuvre pour la première fois, je pris la partition pour l'étudier. Je l'avais lue au piano dans mon enfance et elle n'avait pas semblé me poser de problèmes — puis, une semaine avant, je me mis à la travailler au piano, ce qui a l'air suicidaire, mais c'est ainsi que je fonctionne toujours. Comme un imbécile, la première chose que je fis — très mauvaise psychologie — fut de me dire : essayons donc cette variation pour être sûr qu'elle ne pose effectivement pas de problème, puisqu'elle n'avait pas paru en poser quand je l'avais lue étant enfant... mais autant s'en assurer, et trouver un petit système de doigté pour le cas où...

A peine m'y étais-je mis que tout commença à s'enrayer. Au bout de quelques minutes, je découvris que j'étais complètement bloqué. Trois jours avant le concert, le blocage, dont j'avais essayé de me débarrasser par toutes sortes de moyens déviés *(dont celui qui consiste à ne pas jouer du tout) était devenu tel que, chaque fois que j'en arrivais à ce passage, j'étais comme un cheval qui fait l'écart devant l'obstacle.*

Je me dis qu'il fallait absolument trouver une solution, ou bien changer de programme, ou encore sauter la variation en question en prétendant connaître l'existence d'un manuscrit dans lequel elle n'aurait pas figuré. Je décidai finalement d'adopter la méthode du dernier recours, qui consistait à placer à côté du piano une ou deux radios, ou éventuellement une radio et une télévision, et à les faire marcher à plein tube [...] ; en faisant marcher radio et télévision à plein volume, je pouvais toujours entendre sommairement ce que je jouais, mais seulement de manière secondaire. Ce que j'entendais d'abord était le son de la radio et de la télévision, ou mieux encore, des deux à la fois. »

On aura reconnu les ingrédients familiers de l'anecdote de l'aspirateur. Dans la version du chapitre 1, le bruit étranger démontrait à Gould que musique et machine pouvaient faire bon ménage. Dans la seconde version, celle du chapitre 5, il découvrait que la stimulation de l'oreille interne était plus importante que celle des bruits extérieurs. A présent, dans cette histoire du Dernier Recours *, c'est à un problème tactile posé par le piano que le bruit apporte une solution.

L'élément du classique mille-pattes est représenté, dans cette histoire, par le blocage de Gould au moment où il contraint son attention supérieure à se tourner vers un problème archi-subalterne : quel doigté appliquer à ce passage. Il poursuit :

« Arrivé à ce point, je me rendais compte que je réussissais à séparer deux zones de concentration, mais aussi que cela ne suffirait pas à briser la chaîne des réactions. Il fallait faire quelque chose de plus, et pourtant cela avait déjà eu un début d'effet. La situation avait commencé à s'améliorer. Le fait de

---

* Majuscules de G.P.

Page précédente :
Jambes croisées, chaise pansée à grand renfort de sparadrap, décontraction
concentrée et chant d'accompagnement – la légende...
(fin des années 50 – CBS)

Glenn Gould, âgé de treize ans, à l'orgue (aujourd'hui détruit) du Concert Hall
du Royal Conservatory of Music de Toronto.
(1946 – Page Toles)

Dix ans après, toujours à l'orgue du Royal Conservatory.

(1956 – Paul Rockett)

Discours de réception : Glenn Gould Docteur Honoris Causa de l'Université de Toronto.
(1er juin 1964 – Jack Marshall)

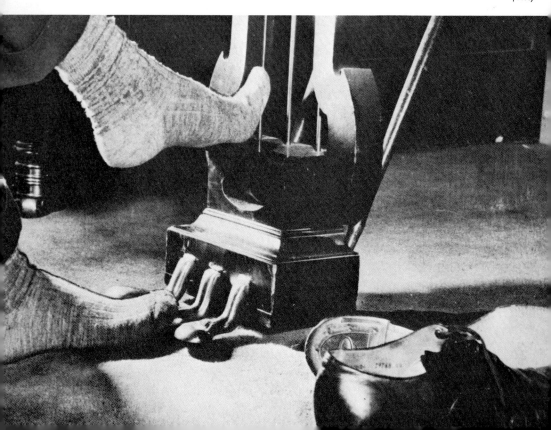

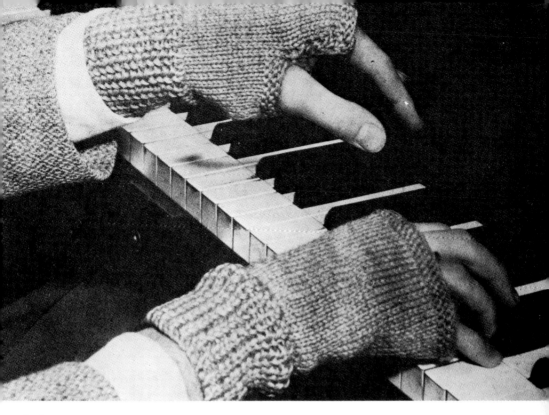

(cwf)

Dans un studio de l'Eaton Auditorium de Toronto (aujourd'hui détruit), Gould et l'ingénieur du son Lorne Tulk à l'écoute d'un enregistrement effectué pour l'Union Européenne de Télécommunications.

(1971 – Walter Curtin)

Karlheinz Klopweisser

Théodore Slutz

Sir Nigel Twitt-Thornwaite

Trois des personnages de la G.G. and G.G. Company... *(CBS)*

La "tricherie créatrice" sous la canicule de juin : Gould pose dans les entrepôts de Toronto pour la promotion de son documentaire *The Idea of North*.
(1970 – CBC – Harold White)

Travail et post-travail de la post-production, dans un studio de la CBC de Toronto.

(1974 – CBC – Robert C. Ragsdale)

ne pas pouvoir s'entendre vraiment, de ne pas avoir la preuve absolue et observable de l'échec, était déjà un pas dans la bonne direction. Mais il fallait aller plus loin.

Or, il se trouve que dans cette variation la main gauche doit, à cet instant, jouer une séquence pas très inspirée de quatre notes, dont la troisième a un signe de liaison au-dessus de la barre de mesure. On ne peut pas faire grand'chose de spécial avec ces quatre notes, mais je trouvai qu'on pouvait à la rigueur se permettre une demi-douzaine de permutations d'accents, et je les jouai aussi anti-musicalement qu'il était possible. Plus c'était antimusical, mieux ça allait, parce que produire quelque chose d'authentiquement antimusical requérait un effort de concentration beaucoup plus grand, et je dois dire que je réussissais fort bien dans cette entreprise. Pendant que je me débrouillais pour jouer de la sorte, toute ma concentration était reportée sur la main gauche, à l'exclusion de la droite. Je refis cela à des tempos différents, pendant que radio et télévision continuaient à beugler, jusqu'à ce que survînt... le moment. J'arrêtai la radio et me dis : je ne crois pas être encore prêt... je vais prendre une tasse de café, et je trouvais toutes sortes d'excuses de ce genre. Finalement, je revins m'installer au piano. Le blocage avait disparu ! Aujourd'hui encore, de temps à autre, juste pour m'amuser, je rejoue ce même passage pour voir où en est le blocage, s'il est toujours disparu. Il l'est, et cette sonate est devenue par la suite l'un de mes morceaux de concert favoris [4]. »

C'est une espèce de strabisme divergent qui vise à introduire la vision périphérique dans l'action, ou une manière de rompre la fixité du regard dans une situation pénible ou, si l'on veut, une façon de prendre son élan à reculons pour mieux sauter. Mais le mille-pattes reste la meilleure image. Pendant qu'il joue effectivement, le pianiste ne peut plus penser en termes de succession de doigts, pas plus que le mille-pattes ne songe à l'ordre successif de ses pattes quand il marche. Mais une fois la question posée et aucune réponse ne lui ayant été apportée, l'attention de Gould avait bousculé la hiérarchie en descendant de l'idéal à l'élément tactile, et son jeu en avait été enrayé.

Autrement dit : une chose qui d'ordinaire ne relevait pas de l'attention supérieure était venue la solliciter et en gêner le fonctionnement. Le problème consistait dès lors à ramener cette chose au niveau qui était le sien. La solution fut de rendre d'abord inaudible le son que produisaient les doigts et de transférer ensuite l'attention de ce problème sur quelque autre détail de nature subalterne. Par cette démarche, Gould parvint à rompre le cercle vicieux qui l'emprisonnait.

Nous pouvons nous demander pourquoi Gould avait besoin de pousser les choses à ce degré de raffinement et pourquoi le vacarme ambiant lui était nécessaire. S'il s'était agi d'un simple problème de doigts, un clavier muet aurait suffi à faire l'affaire, et eût été sans doute plus commode et plus agréable pour jouer sans entendre le son.

Mais Gould, afin de stimuler son imagination musicale, avait besoin du vacarme. En outre, c'était plus de deux haut-parleurs marchant à plein tube qu'il aurait fallu pour rendre complètement inaudible au pianiste un piano à queue. La musique qui surnage et demeure à entendre, fût-ce à grand'peine, est une composante essentielle de la méthode du Dernier Recours ; avec un clavier muet, il n'y avait plus de musique à entendre du tout, sinon celle d'un cliquetis imbécile. Gould avait besoin d'un surcroît d'effort qui stimulât son imagination auditive pour rejoindre, à travers le vacarme, la musique. Le vacarme était la source d'un survoltage d'énergie administré à son imagination musicale (déjà énergique) — à la façon dont on remet en marche par de violents chocs électriques un cœur en état de fibrillation.

Personnellement, pour expliquer le Dernier Recours, Gould fait appel à une analogie elle aussi médicale : il compare sa méthode à une méthode d'anesthésie dentaire où le patient porte des écouteurs qui lui diffusent les bribes lointaines d'une musique qu'il reconnaît pour familière mais qui est occultée

162

par une barrière intense de bruits anarchiques. L'effort mental pour isoler la musique du bruit distrait l'attention du patient de l'épreuve de la fraise [5]. Dans un cas comme dans l'autre, Dernier Recours ou anesthésie, l'imagination est aux prises avec le barrage d'un chaos sonore. L'imagination du Dernier Recours s'efforce de projeter ses images sur l'invisible écran du bruit anarchique ; l'imagination de l'anesthésie tente d'extraire ou même de construire, à partir du bruit, ses images. Les deux cas sollicitent de l'imaginaire un effort accru d'organisation — un jaillissement d'énergie dans l'urgence de secourir l'imagination pour qu'elle impose l'ordre intérieur au désordre du monde extérieur.

Gould rapporte deux autres histoires millepattesques. Je les nomme : « Le Chickering au désert » et « La Demi-Heure ».

La première histoire, relatée sous trois formes différentes, se déroule sur fond de couleur locale et d'atmosphère biblique [6]. En 1958, lors d'une tournée en Israël, il eut quelques problèmes avec le piano. Le seul qui fût disponible à Tel-Aviv avait une mécanique inégale, qu'il décrit comme étant à *« direction assistée »*. *« Il avait un joli son mais une mécanique extrêmement dure*, dit-il ; *c'était lui qui amenait le pianiste à sa raison, et non l'inverse. »*

Dans l'angoisse, il prit chez Hertz une voiture de location et s'en fut au désert pour réfléchir. Là, il s'installa sur une dune et demeura une heure à répéter mentalement le concerto qu'il devait jouer le soir (le *Second* de Beethoven) ; ce n'était pas sur le piano de Tel Aviv que se développaient ses images mentales, mais sur le vieux Chickering familier du cottage d'Uptergrove en Ontario. Chaque note fut mentalement répétée comme si c'était sur le Chickering, avec les particularités ressenties de son toucher, de sa sonorité, de son ambiance. S'accrochant de toute sa force à cette image, il entra en scène et aborda le piano comme si c'était effectivement le Chickering. Au début, comme si les touches étaient à peine effleurées, il trouva qu'il obtenait un son extrêmement ténu. Mais du point de vue rythmique, l'œuvre se mit peu à peu en place, comme

jamais lors des répétitions sur ce piano. Après quelques instants de panique, il commença à éprouver le bonheur d'avoir
réussi à établir la distance, l'éloignement physique de l'instrument de Tel Aviv. Il quitta la scène après avoir joué dans
l'exaltation et l'émerveillement complets. Il existe deux versions imprimées et une sur disque de ce qu'il advint
ensuite.

Selon l'une des versions imprimées, une dame alla le voir
dans les coulisses et lui exprima son enthousiasme : elle l'avait
entendu jouer le même concerto quelques soirs plus tôt, mais
aujourd'hui, il avait paru dans un état d'esprit si élevé qu'il
semblait à une infinie distance émotionnelle de toute chose.
Gould pensa que c'était là la preuve qu'une communication
était possible entre l'interprète et l'auditeur, même en concert ;
il ne l'a, dit-il, jamais oublié.

La même personne, selon l'autre version imprimée et selon
le texte du disque, tint un discours assez différent. Avec un fort
accent d'Europe Centrale, elle déclara qu'elle venait d'entendre « lé plous atsoloument ekkstra-ordinairre *Mozart* de [sa]
vie ! »

La dernière des histoires du Mille-Pattes est celle de « La
Demi-Heure » :

> « *Je parlais récemment à un groupe d'éducateurs des pro-
blèmes de l'enseignement du piano dans ces " usines " techniques institutionnalisées que sont les Conservatoires. Je crois,
voyez-vous, que les professeurs de musique ont essayé de faire
avaler au monde une sorte d'imposture, à savoir : pour connaître la vérité révélée au sujet de la manière dont on produit un
effet donné sur un instrument donné, il faut nécessairement
procéder à partir d'une série bien déterminée d'événements.
J'ai répondu à ces enseignants : Donnez-moi une demi-heure
de votre temps et de votre attention ainsi qu'une pièce calme, et
je peux enseigner à n'importe lequel d'entre vous comment
jouer du piano. Tout ce qu'il y a à savoir au sujet du piano peut
être enseigné en une demi-heure, j'en suis convaincu. Je ne l'ai*

jamais fait et compte bien ne jamais le faire, car c'est toute la question du mille-pattes, au sens schoenbergien du terme — c'est-à-dire dans le sens où Schoenberg n'aimait pas qu'on lui demande pourquoi et comment il utilisait telle ou telle série. Il répondait qu'il était comme le mille-pattes qui ne pense pas à l'ordre dans lequel il fait bouger ses pattes, sans quoi il n'arriverait plus à marcher. Penser à cette question est un facteur d'impuissance ! Poursuivant la conversation, je dis à ces éducateurs : Je ne vous donnerai donc pas cette leçon d'une demi-heure, mais si je le faisais, je vous montrerais que l'élément physique est si peu important que je pourrais effectivement tout vous enseigner en une demi-heure, à condition que votre attention soit absolue, que vous absorbiez calmement ce que je vous dirais, et qu'éventuellement vous l'enregistriez sur cassette pour pouvoir vous le repasser de temps à autre, de telle sorte que vous n'auriez pas besoin d'une autre leçon. Il vous faudrait ensuite procéder selon une certaine discipline qui vous permette d'observer la corrélation entre l'information qui vous aurait été transmise et certains types d'activité physique, de la même manière qu'on découvre qu'il y a des choses qu'on ne peut pas faire, des sièges sur lesquels on ne peut pas s'asseoir, des voitures qu'on ne supporte pas, etc.

Au point où j'en étais arrivé, tout le monde me regardait d'un air hilare, comme s'il s'était agi d'une bonne blague. Ça n'en était pas une. J'étais au contraire en train de leur dire quelque chose de très sérieux, à savoir que ceux qui se prêteraient à cette méthode se libéreraient de tout problème de cynétique tactile, ou plutôt, *qu'ils ne seraient plus libres, qu'ils y seraient enchaînés pour toujours, et si étroitement qu'il ne s'agirait plus pour eux que d'une question d'intérêt* tertiaire *dont seule une* série *de circonstances particulières pourrait mettre à l'épreuve la solidité [7]. »*

Cette histoire éclaire mieux le Dernier Recours que le Chickering au Désert ; elle met en évidence plusieurs choses : il existe des niveaux d'« intérêt » (ou d'attention) de nature dif-

férente ; le problème tactile relève de l'intérêt tertiaire. Si les
différents niveaux sont bouleversés, le jeu en est perturbé. Un
tel bouleversement, dû à une « série de circonstances », s'était
justement produit avec le piano de Tel Aviv. Gould en vint à
bout en se soumettant délibérément à une illusion stratégique :
de retour à Uptergrove, il jouait sur son Chickering. Comme
dans la méthode du Dernier Recours, c'était un moyen délibéré et pratique d'ignorer le problème tactile en vue d'accéder
à la musique elle-même, et de lui donner corps en dépit des
obstacles matériels : dans le cas du Dernier Recours, un problème de doigts, dans celui de Tel Aviv, un piano antipathi-
que. Sur ce piano, le mille-pattes ne pouvait s'aventurer en
toute sécurité, aussi persuada-t-il ses pattes qu'elles marchaient en réalité sur le clavier familier du Chickering ; ce
qu'elles firent, avec la plus extrême délicatesse. Le problème
de cynétique tactile, dit Gould, est une question qui présente
un intérêt tertiaire ; on peut présumer que le second niveau est
d'ordre auditif et que le premier est purement mental ou
« idéal » — la conscience qu'a le pianiste de la musique elle-
même. Si quelque chose du second ou du troisième niveau se
détraque et ne peut spontanément rentrer dans l'ordre, le
niveau situé à l'étage supérieur est sollicité pour résoudre le
problème ; ce qui peut être gênant, car le niveau supérieur doit
momentanément délaisser la supervision de l'ensemble pour
descendre à des détails dont il n'a pas l'habitude de s'occuper.
C'est en tout cas quelque chose de ce genre que Gould a en tête
en racontant ses trois anecdotes millepattesques. Chacune
évoque son effort pour atteindre et révéler la musique elle-
même, et sa sublime indifférence personnelle à l'instrument.
Cette indifférence est manifeste dans les quelques propos suivants confiés à Alfred Bester :

*« Il se trouve que je n'aime pas le piano en tant qu'instru-
ment. Je préfère le clavecin. Bien sûr, je suis fasciné par ce
qu'on peut faire avec le piano, et je peux rester assis des heures
durant à en jouer, mais j'aime à le faire sortir de ses inhibitions.*

Mon sens des éléments tactiles est celui du claveciniste, car je me sens chez moi en tant que musicien baroque. J'ai aussi travaillé l'orgue et cela me donne un sens de la ligne horizontale plutôt que de la ligne verticale. »

Le journaliste a noté : « Ici, la raison chancelle [8] ! ». Néanmoins, et en dépit de l'indifférence déclarée de Gould à l'égard des instruments, un grand pan de sa pensée musicale s'éclaire par ce qu'il nous révèle de ses contacts avec les différents instruments de musique.

L'orgue, qui l'introduisit à Bach, détermina totalement sa sensibilité en matière d'interprétation, de composition ou de réflexion sur la musique, comme ce fut également le cas pour un certain nombre de maîtres du clavier. Mozart disait de l'orgue qu'il est l'instrument-roi ; le toucher de piano de Beethoven fut, comme celui de Gould, façonné par le fait qu'il avait joué de l'orgue dans sa jeunesse ; Robert Schumann recommandait la pratique de l'orgue pour obtenir dans la composition et le jeu de piano une plus grande clarté. Gould dit quelque chose de tout à fait analogue en 1962 : « *Tout pianiste devrait jouer de l'orgue : il exige un phrasé véritable* [9]. »

Gould pianiste possède les qualités de l'organiste : l'attaque et le relâchement de la touche sans l'aide de la pédale, la manière d'accentuer en espaçant plutôt qu'en utilisant le poids. Arnold Schultz notait :

« Les artistes qui sont aussi sensibles à l'amuissement qu'au commencement du son, qui dans les traits prêtent autant d'attention à l'égalité de la chute des étouffoirs qu'à celle de l'attaque des marteaux, constituent pour moi une sorte d'aristocratie restreinte du piano : Vladimir Horowitz, Arthur Schnabel, William Kapell, Myra Hess, Walter Gieseking et Glenn Gould sont quelques uns des noms qui me viennent à l'esprit. »

167

L'orgue a influencé Gould dans le domaine de la composition aussi bien que dans celui du piano. C'est ce qui explique qu'il pense musicalement en fonction d'une basse indépendante qui ne peut être jouée au piano par deux mains, mais qui en exigerait une troisième, ou un pédalier [10].

Le « Monsieur Croche » de Debussy détecte la même caractéristique dans les œuvres pour piano de Beethoven :

« Les sonates de Beethoven sont très mal écrites pour le piano ; elles sont exactement, surtout les dernières, des transcriptions d'orchestre ; il manque souvent une troisième main que Beethoven entendait certainement, du moins je l'espère *. »

Nous avons déjà vu que chœurs d'église et orgues occupèrent une place privilégiée dans la vie familiale de Gould. Lui-même s'était familiarisé avec les orgues des églises proches de la maison et du cottage ; il entendit divers organistes lors de récitals et de services liturgiques. Le dimanche matin, les récitals d'orgue de E. Power Biggs diffusés à la radio exercèrent sur lui durant son enfance une influence formatrice.

En 1944 et 1945, alors qu'il était encore dans la classe d'orgue de Frederick C. Silvester, le doyen des compositeurs canadiens, Healey Willan, l'un des plus célèbres musiciens de musique religieuse, lui fit passer ses examens supérieurs. A peu près dans le même temps, l'exceptionnel talent du jeune Gould fut mis à contribution dans les circonstances que l'étonnante histoire de Richard Kostelanetz rapporte :

« A onze ans, pendant la guerre, il fut organiste dans une église anglicane locale ; mais comme il manquait son entrée presque chaque fois que l'assemblée chantait, ses impairs pro-

* *Monsieur Croche*, Gallimard, p. 50.

duisaient de fâcheux contretemps qui provoquèrent rapidement son renvoi. »

Il s'agissait de l'église Saint-Simon à Toronto. Gould n'y fut
pas organiste appointé ou salarié mais il assistait de façon non
officielle l'organiste titulaire, Eric Lewis.

Je soupçonne Gould d'avoir rencontré quelque difficulté
avec le chant anglican, comme c'est le cas pour tout organiste
qui n'a pas été formé dans cette tradition ; il se peut bien aussi
que son pied ait glissé et fait gronder en touchant le pédalier
une note intempestive juste au moment où était proférée la
parole divine.

Ses débuts à l'orgue de l'Eaton Auditorium le 12 décembre
1945 ont déjà été évoqués. Mis à part quelques récitals précédant le service religieux dans des églises de Toronto, ce fut la
seule apparition publique de Gould organiste. Dans le numéro
de mars 1962 de *High Fidelity Magazine*, Roland Gelatt le
cite : *il n'avait*, dit-il, *pas donné de récital d'orgue en quinze
ans, et avait fort envie d'enregistrer à l'orgue pour la CBS.*

Selon la publicité du disque de l'*Art de la Fugue* (Fugues
1-9), il aurait déclaré n'avoir pas touché un orgue depuis son
enfance, mais ce n'est pas tout à fait exact — comme le prouve
la superbe photographie de Paul Rockett parue le 28 avril 1956
dans le *Maclean's Magazine :* Glenn Gould est à l'orgue du
Concert Hall, au Royal Conservatory de Toronto, avec casquette, écharpe, mitaines, pardessus, etc., jouant et dirigeant,
debout, bouche ouverte en pleine action.

Dans une interview radiodiffusée en 1959, *At home with
Glenn Gould*, il a souligné la valeur de ses expériences
d'enfance à l'orgue :

« *L'orgue a eu une influence prépondérante non seulement
sur mes goûts ultérieurs pour le répertoire, mais il a également,
je crois, exercé une influence physique sur ma manière de jouer
au piano. Ce fut une formation d'une valeur inestimable. Je
crois que c'est quelque chose dont beaucoup de gens pourraient*

tirer parti. Je jouais de l'orgue à neuf ou dix ans, et principalement Bach et Haendel. C'est en réalité par l'orgue que j'ai commencé à m'intéresser à ces compositeurs, ce qui fut par la suite simplement transféré au piano [...].

En même temps que l'orgue, je travaillais le piano et tentais de concilier tout cela avec la scolarité, ce qui n'allait pas sans difficulté. Quelque chose devait finir par être sacrifié, et ce fut l'orgue qui fut sacrifié. Mais si brève qu'ait été cette expérience, certains aspects du jeu à l'orgue — les aspects physiques — m'ont fortement marqué. J'ai appris que, quand on jouait Bach, la seule manière d'établir une phrase, un sujet ou toute espèce de motif, était de ne pas faire ce qu'on ferait avec du Chopin — par exemple, essayer de faire un crescendo en plein milieu de phrase — mais de les établir au contraire par une respiration et des paliers d'ordre rythmique. Il fallait avoir une approche entièrement différente, quelque chose qui fasse que l'action toute entière soit littéralement suspendue au bout des doigts, quelque chose qui aille presque jusqu'à reproduire cette sorte de respiration sifflante et merveilleuse des vieilles orgues. Par voie de conséquence, l'expression s'obtenait ainsi, sans pratiquement aucun des effets de liaison, de fondu — pour ne pas parler des effets de pédales —, avec lesquels on joue si souvent Bach au piano. Et en vérité, je sens que je suis redevable de tout cela au fait d'avoir de bonne heure joué de l'orgue. »

Dans la même interview, Gould remarque que la voix de pédale dans la musique d'orgue lui a donné un sentiment d'espace qui ne peut être obtenu qu'en jouant de l'orgue. Dans un article sur Richard Strauss publié en 1962, Gould note qu'« *on pourrait presque croire que Strauss concevait la partie des violoncelles et des basses (à la façon dont un organiste se sert du pédalier) avec les pieds* [11]. »

Cette expression « avec les pieds » est pour nous du plus grand intérêt car elle évoque une attitude empirique plus qu'idéaliste. Il y a pas mal de remarques faites par Gould à propos des instruments, et de l'orgue en particulier, qui sont fortement teintées d'empirisme dans leurs présupposés : l'orgue lui donne un *sentiment d'espace*, une *conscience particulière de la basse*, et, selon lui, la *tendance à laisser le bout des doigts effectuer le travail*. Dans cette façon de penser la musique, ce sont les éléments tactiles qui viennent imposer leur loi aux images mentales, et non l'inverse, comme dans l'idéalisme. L'instrument est à la source de l'idée que Gould exprime dans sa manière de jouer et de composer. Il est probable que tous les musiciens, quand ils sont confrontés aux exigences et aux limites des instruments pour faire de la musique, sont des empiristes. L'idéaliste est au summun de lui-même lorsqu'il se situe dans le domaine abstrait de la théorie de la musique, ou quand il travaille à une partition non encore instrumentée.

Dans sa maturité artistique, Glenn Gould n'a eu qu'une seule rencontre importante avec l'orgue, quand il enregistra les neuf premières fugues de l'*Art de la Fugue* de Bach. La plus grande partie du disque fut enregistrée à l'orgue de l'église anglicane de la Toussaint à Toronto : cet orgue, alors considéré comme d'avant-garde, avait été installé par Casavant Frères dans le courant de l'année 1960. C'était un superbe ouvrage dans le style néo-baroque d'Amérique du Nord, avec de nombreux jeux à timbre aigu et un pédalier très différencié. Les paroissiens étaient restés perplexes face à cet instrument coûteux qui sonnait si bizarrement. Les organistes de Toronto avaient à son sujet des opinions vigoureusement tranchées qui n'étaient pas toujours en sa faveur. Comme les organistes ne sont pas gens à garder pour eux leurs opinions, Glenn Gould eut bientôt vent de ce qui se colportait : il rendit visite à l'instrument et décida de faire des disques avec lui.

En janvier 1962, la Columbia envoya à Toronto une équipe et le matériel nécessaire à l'enregistrement des neuf Fugues par Glenn Gould ; le disque sortit trois mois plus tard. Selon la notice d'accompagnement, il était présenté comme étant le Volume I, ce qui laissait supposer qu'un Volume II suivrait en temps voulu. La notice signalait que les neuf Fugues avaient été enregistrées à l'église de la Toussaint, ce qui n'était pas absolument exact. Gould et l'équipe d'enregistrement quittèrent Toronto sans avoir terminé le travail, et l'une au moins des neuf Fugues fut enregistrée dans la chapelle de l'Institut Théologique de New York City. Gould aimait à défier quiconque de lui dire quelles fugues furent enregistrées dans quelle église. Les Fugues 5, 6, et 9 présentent un *si bémol* de jeu de flûte au ténor qui est carrément faux, mais je n'ai trouvé aucun indice sérieux qui permette de garantir la bonne réponse à l'énigme proposée par Gould. Les deux orgues disposaient de ressources sonores également variées ; les ingénieurs du son ajoutent ou retranchent à loisir des différences de timbre. Ce genre de devinette n'a pas grand sens et vient simplement corroborer la doctrine de Gould selon laquelle les temps et lieux de l'enregistrement n'ont pas à entrer en ligne de compte pour le résultat final.

Le disque fut assez fraîchement accueilli par la critique. A tel point que même ses interprétations de Mozart les plus inattendues n'ont pas obtenu une presse aussi mauvaise que lui. Les principaux reproches ? Le jeu de Gould était trop fort, trop rapide, trop heurté et, par-dessus tout, l'équilibre contrapuntique des voix était confus [12]. Aujourd'hui, seul demeure ce témoignage de Gould à l'orgue, alors qu'il a joué quelques-unes des dernières fugues de l'*Art de la Fugue* pour la radio canadienne, au piano et de façon merveilleuse *. Glenn Gould qui, en 1962, déclarait qu'il aimerait enregistrer les *Sonates pour orgue* de Mendelssohn et qu'il avait l'intention de faire au moins un disque d'orgue chaque année [13], n'a depuis rien produit de tel. Ce qui est éminemment regrettable.

Que s'est-il donc passé ? Nous pouvons supposer que Gould n'avait rien fait de systématique à l'orgue entre son récital à l'Eaton Auditorium et les séances d'enregistrement à l'église

---

* Le second des trois films consacrés à Bach en 1981 et intitulé *Un art de la fugue* montre Glenn Gould, au piano, jouant et analysant un certain nombre d'œuvres — en particulier les Fugues 2, 4 et 15 de l'*Art de la Fugue* de J.S. Bach. — Cf. *Filmographie*. (N.d.T.).

de la Toussaint. Il ne s'était *pas spécialement entraîné pour ces séances*, dit-il, et *le choix de [ses] registrations avait été quasiment improvisé au fur et à mesure.* Il acquiesça à la remarque d'un journaliste qui trouvait qu'il traitait l'orgue comme s'il s'était agi d'un piano, allant « ... à contre-courant des caractères dominants propres au tempérament de chaque instrument [14]. »

La « registration » est, dans la langue des organistes, l'art de choisir les jeux (ou registres) aux différents claviers de l'instrument. La qualité du son et son intensité ne varient pas en fonction du toucher, comme au piano, mais en ajoutant ou en retranchant tel ou tel jeu, ainsi qu'en utilisant d'autres procédés mécaniques, dont l'un présente ici un intérêt tout particulier : l'emploi du coupleur d'octaves, qui peut en effet y être pour quelque chose dans la confusion que déploraient certains critiques. Le manque de clarté contrapuntique est la dernière chose qu'on s'attend à trouver dans un enregistrement de Bach par Glenn Gould mais, dans ce cas précis, la récrimination peut à la rigueur se justifier.

C'est d'autant plus surprenant que cet orgue était alors, en ces temps et lieux, d'une clarté et d'une brillance uniques ; ces qualités avaient d'emblée fortement contribué à attirer Gould en l'église de la Toussaint. Aucune dépense n'avait été épargnée pour assurer ce qu'on pensait être la conception baroque d'un orgue destiné à la musique contrapuntique.

La brillance à l'orgue peut s'obtenir par l'ajout de jeux qui font entendre les notes effectivement jouées à l'octave ou à d'autres intervalles harmoniques supérieurs — ce qui a pour effet d'accroître la clarté contrapuntique. Mais il est aussi une sorte de brillance qu'on peut produire en jouant du coupleur de super-octave, cette fois au grand détriment de la clarté, car les voix intermédiaires se perdent la plupart du temps au milieu des duplications mécaniques d'octaves imposées par le coupleur.

Selon toute probabilité, Gould ignorait la remarquable capacité de cet instrument à produire simultanément brillance

173

et clarté du contrepoint ; il n'a guère pensé, semble-t-il, à la manière qu'avaient les organistes baroques d'obtenir de telles sonorités en se fondant sur les combinaisons simples et nettes des jeux de flûte (8') et de principal (4') — dont ce seul instrument pouvait offrir plus d'une douzaine de permutations.

Qu'on veuille bien me permettre de formuler une hypothèse sur ce qui a pu se passer.

A cet effet, opérons un retour en arrière, jusqu'à l'époque où, âgé de dix ans, Glenn Gould écoutait à la radio, le dimanche matin, E. Power Biggs qui jouait Bach sur ce modeste précurseur du Néo-Baroque en Amérique du Nord qu'était l'orgue dont disposait l'Institut d'Études Germaniques de l'Université de Harvard [15]. Le lendemain de ces rencontres hebdomadaires, il se retrouvait à jouer sur l'un des instruments du Royal Conservatory, qui ne permettait pas de reproduire la clarté contrapuntique de l'orgue sur lequel jouait Biggs. Mais en utilisant les coupleurs super-octave, il avait la possibilité de parvenir à ce type de brillance.

Les organistes ont tous fait cette sorte de chose sur les orgues alors disponibles. Il se peut que ce soit Frederick Silvester qui ait initié Gould à ce moyen d'obtenir une sonorité « baroque » sur un instrument qui ne l'était pas. Mon hypothèse est qu'une telle pratique des coupleurs super-octave a laissé son empreinte chez Gould, et qu'elle l'a fourvoyé, dix-neuf ans plus tard, quand il a utilisé un orgue en qui, s'il s'était inquiété de le rechercher, il aurait pu trouver un amalgame de brillance et de clarté tel que Biggs, en 1942, n'aurait pas même osé le rêver. Durant ce laps de temps, le monde de l'orgue avait beaucoup évolué.

Qu'il n'ait pas continué à jouer de l'orgue apparaît tout spécialement dans le peu d'emploi qu'il fait du pédalier : il ne l'utilise dans aucune des Fugues 1, 4 et 5 ; non plus probablement que dans la Fugue 3, mais je n'en mettrais pas ma main au feu. Dans la Fugue 8, il ne s'en sert que vers la fin pour souligner discrètement la basse.

Il n'y a rien à dire contre sa décision de ne pas utiliser le pédalier dans ces fugues qui, ensemble, occupent plus de la moitié du disque. Mais pour celles qui restent, nous attendons vainement que se manifeste quelque signe qui annonce un plan ou une stratégie à propos du pédalier. On ne trouve pas un seul cas d'usage du pédalier qui marquerait l'entrée dans la fugue de la « basse réelle [16] » ; la structure s'en trouve affaiblie d'autant, ce qui est curieux de la part d'un artiste préoccupé par l'ossature de la musique, comme Gould prétend l'être et l'est effectivement dans ses enregistrements au piano.

On peut se demander quelle était ici la décision à prendre : Bach n'indiquait-il pas, pour sa musique d'orgue, ce qui devait être joué aux manuels, ce qui devait l'être au pédalier ? La réponse est positive : il avait l'habitude de le faire, et quand il ne le faisait pas, les conventions existent, qui laissent peu de doute sur la question. Mais justement, cette musique, l'*Art de la Fugue,* n'est pas une musique d'orgue. Elle n'appartient pas au corpus des œuvres de Bach destinées à l'orgue. Ce corpus comprend ses Préludes de choral, ses Variations, Toccatas et Fantaisies, et des Fugues nommément désignées par lui pour être jouées à l'orgue — un énorme répertoire. Mais l'*Art de la Fugue* appartient quant à lui aux œuvres de Bach dites « didactiques ». Avec cette catégorie, Bach, maître suprême de tous les musiciens, montre ce qu'une prodigieuse intelligence contrapuntique parvient à créer, en se pliant au minimum de contraintes qu'exigences et limites physiques de l'instrument sont susceptibles d'imposer — sans toujours se soucier de savoir si ces œuvres sont jouables ou non [17].

Si l'on avait eu, à la Colombia, l'intention d'exposer Gould en tant que maître organiste comme ses enregistrements avaient déjà fait de lui un maître pianiste, ce sont des œuvres comme la *Toccata et Fugue en ré mineur,* la *Fantaisie et Fugue en sol mineur,* la *Toccata en fa majeur* ou la *« Petite » Fugue en sol mineur* (jouée à l'Eaton Auditorium en 1945) qu'il aurait enregistrées. Ce sont là des œuvres pour orgue, et il en était bien d'autres du même genre qu'il était possible de choisir.

Mais l'album de Gould, l'*Art de la Fugue,* n'a rien à voir

avec un article de vitrine : c'est une série d'essais — un essai sur chacune des neuf premières Fugues, sous la forme chacun d'une interprétation chargée d'originalité et de révélation. Comme tout enregistrement de Gould, c'est une mine de vues inédites et de perspectives nouvelles. Il y dépasse en exubérance presque n'importe lequel de ses autres enregistrements. Usant à plein de toutes les ressources de la « Nouvelle Philosophie », avec une fièvre pleine d'allégresse, il analyse et dissèque ces Fugues, nous invitant à le suivre pour en approcher au plus près.

Ses différentes rencontres avec le clavecin n'ont, à ma connaissance, suscité chez Gould que bien peu de commentaires. Son seul enregistrement sur cet instrument est celui des quatre premières *Suites* de Haendel, qui fut effectué entre mars et mai 1972, et achevé en octobre de la même année. Mis à part ce disque et quelques rares et courts moments à la radio ou à la télévision, il a peu pratiqué le clavecin ; il n'a jamais eu avec lui la même intimité que celle qu'il a toute sa vie connue avec le piano, ou avec l'orgue entre neuf et treize ans. Il a cependant déclaré :

« J'aime la sonorité du clavecin et les effets qu'on peut obtenir de lui, mais il affecte mon jeu au piano. Passer d'un instrument à l'autre est une chose qui perturbe énormément [18]. *»*

La différence fondamentale pour le toucher vient du fait que, dans le cas du piano, la corde est librement frappée par un marteau, et qu'elle est pincée par un bec dans celui du clavecin. Le disque et les émissions de Gould au clavecin confirment qu'il ne s'en accommode pas : il actionne les touches en les enfonçant à fond. Un claveciniste cesse de faire pression sur la touche au moment où la corde est pincée, ce qui se produit avant que la touche ne soit complètement enfoncée ; dans un passage rapide, il ne va qu'à peine au fond du clavier.

Un autre problème tactile est lié à la largeur des touches, ce qui a toujours été pour Gould un point délicat : la plupart des clavecins sont pourvus de touches plus étroites que celles des pianos à queue standard [19].

« Je ne possède et n'ai jamais possédé de clavecin, et il n'existe au monde qu'un seul clavecin dont je puisse jouer (il fait jeter les hauts cris à tous les fanatiques du clavecin), le Wittmayer, pour la simple raison que ses caractéristiques tactiles, et en particulier la largeur de ses touches, sont les plus proches du piano qu'on puisse trouver. D'ailleurs, je l'adore ; le Wittmayer que j'utilise appartient à un maître de chœurs de Toronto qui le possède pour son propre plaisir. Il a la taille d'un piano quart de queue (un instrument d'environ un mètre soixante-quinze) ; il lui manque un certain nombre d'agréments, tel un jeu de luth, que j'aime tout particulièrement et que se doit de posséder tout clavecin qui se respecte [20]. »

Il n'est qu'une seule personne qui ait eu au clavecin quelque influence sur Gould durant sa jeunesse, Wanda Landowska ; influence qui fut largement négative :

« ...Je connaissais dès mon enfance la plupart des disques de Landowska, mais je ne crois pas les avoir réécoutés depuis l'âge de quinze ans ; quant à Edwin Fischer, je ne le connais carrément pas. Et même, quand j'étais adolescent, les disques de Rosalyn Tureck m'étaient beaucoup plus familiers que ceux de Landowska ou ceux d'artistes possédant un jeu de ce style.
En fait, je n'ai jamais vraiment aimé la manière de jouer de Landowska, alors que j'aimais celle de Tureck. Tureck a eu une influence sur moi [21]. »

Lors de son interview de Glenn Gould, Jonathan Cott lui fit cette remarque :

« Je constate que dans ces enregistrements [il s'agit des disques d'orgue et de clavecin] vous semblez aller à l'encontre des caractères dominants de chacun de ces instruments. Au clavecin, par exemple, où l'on ne peut guère obtenir les qualités — qui sont celles du piano — de phrasé et de legato soutenu, on dirait que vous êtes précisément à la recherche de ces qualités. Au piano, à l'inverse, vous recherchez une immédiateté d'attaque qu'on obtient plus facilement sur un clavecin. Et à l'orgue, vous donnez un sentiment de bondissement, ce qui serait plus conforme à la fois au piano et au clavecin. »

Réponse de Gould :

« Oui, vous avez tout à fait raison. Il s'agit là d'un essai d'hybridation à mon avis très fécond. Je vais pourtant vous confier un secret en ce qui concerne mes disques d'orgue et de clavecin : je les ai faits sans avoir travaillé la moindre minute à ces instruments. Pour l'un comme pour l'autre, ma préparation s'est exclusivement déroulée au piano [...]. En tout état de cause, j'ai imaginé chaque registration au fur et à mesure que j'enregistrais. J'ai opéré de la même manière pour le disque d'orgue, encore que mon expérience de cet instrument ait été sensiblement plus vaste, puisque je jouais à l'orgue étant enfant. Mais je n'en avais plus joué depuis et là encore, j'ai décidé de la registration au dernier moment. »

Le « secret » de Gould est particulièrement digne d'attention : toute sa préparation à l'orgue et au clavecin se fit au piano. Il ne recherche nullement les « caractères dominants » de chacun de ces instruments, mais leur impose celles du piano.

Gould poursuit :

« Tout cela fait partie du même syndrome dont j'ai parlé par ailleurs au sujet de la direction d'orchestre. Il y a un facteur d'anticipation dans la direction. Dans le cas du clavecin, on a

*bien sûr affaire à une série de problèmes tactiles qui réclament
une solution plus ou moins immédiate, alors que lorsqu'on
dirige, les problèmes tactiles se situent en un sens dans l'imaginaire, et les solutions sont différées — mais il existe néanmoins d'incontestables points communs. Il est par exemple
facile d'obtenir au clavecin cette sorte de détaché sec et pointil-
liste que j'ai toujours tenté de réaliser avec plus ou moins de
bonheur au piano.*

*D'un autre côté, quand on parvient à le réaliser, on ne peut
l'influencer sur le plan dynamique et l'on se trouve, si l'on peut
dire, livré à la merci de l'oreille qui est parfois susceptible de
déchiffrer des implications dynamiques dans des altérations du
rythme. C'est là qu'apparaît une autre série de problèmes parce
que, au clavecin, vous avez le choix entre un rythme inexorable et son contraire, qui est un rubato infini, soit un monde
sonore qui ne s'appuie jamais réellement sur la barre de
mesure.*

*J'étais bien déterminé à trouver une solution à ce problème.
Et je me suis dit que la meilleure solution serait de faire comme
si je ne jouais pas du tout sur un clavecin* [22]. »

Telle est la troisième des manœuvres d'illusion pour se dire
à soi-même qu'une chose n'est pas ce qu'elle est : la première,
le public n'est pas là pour de vrai ; la seconde, le piano de
Tel-Aviv est en réalité le Chickering ; la troisième, le clavecin
Wittmayer est le Steinway personnel de Glenn Gould.

Gould n'est pas le seul musicien à pratiquer de la sorte. Tout
interprète se laisse bercer par ce genre d'illusion. C'est elle qui
lui souffle, sous sa forme la plus innocente : « Je suis assez fort
pour faire cette chose devant ces gens » ou bien : « Je vais ce
soir interpréter cette œuvre mieux que je ne l'ai jamais fait ».
Bien sûr, il y a en l'interprète quelque chose qui sait, quelque
chose de soigneusement réprimé, et pas toujours avec succès,
quelque chose qui sait qu'il est en plein trucage. Sans cette
autosuggestion, il ne resterait pas interprète une seconde de
plus. Jouer un rôle, y compris le rôle de quelqu'un d'assez fort

pour venir jouer un rôle sur une scène, n'est pas le privilège exclusif de l'acteur.

Aucune objection à ce que Gould simule que le clavecin n'est pas un clavecin mais un piano ; c'est une décision artistique qui lui revient, à lui en tant qu'artiste. Mais on pourrait trouver à redire si (se désolidarisant de la promotion faite par CBS) il faisait semblant d'être un claveciniste pour le disque de Haendel ou un organiste pour celui de Bach. Or, il ne fait semblant d'être ni l'un ni l'autre. Dans les deux cas, un pianiste merveilleux a décidé de se divertir en une escapade, de faire une excursion, de prendre quelque vacance de son piano, mais tout en gardant pour demeure, indéfectiblement, le piano. Il est, sur son piano, capable de réaliser pratiquement tous les types d'articulation qu'il désire, y compris d'imiter le clavecin ou l'orgue. Au clavecin ou à l'orgue, il regarde, écoute, sent et pense au-delà des perceptions tactiles du présent pour atteindre aux perceptions tactiles de son propre piano, dans l'imaginaire, comme à Tel-Aviv.

En 1961-1962, Gould fit une étrange et brève rencontre avec un instrument nommé, par lui et par ses facteurs, le « piano-clavecin ». Il ne mérite guère plus qu'une mention en passant, dans la mesure où il ne semble pas avoir eu chez Gould d'impact durable sur sa manière de concevoir les problèmes tactiles. Roland Gelatt l'a décrit comme « ... un instrument imaginé par les techniciens de chez Steinway pour combiner le timbre du clavecin et le volume du piano [23]. »

John Beckwith le traitait « d'affreux bâtard gouldien » et en donnait une description plus circonstanciée que Gelatt :

« C'est un petit Steinway avec des lames d'acier en T dans les marteaux, afin d'imiter le cliquetis, le moins intéressant des attributs de son cousin magnifique, le clavecin... Le piano-toc est un simple compromis, qui ne présente pas d'intérêt particulier [24]. »

Gelatt dit que Gould « caressait l'idée » d'enregistrer le *Clavier bien tempéré* sur le piano-clavecin. Par chance, cet engouement ne fit pas long feu, et le piano-clavecin n'est rien de plus qu'une vague parenthèse dans la quête de Gould pour rencontrer un instrument qui, pour produire les sons qu'il entend dans son imagination, dispose de possibilités tactiles qui lui permettent de restituer ces sons avec une absolue similitude, qui soient, si l'on peut dire *« assimilarisables »* *. La notion est gouldienne et nous y reviendrons bientôt.

Venons-en maintenant aux pianos de Gould et aux relations qu'il entretint avec eux. Il aurait bien aimé que nous croyions à son indifférence à leur égard, mais il est bien difficile de souscrire à cela car, que ça lui ait plu ou non, c'est en tant que pianiste qu'il apparaît aux yeux de la majorité des gens.

Il a écrit à profusion sur un certain nombre de pianos, et particulièrement sur deux d'entre eux, le Chickering 1895 et le Steinway CD318, qu'il a possédés. Le Chickering était à demeure dans son appartement de Toronto ; le CD318 a longtemps séjourné à l'Eaton Auditorium, où il servait exclusivement aux séances d'enregistrement de Gould, et d'où il déménageait à l'occasion jusqu'aux studios de la Radio-Télévision Canadienne (CBC) pour les enregistrements vidéo. D'autres pianos effectuèrent des allées et venues, mais c'est sur ces deux-là qu'il dispense le plus de détails. Ainsi, du Chickering :

« Je découvris que certains instruments possédaient pour moi une sorte de nécessité primordiale, certains instruments à la mesure desquels j'avais tendance à jauger tous les autres.

---

* Le néologisme propre à Gould est *« assimilatable »*, du verbe *to assimilate*. *« Assimilable »* est bilingue, possédant dans les deux langues le sens de « qui peut être assimilé ». Le mot créé par Gould semble évoquer l'idée à la fois passive et active, d'« être capable de s'assimiler », au point d'« être rendu *similaire* jusqu'à l'identité ». (N.d.T.)

181

J'avais, à cette époque (vers le milieu des années 50), un instrument extraordinaire, qui avait été construit en 1895, dans la ville de Boston, par la Compagnie Chickering. Il possédait précisément cette qualité — l'immédiateté tactile — que les pianos, selon ma conviction de toujours, se doivent de posséder, mais c'était un instrument fin-de-siècle, pourvu de toutes les particularités sonores qui sont liées à cette époque — y compris les négatives. Et quand je me mis en quête d'un instrument plus moderne, plus adapté au concert, je résolus de faire tout ce qu'il faudrait pour qu'il dispose de caractères analogues. Du temps où je foulais les planches et effectuais des tournées, [...] c'était réellement la croix et la bannière quand il m'arrivait de tomber sur un piano trop différent. Et c'était parfois le cas, tant certaines caractéristiques de la mécanique se révélaient justement inassimilarisables à celles du piano qui me servait de référence et qui fondait mon jugement [25]. »

Pour son aspect extérieur, le Chickering est décrit par Gould comme l'un des derniers pianos classiques construits en Amérique :

« ... classique en ce sens qu'il était doté d'une lyre qui aurait pu servir d'illustration à la couverture de vieilles éditions du siècle dernier — et de pieds courts et arrondis à rainures très décorées. Ce piano était le prototype de celui que j'utilise à présent pour mes enregistrements (le CD318) et de celui que j'ai à la maison, en ce que j'y ai découvert un type de profondeur de toucher qu'il était impossible de transférer sur un Steinway sans de considérables modifications.

J'ai ainsi fait modifier la mécanique des deux pianos que je possède selon le modèle que représentait pour moi ce vieux Chickering fin-de-siècle [26]. »

C'est presque avec de la vénération qu'il parle de cet instrument :

« *C'est un piano qui ne ressemble à pratiquement aucun autre au monde, un piano extrêmement disponible, avec une immédiateté tactile presque comme celle d'un clavecin. Il me donne la sensation d'être pour ainsi dire au contact des cordes, et de totalement contrôler chaque chose — contrairement aux pianos modernes qui semblent pourvus d'une direction assistée — ce sont eux qui vous mènent, et non l'inverse* [27]. »

Le Chickering peut bien représenter pour Gould son rêve de perfection, mais pour tous les techniciens qui ont travaillé pour lui sur un Steinway, ce fut un véritable cauchemar de s'efforcer d'adapter la mécanique au souvenir que Gould gardait du Chickering. (On peut voir et entendre Gould à son Chickering dans le film *Glenn Gould : Off the Record*).

En 1964, Gould publia un texte au sujet du Steinway CD318 sur la pochette de son disque des *Inventions à deux et trois voix* de Jean-Sébastien Bach :

« *L'instrument qu'on peut entendre sur ce disque est un Steinway d'avant la Seconde Guerre mondiale, immatriculé CD318, pour lequel j'éprouve une dévotion plus grande que pour n'importe quel autre piano qu'il me soit arrivé de rencontrer. Il est, depuis quelques années, exclusivement réservé aux séances d'enregistrement à la Columbia — ce qui ne représente pas, pour les fabricants, un aussi grand sacrifice qu'on pourrait l'imaginer, car personne d'autre n'a jamais manifesté le moindre intérêt pour lui. C'est d'ailleurs ce qui m'a permis de procéder à quelques expériences assez radicales en ce qui concerne la mécanique de ce piano — d'essayer, en fait, de créer un instrument destiné au répertoire baroque, qui puisse associer aux indéniables ressources du piano moderne quelque chose de la clarté et du bonheur tactile du clavecin. Pour ce qui est des séances où nous avions affaire à un répertoire plus récent ou plus conventionnel, nous ne procédions à aucune intervention spéciale sur cet instrument, mais avant chacune des séances Bach de ces dernières années, CD318 fut soumis à une chirurgie lourde. Le réglage de données mécaniques aussi essentielles que la distance du marteau à la corde, que l'« après-toucher », etc., a été minutieusement reconsidéré, conformément à mon intime conviction qu'un piano n'a aucune raison de se sentir obligé à toujours sonner comme un piano.*

Le brave vieux 318, s'il était en ce sens affranchi de sa tendance naturelle, pouvait probablement se laisser persuader de nous donner un son d'une immédiateté et d'une clarté telles, qu'on pourrait allègrement parvenir à cette absence de legato si essentielle à Bach. A mon avis, le présent disque est tout près d'atteindre cet objectif. L'opération, qui se déroula juste avant les séances consacrées aux Inventions, *réussit si parfaitement que nous nous plongeâmes avec délices dans l'enregistrement sans laisser au vieux 318 le temps d'effectuer comme à l'ordinaire sa convalescence post-opératoire.*

En conséquence, notre enthousiasme pour le son assez extraordinaire qu'il possédait désormais nous fit minimiser l'unique et infime séquelle qui l'affectait — un léger tic nerveux au milieu du clavier qui, dans les passages les plus lents, ressemblait à une espèce de hoquet — et nous incita à poursuivre les séances sans nous arrêter pour corriger ce défaut. Je dois confesser que, pour m'y être quelque peu accoutumé, je trouve maintenant cette charmante idiosyncrasie tout à fait digne du remarquable instrument qui en est l'auteur.

Je pourrais même aller jusqu'à rationaliser la chose en la comparant à cette propension qu'a le clavecin de produire à chaque note un vibrato interne.

Cependant, dans notre meilleur des mondes possibles, l'espoir nous est peut-être permis de parvenir à conserver le son actuel tout en atténuant l'effet secondaire du hoquet ; aussi, comme le conseille à l'occasion la diapo qui passe à la télévision quand l'image et le son s'en vont chacun de leur côté : « Restez à l'écoute : réglage en cours ».

Gould fit un premier essai d'enregistrement des *Inventions à deux et trois voix* au cours du dernier trimestre 1963. Il ne mena pas le projet à terme, le délaissa une dizaine de semaines puis y revint en mars 1964 ; il reprit alors l'ensemble, et la totalité des *Inventions* fut enregistrée en deux jours ; c'est cette dernière version qui figure sur le disque. Peut-être la première tentative fut-elle abandonnée parce qu'il n'était pas satisfait des performances tactiles du piano, qui ne lui permettaient pas d'arriver à ses fins ; les dix semaines se passèrent à bricoler le piano pour tenter d'y mettre ce qu'il souhaitait y trouver. On peut imaginer la tension chez Steinway and Sons, car les idées de Gould sur *" l'immédiateté et la clarté "* sont pour le moins non-conformistes. Quand, dix semaines plus tard, Gould jugea que son piano était allé aussi loin qu'il lui était possible d'aller conformément à ses vœux, il retourna avec lui au studio pour ces deux jours qui durent être de fièvre.

Chez Steinway et chez Columbia, on n'était peut-être pas tellement enchanté des caractéristiques nouvelles du piano qui plaisaient justement le plus à Gould, d'où l'étrange apologie qu'il réserva à la pochette de son disque.

Les réglages dont il parle laissèrent à l'instrument une tendance à grelotter et à tressauter sur certaines notes plus que sur d'autres ; le son est inégal d'une note à l'autre. Ces propriétés aberrantes rappellent l'allusion de Gould à *« cette sorte de hoquet sifflant et merveilleux des vieilles orgues »*.

En modifiant son instrument pour qu'il sonne aussi peu que possible comme un piano, c'est presque comme si Gould invitait à s'élever au-dessus des contingences physiques propres aux pianos. Dans son disque des *Inventions*, ce qu'il a réussi à obtenir n'est pas le son d'un piano qui ne serait pas un piano, mais d'un piano mutilé. Ce dont on s'émerveillera le plus, c'est que le jeu de Gould soit sur ce disque si plein de lumière et d'attrait. C'est comme s'il avait délibérément fait tout ce qu'il fallait pour se rendre les choses aussi difficiles que possible, pour pouvoir surmonter les obstacles mécaniques et tactiles qu'il s'était créés à lui-même.

Les origines de CD318 peuvent être grosso modo retracées. Le piano arriva à Toronto en septembre 1945 de chez Steinway and Sons en provenance de New York, et c'est alors que Gould fit sa découverte. Il était entreposé au département de piano de l'Eaton Company. Durant plusieurs années, le piano circula à travers le pays à la disposition des pianistes qui avaient un contrat pour leurs concerts avec Steinway. C'est une rude épreuve pour un piano.

Vers 1960, Gould s'intéressa sérieusement à CD318. Une première ébauche de ce qu'il aimait à trouver sur un piano pour la musique baroque avait été faite avec la mécanique de l'instrument, et il voyagea avec lui durant les trois ou quatre dernières années de sa carrière de concertiste. Il avait des problèmes avec l'Office des Douanes Canadiennes chaque fois qu'il rentrait à Toronto après avoir joué aux États-Unis. Comme le piano était légalement la propriété de Steinway, les Douanes réclamaient des droits d'entrée pour le laisser passer. Gould finit par l'acheter pour mettre fin à cette absurdité. En 1968, un journaliste s'enquit de CD318 auprès de Gould, déclarant qu'il lui trouvait « la mine un peu défaite et l'air déprimé ». Gould rétorqua :

« Eh bien, c'est qu'il me suit depuis assez longtemps... Il n'a pas reçu l'estampille tout à fait officielle des autorités : c'est un Steinway d'origine — cru 1938 ou 1939 — avec des améliorations que j'aime à croire substantielles, dont les premières remontent à 1960 environ. Nous avons mis à peu près sept ans à affiner certaines qualités qu'il semblait posséder de naissance, et à les pousser dans la direction qui me semblait importante si l'on se sert du piano pour explorer spécialement le répertoire baroque. Tout cela fut réalisé en pensant essentiellement à Bach.

Pendant un temps, j'ai trouvé qu'il était important d'avoir un type de piano différent pour chaque genre de musique interpré-

tée. Ce n'est plus le cas. Je l'utilise maintenant pour tout : il est mon piano pour Richard Strauss, mon piano pour Bach, mon piano pour William Byrd, le compositeur anglais de l'époque Tudor — que j'ai enregistré dernièrement avec lui pour mon plus grand bonheur. C'est un coffre à sifflets, c'est un ensemble de virginals, il est exactement tout ce que vous voulez qu'il soit. C'est un piano extraordinaire. Je crois qu'il peut aussi sonner comme un orchestre ; c'est ce que nous avons tenté de faire avec la Cinquième Symphonie *de Beethoven transcrite par Liszt. Nous l'avons jouée de façon très orchestrale, et il y a dans cet enregistrement quantité de sons opulents et pelucheux parce que nous avons voulu qu'il sonne de la sorte* [28]. »

Les derniers mots révèlent une chose : ce que voulait alors Gould, ses images mentales de sons musicaux — cette chose s'était considérablement élargie depuis les jours du Chickering d'Uptergrove.

Chapitre 7

Un poli son chantant

Glenn Gould ne nous a jamais dit ce qu'il attendait de l'incessant et fiévreux bricolage qu'il effectuait sur son piano. Il est possible qu'il ne l'ait pas su ou, plus vraisemblablement, qu'il n'ait pas voulu approfondir la question par crainte de suites millepattesques.

Il peut paraître surprenant de dire que Gould ne recherche pas la beauté du son. C'est après tout ce que cherchent la plupart des musiciens quand ils achètent un instrument. Ils jouent une note, l'écoutent et jugent si le son en est beau ou non. Mais Gould dit ne pas s'intéresser à la beauté du son en ce sens : « *Pourvu qu'un piano ait une bonne mécanique, le son n'est pas si important* [1]. » Il affirme qu'« *un poli son chantant n'est pas [son] objectif* [2] » !

On ne saurait en être surpris car il est clair que ce qui l'intéresse, c'est la structure plus que la sensation, et que la musique est pour lui davantage une activité de l'esprit qu'une agréable stimulation des sens.

Voici donc ce que je pose à titre de conjecture préliminaire et prudente : Gould cherche à réduire à son minimum l'écart entre ce qu'il pense et ce qu'il entend, entre *" la musique elle-même "*, objet de pensée pure, et les sons instrumentaux, objets de sensation. Pour y parvenir, il est en quête de trois choses : *" immédiateté tactile* [3] *"*, *" contrôle direct "*, opposé à *" direction assistée* [4] *"*, *" assimilarité* [5] *"*, toutes choses déjà

189

mentionnées précédemment, mais que nous allons maintenant examiner d'un peu plus près.

La guitare, la harpe et les cordes en pizzicati possèdent au
plus haut point ce que je crois que Gould entend par *immédiateté tactile*. Parmi les instruments à clavier, le clavecin se
place à cet égard au premier rang, en raison de sa mécanique à
cordes directement pincées [6]. L'orgue arrive bon dernier.

Il existe à l'orgue un temps de retard prononcé entre le
moment où l'on enfonce la touche et celui où le son qui provient du ou des tuyaux frappe l'oreille. Il ne fait aucun doute
que Gould l'avait remarqué dès son enfance, quand sa
grand'mère jouait de l'harmonium au salon : les orgues
d'anches sont bien connues pour être lentes et embrumées.
Plus tard, il s'adapta au temps de retard des orgues du Concert
Hall au Royal Conservatory et à l'Eaton Auditorium — qui
étaient toutes deux très lentes de par leur mécanique ainsi que
par la distance entre console et tuyaux. Ce n'est pas une adap-
tation facile ; il peut y avoir sur certaines orgues un laps de
temps d'un dixième de seconde. Dans les passages rapides,
l'organiste doit enfoncer les touches bien avant d'entendre les
notes : il doit en effet le faire avant même d'entendre l'attaque
de la précédente. Il y a une vieille plaisanterie qui raconte
comment les organistes jouent leur fugue et puis s'en vont
tranquillement s'installer dans la salle pour l'écouter. Pour peu
que l'auditorium fasse écho, il y a bien sûr en prime les notes
qui continuent à sonner longtemps après que l'organiste ait
relâché les touches.

A simplement les considérer comme des mécaniques, tous
les instruments à clavier comportent des points d'appui, des
leviers et des éléments de transmission, qui présentent des
problèmes d'inertie, de transmission, de flexibilité et d'élasti-
cité des matériaux. Et toutes les parties mobiles exigent du
temps pour accomplir leur cycle mécanique. Le temps de
retard ne peut jamais être complètement éliminé, mais il peut
être réduit par la réduction maximale de chacun des facteurs,

augmentant par là l'*" immédiateté "*. Points d'appui et éléments de transmission peuvent être par exemple aussi étroitement serrés qu'il est compatible de le faire avec la liberté de se mouvoir ; le *" détaché "*, dû à la profondeur d'enfoncement de la touche, peut être réduit. Gould procédait à de tels réglages, et les trouvait susceptibles de réduire la part d'attention qu'il devait consacrer aux caractéristiques tactiles de ses instruments.

Quant au contrôle direct, les conducteurs professionnels détestent la direction assistée parce qu'elle les empêche de vraiment ressentir l'interaction entre roues et route. Ils veulent d'une direction qui leur soit moyen de sentir la route, et non de quelque chose qui vienne s'interposer entre route et conducteur. La direction doit constituer une extension de leur propre système sensoriel. La maîtrise accomplie qu'un conducteur a de sa voiture passe par sa faculté à ressentir les pressions qui s'exercent, par l'intermédiaire de la direction, de la route à ses mains ; et toute chose qui affaiblit la netteté de ces pressions et cette faculté à les ressentir entraîne par voie de conséquence l'affaiblissement de sa maîtrise. Une sollicitation légère de la direction doit produire une réponse légère, une large sollicitation une large réponse, la rapidité doit répondre à la rapidité, la lenteur à la lenteur. La maîtrise se trouve encore affaiblie si les réponses sont disproportionnées ou insuffisantes, et la voiture donne alors l'impression de se conduire elle-même. C'est à ce genre d'impression que faisait allusion Gould en disant que le piano de Tel-Aviv disposait d'une *"* direction assistée *"*. L'humeur de sa mécanique était inégale et imprévisible.

Un philosophe, Michael Polanyi, aujourd'hui disparu, propose la meilleure approche, à ma connaissance, de ce que Gould semble vouloir signifier par *" assimilarité "* :

« Quand nous nous servons d'un marteau pour enfoncer un clou, nous prêtons attention à l'un et à l'autre mais de façon différente. Nous surveillons l'effet de nos coups sur le clou et

191

nous efforçons de tenir le marteau pour frapper le clou avec le plus d'efficacité possible. Quand nous abaissons le marteau, nous ne faisons pas attention au contact du manche avec notre paume, mais à celui de sa tête avec le clou. Cependant, en un sens, nous sommes certainement à l'affût des impressions qu'éprouvent la paume et les doigts qui tiennent le marteau. Elles nous guident pour le manier avec efficacité, et le degré d'attention que nous consacrons au clou connaît la même intensité mais s'exerce de façon différente. On peut préciser la différence en disant que les impressions ne sont pas, contrairement au clou, les objets de notre attention, mais ses instruments. Elles ne sont pas surveillées en elles-mêmes ; c'est autre chose que nous surveillons pendant que nous restons pourtant parfaitement conscients d'elles. J'ai une conscience périphérique de l'impression ressentie par la paume de ma main, elle est comme immergée dans ma conscience la plus centrale qui s'exerce sur l'acte que je fais d'enfoncer le clou. [...]

Conscience périphérique et conscience centrale s'excluent mutuellement. Si un pianiste détourne son attention du morceau qu'il joue pour la reporter sur ce qu'il est en train de faire avec ses doigts, il risque d'être troublé et peut être amené à s'arrêter. C'est ce qui nous arrive généralement quand nous transférons notre attention centrale sur des détails auxquels notre conscience n'attachait précédemment qu'un rôle subsidiaire [7]. »

L'apprentissage d'un art quelconque a pour objet le transfert de notre attention centrale appliquée au détail de la manipulation des instruments vers le résultat qu'on est censé obtenir avec ces instruments. Dans l'art de planter des clous à l'aide d'un marteau, le résultat vise un clou qu'on est en train d'enfoncer comme il doit l'être. Dans l'art de jouer du piano, le résultat est un phénomène auditif dont la cohérence ou la structure est ce que Polanyi nomme " le morceau " et que je pense être " *la musique elle-même* ". La conscience centrale se situe à un niveau plus élevé que la conscience périphérique selon Polanyi, et il est en cela d'accord avec l'idée d'Arthur Koestler et avec Glenn Gould qualifiant de *"tertiaire"* le problème tactile. Polanyi nous dit *comment* opère la hiérarchie, comment se fait la relation entre les éléments inférieurs et supérieurs : nous focalisons notre attention sur ce qui est central en la détournant de ce qui est périphérique. Dans la langue de Gould, le périphérique est représenté par tout ce qui est tactile.

« Notre conscience périphérique des outils et des sondes, poursuit Polanyi, peut à présent être considérée comme appliquée à l'acte qui consiste à faire d'eux une partie de notre propre corps. Notre manière de nous servir d'un marteau, celle dont l'aveugle se sert de sa canne, prouvent en fait, dans les deux cas, que nous nous détournons des éléments qui nous permettent d'établir le contact avec les choses que nous regardons comme extérieures à nous-mêmes. Quand nous tablons pour agir sur un outil ou sur une sonde, ils ne sont pas maniés comme s'ils étaient des objets extérieurs. Nous pouvons tester un outil pour son efficacité, une sonde pour sa capacité à explorer les détails cachés d'une cavité, mais à aucun moment l'outil ou la sonde ne peuvent se trouver dans le champ de ces opérations : ils demeurent nécessairement de notre côté, faisant en quelque sorte partie intégrante de nous-mêmes, qui effectuons l'opération. Nous faisons passer en eux quelque chose de nous, et nous les assimilons comme s'ils faisaient partie de notre propre existence. Nous les acceptons existentiellement par une sorte de phénomène d'incorporation. »

Nous pouvons alors dire que pour Gould la mécanique d'un piano est *"assimilarisable"* si elle ne requiert pas de lui qu'il porte son attention centrale à se fixer sur elle ; ou, comme le dirait Michael Polanyi, si le pianiste a la possibilité de faire passer quelque chose de soi en elle tout en s'assimilant la mécanique.

Pour qualifier ce phénomène, Polanyi a recours au concept d'" incorporation ".

On pourrait objecter que cette *" assimilarité "*, que cette " incorporation ", ne sont rien d'autre que l'effet de l'habitude : pour Gould, l'assimilation se fait par le sentiment de familiarité avec un piano donné, par son accoutumance à lui. L'objection risque d'être faible, car il convient de distinguer entre habitude active et habitude passive. L'habitude passive nous fait accepter que les choses soient et agissent dans leurs propres limites ; active, l'habitude nous pousse à assimiler ces limites, à les dépasser en les utilisant. Nous les incorporons, nous les intégrons aux niveaux les plus élevés de l'activité considérée dans sa cohérence.

Selon Michael Polanyi, c'est de cette démarche que dépend toute activité, qu'elle soit technique, d'invention ou de création.

Il semble, d'après ses enregistrements et d'après ce qu'il en dit, que Gould ait eu quelque réticence à accepter les contraintes tactiles des orgues et des clavecins, ce qui l'amenait à faire, délibérément, comme s'il était à son piano.

Pour autant que soient concernés les aspects tactiles, il n'y a presque rien de commun entre les mécaniques respectives des orgues, clavecins et pianos. Le poids du toucher n'est d'aucun effet sur le volume de l'orgue, et d'un effet très mince, s'il existe, sur le clavecin ; il s'ensuit que, pour autant que soit concerné le contrôle, ces instruments sont au moins aussi différents du piano qu'ils le sont en matière d'" *immédiateté tactile* ". Un pianiste est donc amené à détourner radicalement son attention centrale de la musique elle-même pour la diriger sur les aspects tactiles quand il passe du piano au clavecin ou à l'orgue. Ce sera vrai surtout si le pianiste n'est pas resté en rapport constant avec ces deux instruments, comme ce fut le cas de Gould.

Les effets de ce détournement radical de l'attention centrale se font sentir sur les deux disques d'orgue et de clavecin.

Sur ce dernier, comme je l'ai déjà dit, il enfonce à fond les touches — c'est toujours comme le mille-pattes, qui s'aventure prudemment en territoire inconnu...

Dans son disque d'orgue, nous n'entendons pas les bruits de la mécanique (assez perceptibles sur le disque de clavecin), mais Gould joue très staccato, comme si, plus ou moins consciemment, il détachait les notes pour faciliter quelque collure qui pourrait se révéler nécessaire en cas d'accident.

Quoi qu'il en soit, dans un cas comme dans l'autre, les mains sont sollicitées pour agir pratiquement comme si, du moins peut-on l'imaginer, l'interprète tentait de neutraliser les caractéristiques tactiles et sonores de l'instrument afin de renforcer l'illusion qu'il s'est à lui-même imposée de jouer en réalité au piano. Ce n'est bien entendu que pure conjecture ; mais si elle est juste, vient alors se poser une autre question : quel son particulier du piano Gould s'efforçait-il de substituer à ceux de l'orgue et du clavecin ? Ma réponse n'est toujours que simple conjecture : c'était le son caractéristique de la mécanique de son propre piano, une sorte de « tchink ».

C'est un son que l'on perçoit surtout sur ses enregistrements des *Inventions* de Bach et des pièces de William Byrd et d'Orlando Gibbons, mais il est à vrai dire présent sur tous ceux qu'il réalisa sur son Steinway CD318. C'est le son que ce piano ferait s'il n'avait pas de cordes — un mélange des divers bruits produits par la touche et par la mécanique. Lourde et lâche, la mécanique résorbe mieux ces bruits que si elle est légère et serrée, mais on les entend, à des degrés divers, sur tous les pianos.

Je présume donc que Gould avait un goût prononcé pour le « tchink » (le terme est de ma fabrication), et que les nombreux réglages pratiqués sur son piano eurent pour but de l'amplifier.

L'hypothèse peut paraître tirée par les cheveux, mais on sait depuis belle lurette que ce sont moins les sons tenus sur l'instrument que l'ensemble des bruits annexes émis lors de l'attaque de chaque note qui constituent les sons distinctifs qui permettent eux-mêmes d'identifier les différents types d'instruments. Le « tchink » d'un piano est l'une des multiples composantes de cet ensemble de bruits.

De simples expériences sur bande magnétique en fourniront la preuve ; en voici deux : enregistrez sur bande le son d'une note aiguë — disons le sol du haut de la clef de sol — produite par une flûte, puis par une clarinette (dont c'est la tonalité), puis par un violon, en tenant chaque note au moins cinq secondes. Coupez ensuite de la bande le début de chacune des notes produites afin que seul demeure le son tenu de la note. Faites écouter à vos amis mélomanes la bande que vous aurez recollée : ils auront le plus grand mal à identifier les différents instruments. Seconde expérience, recette analogue : enregistrez une note ou un accord joué au piano et opérez de la même façon, sectionnez le « tchink » ; ce que vous obtiendrez à l'écoute ressemblera à un diminuendo d'harmonium ou d'accordéon. Vous ne parviendrez pas à reconnaître qu'il s'agit du son d'un piano, ce qui est plutôt vexant ; mais vous aurez au moins la satisfaction d'avoir établi que le « tchink » est bien l'un des ingrédients essentiels (et distinctifs) qui caractérisent le son d'un piano.

Quand nous écoutons de la musique, le « tchink » est normalement absorbé par ce qu'on appelle l'" enveloppe sonore " de chaque note ou de chaque groupe de notes jouées simultanément ; il contribue à former l'apparence audible unique de chacune.

En revanche, quand un accordeur répète la même note sans arrêt, nous finissons par remarquer le « tchink » parce qu'il nous agace ; il est pourtant tout aussi présent quand un pianiste répète une même note lors de l'exécution d'un morceau. Or dans ce dernier cas, les notes ne sont pas perçues individuellement mais au sein d'une constellation ou sont, comme dirait Polanyi, " incorporées " dans la cohérence d'une unité plus haute qui requiert notre attention centrale, et nous ne prêtons alors guère d'attention au « tchink » ; nous en sommes pourtant implicitement conscients, mais de façon subsidiaire. De même, nous remarquons les sifflements désagréables de quelqu'un qui s'exerce à prononcer les sifflantes au cours d'une séance d'orthophonie, ou bien quand il y a un télescopage de « s » dans l'élocution d'une phrase ; mais si la même personne parle normalement, nous sommes attentifs à ce qu'elle dit et nous ne prenons pas garde au sifflement, bien qu'il soit « là » et que nous en soyons périphériquement conscients : si telle n'est pas notre attitude, nous ne pouvons comprendre le sens de ses paroles. Mais le jour où nous sommes de mauvaise humeur ou mal disposés à son égard, le sifflement revient s'imposer, et notre attention est obnubilée par ce détail périphérique de prononciation. Il en va de même avec le « tchink » des pianos.

Le « tchink » ne se contente pas d'être un bruit occasionnel qu'il faut supporter, que nous l'aimions ou non ; c'est un élément essentiel du son de toute note jouée au piano et il offre une réponse partielle au plus millepattesque de tous les problèmes inhérents au piano : celui de la relation entre le toucher du pianiste et la sonorité qu'il tire de l'instrument.

Un chanteur peut émettre une note et, tout en la tenant sans en modifier le volume, parvient de toute évidence à varier la sonorité — ne serait-ce qu'en passant d'une voyelle à une autre, d'un « a » à un « i » par exemple. Un violoniste peut lui aussi modifier la sonorité d'une note sans que varie l'intensité, en actionnant son archet sur la corde selon de multiples combinaisons (position de l'archet par rapport au chevalet, rapport entre pression et rapidité des coups d'archet, etc.). La sonorité d'un instrument à vent (bois ou cuivre) est fonction du contrôle du souffle, du choix de l'embouchure, pour s'en tenir à deux facteurs de variabilité. Autant de moyens d'agir sur la sonorité de tels instruments ; mais le pianiste ne dispose d'aucune possibilité analogue.

Les raisons sont évidentes si l'on considère la façon dont les différents musiciens sont en contact physique avec leurs instruments respectifs. L'instrument du chanteur *est* son corps ; lorsqu'on joue d'un instrument à cordes ou à vent, on le tient très près de soi, en contact direct avec le corps. Dans ces trois cas, c'est le corps même du musicien qui émet et contrôle la tenue du son *directement*.

Ce sont bien les doigts du pianiste qui sont à l'origine du son mais ce ne sont pas eux qui le tiennent à proprement parler ; de surcroît, le son est émis *indirectement* : l'action du doigt est à l'origine d'une série complexe de mouvements mécaniques, dont la résultante n'est pas au bout du compte la vibration d'une corde mais le mouvement libre d'un marteau. Quand le marteau vient à frapper la corde, il n'a de contact avec aucun élément qui ait un contact direct avec le doigt. C'est en ce sens que je dis que le pianiste émet *indirectement* le son ; une fois le son émis, le pianiste ne peut rien faire pour en modifier la qualité (sa sonorité).

Rien de ce qui précède ne peut assurément prêter à contestation. Mais les gens iront jusqu'à parier pour soutenir leurs réponses personnelles à la question suivante : le pianiste peut-il, en modifiant sa manière d'actionner la touche, produire deux ou plusieurs notes de volume égal mais de sonorité différente ?

Si l'on ne fait que considérer la façon dont l'action du doigt est transmise au marteau par la mécanique, seule une réponse négative est acceptable. Peu importe que la touche soit frappée par le doigt d'Arthur Rubinstein ou par l'embout de son parapluie : la seule variable à être contrôlée par la manière dont la touche est enfoncée est la vitesse du marteau à l'instant de frapper la corde. Il ne saurait y avoir deux ou plusieurs manières différentes de se déplacer à la même vitesse en suivant une même courbe, comme doit le faire le marteau.

La vitesse du marteau contrôle à son tour deux variables, mais il ne peut les contrôler indépendamment l'une de l'autre. Ce sont le volume et la sonorité. A un niveau de volume donné ne correspond qu'une seule et unique sonorité, et telle ou telle sonorité ne peut être obtenue que par le niveau de volume qui lui correspond précisément. Cela n'est pas applicable à la voix non plus qu'aux instruments à cordes ou à vent pour lesquels, nous l'avons vu, volume et sonorité peuvent être indépendamment contrôlés dans des conditions normales.

Un journaliste, Robert Sabin, était victime de cette confusion entre toucher et sonorité quand il écrivait, en 1963 :

« Il est aidé au plus haut point par l'étendue incomparable et l'infinie variété de son toucher. Du murmure le plus pur au *fortissimo* (dont il n'use d'ailleurs jamais pour jouer Bach sur un piano moderne) en passant par les *pianissimo, piano* et *mezzo-piano*, M. Gould a l'une des plus riches palettes sonores de tous les pianistes contemporains [8]. »

De toute évidence, ce critique voulait parler de cette " richesse de palette sonore " qui se réfère à la sonorité. Mais il se croyait obligé de parler de *pianissimo, piano*, etc. (les italiques sont siennes), ce qui renvoie au volume et non à la sonorité [9]. Il s'agit là d'une erreur courante, qui n'est pas simplement sémantique.

De tous les pianistes et professeurs de piano les plus notoires qui ont soutenu que la sonorité peut se contrôler de façon autonome par des modifications digitales du toucher, il n'y en eut guère et, à juste titre, de plus admiré pour la " beauté de sa sonorité " que Joseph Lhévinne. Il affirmait que si la touche était enfoncée par la pulpe du doigt le son serait rond et chantant, tandis que si elle l'était par le bout osseux du doigt, le son serait dur et métallique. Il ajoutait qu'un poignet raide donne une mauvaise sonorité car il ne peut absorber le choc comme le fait un poignet souple [10].

Ce sont là préceptes familiers à de nombreux pianistes. Même s'ils sont faux pris au pied de la lettre, ils ont néanmoins leur utilité pédagogique, ne fût-ce que parce qu'ils incitent l'élève à écouter ce qu'il fait quand il est à son piano. Mais Lhévinne va plus loin : il compare respectivement les parties souples et dures du bout des doigts aux embouts de feutre ou de métal des baguettes d'un xylophone ; ce n'est pas seulement une erreur, c'est une absurdité. Sur un piano, peu importe avec quoi on enfonce la touche, que ce soit dur ou mou : le même marteau frappe toujours la même corde. Le feutre et le métal produiront des bruits d'impact différents sur la touche, et ces différences seront de quelque effet sur la sonorité perçue globalement, mais pas dans le sens où l'entend Lhévinne. Pas plus que le doigt du pianiste, ils ne frapperont la corde, ni n'auront le moindre contact avec quoi que ce soit qui touche la corde quand elle est frappée par le marteau.

Pour tester la force d'un homme, il existe un jeu de foire qui consiste à frapper d'un gros maillet un levier qui déclenche l'envolée d'un palet de métal qui glisse le long d'une rampe, au sommet de laquelle se trouve un panneau surmonté d'un gong ; propulsé avec assez d'énergie, le palet doit faire résonner le gong. On connaît le cliché : s'amène un gars bien baraqué qui crache dans ses mains, ramasse le maillet, prend ostensiblement la pose et qui, cramoisi et rugissant sous l'effort, frappe le levier à l'aide du maillet et de ses forces conjugués. En supposant que le gaillard en question ait réussi à faire sonner le gong, la sonorité obtenue lui est, on s'en doute, passablement indifférente. Il a pourtant et précisément eu le même genre de contrôle sur elle que celui dont bénéficie le pianiste sur l'effet sonore d'une corde. Ni la plus accomplie des techniques pour l'un, non plus que la salive et les préparatifs corporels pour l'autre, ne peuvent assurer le contrôle de la sonorité indépendamment du volume.

Tous ceux qui ont sérieusement étudié les phénomènes sonores et auditifs sont d'accord à ce sujet. Mais pour les pianistes et leurs auditeurs, c'est absurde : ils savent bien que les pianistes contrôlent la sonorité indépendamment du volume. Un physicien américain, Julius G. Báron, nous a sauvés de l'absurde.

Comme nous l'avons vu avec nos hypothèses expérimentales sur bandes magnétiques, une note au piano n'est pas la simple composante des sons émis par la corde frappée, amplifiés par la table d'harmonie. Il faut bien sûr en tenir compte, dit Báron, mais tenir compte aussi des sons « émis par les actions conjointes des différentes parties de la mécanique du piano, ainsi que par l'impact du doigt du pianiste sur la touche et, indirectement, sur le fond du clavier ». Tous ces sons sont inclus dans ce que j'ai appelé le « tchink », et ces sons peuvent être variés sans que varie le volume. Pour illustrer cette théorie, Báron fait remarquer la différence entre les sonorités percussives et non percussives que l'on obtient soit en enfonçant la touche, soit en la frappant avec le doigt. Il affirme avec justesse qu'il est possible de jouer une note de ces deux manières en gardant un volume de même intensité. La différence de sonorité ne résidera pas dans la vibration de la corde, mais plutôt dans la façon dont le « tchink » déterminera pour nous le caractère du son de la note tout entier, de son début à sa fin. Si nous devions enregistrer sur bande deux notes à volume égal, l'une percussive et l'autre non percussive, puis éliminer de la bande les « tchink », nous ne pourrions plus les distinguer l'une de l'autre.

Ma conjecture — et l'intérêt de tout ce discours sur le « tchink » — est que Gould a une connaissance extraordinaire (peut-être inconsciente ?) de l'effet du « tchink » sur le son, et de l'utilisation artistique qu'on peut en faire. Il recherche un « tchink » particulièrement incisif qui lui permette de dessiner avec la plus grande précision les contours d'une musique hautement structurée. Il veut aussi que ses notes cessent avec clarté et rapidité, mais désire également posséder un niveau de contrôle tant sur le « tchink » que sur l'amortissement de la note, afin d'être libre de produire à l'occasion des sons *"opulents et pelucheux"*. Il veut donner une forme à l'enveloppe sonore de chaque note, qui comprend non seulement le timbre propre à la vibration de la corde, mais aussi le processus d'attaque et d'interruption du son, c'est-à-dire l'équivalent des *consonnes* avec les notes de musique prises chacune séparément.

Qu'il soit au piano ou qu'il parle, Gould contrôle ces *"consonnes"* d'une manière stupéfiante. C'est pourquoi ses interprétations, qu'elles soient extrêmement lentes ou extrêmement rapides, gardent toujours cohérence et clarté. C'est aussi ce qui explique, du moins en partie, la beauté des sonorités qu'il parvient à produire. Mais par-dessus tout, c'est ce qui explique la mouvance et l'extrême originalité de ses idées sur ce qu'il veut obtenir de son piano.

Chapitre VIII

Où tricher c'est créer

Vers les années 60, dans les milieux du journalisme et de la publicité, il était beaucoup question de Gould en tant que « philosophe de l'enregistrement ». Il ne se qualifie jamais lui-même de philosophe, mais l'expression de *nouvelle philosophie de l'enregistrement* » est bien sienne. Elle renvoie à quelque chose qu'il regardait comme l'émergence d'une attitude nouvelle en matière de musique enregistrée et non à un système ou à une découverte philosophique qui lui appartiendraient. Par la voie de nombreux articles et d'essais, il expose et explique comment les progrès technologiques devraient rendre possible le passage d'une musique qu'on enregistre à des fins d'archives au stade supérieur de l'enregistrement où technologie et techniciens participeraient activement, à part entière et de plein droit, au processus de la création.

Dans notre tradition européenne, le mode d'argumentation de la philosophie est grandement fondé sur la méthode socratique qui oppose, selon un schéma dialectique, argument et contre-argument. C'est une activité qui repose sur la discussion entre interlocuteurs. Comme Gould est un solitaire et qu'il tient à garder un contrôle complet sur tout ce qu'il fait, il ne s'inscrit pas dans cette tradition et ne manifeste aucun goût pour la dialectique : *« J'ai besoin,* dit-il, *de résilience spinale quand je suis confronté à des opinions qui ne sont pas les miennes. »*

Il est souvent irrévérencieux dans ses écrits mais il ressent plus vivement que pour ses disques l'hostilité des critiques qui peuvent en être faites [1]. A vingt-cinq ans, il déclarait à un journaliste que s'il n'avait pas été musicien, *il aurait été écrivain.* Il ajoutait qu'une part de ce désir d'être écrivain venait de ce qu'une telle occupation lui *permettrait de disposer lui-même de ses heures de travail* [2].

Il est dans ses écrits un thème philosophique récurrent, question rebattue, épineuse et diffuse : la relation entre art et moralité. Ses idées sur la question établissent Gould dans la lignée de Platon, Aristote, Kant, Schiller, Hegel, entre autres. Bien qu'il ne les cite jamais nommément, nous serions mal avisés d'en conclure qu'il ne les a pas lus. Et quand une personnalité de cette envergure artistique et morale s'exprime sur un tel sujet, les philosophes professionnels sont bien inspirés de prêter l'oreille.

Selon Gould, les artistes sont investis d'une mission morale, et l'art dispose d'un potentiel d'amélioration du genre humain qui n'a pas encore été véritablement exploité [3]. Cette amélioration n'a de chance de se produire que si les hommes modifient leur attitude à titre individuel, solitaire et privé, et non par une quelconque modification collective de l'espèce, volontaire ou non. C'est chaque être qui doit accepter *le défi de créer, en contemplatif, sa propre " divinité ".* « Divinité » renvoie ici à la part la meilleure de la nature humaine, qui est contemplative, pour Glenn Gould, par le cheminement de l'introspection et de l'extase ; la part mauvaise est celle qui s'abandonne à la pulsion grégaire de réactions aveugles, hystériques, comme celles de la foule livrée aux spectacles ou du peuple à la propagande.

En 1974, Gould écrivait :

« J'ai foi en l' " intrusion " de la technologie car, par essence, cette intrusion impose à l'art une dimension morale qui transcende l'idée d'art elle-même. Avant que je n'utilise d'autres

mots démodés tels que " morale ", j'aimerais exposer ce que j'entends par là. La Morale, me semble-t-il, n'a jamais été du côté des carnivores, en tout cas pas tant qu'existent d'autres choix de style d'existence. L'évolution n'étant rien d'autre que l'élimination par la biologie de systèmes moraux impraticables, l'évolution particulière de l'homme en réponse à sa technologie se produit dans un sens anti-carnivore dans la mesure où, pas à pas, elle lui permet d'agir à des distances de plus en plus grandes, à fonctionner de plus en plus détaché de ses réactions animales à la confrontation.

C'est ainsi par exemple qu'une guerre menée par des missiles dirigés électroniquement est légèrement moins mauvaise et répréhensible, quoique infiniment plus destructrice statistiquement parlant, qu'une guerre conduite à l'arbalète et à l'épée. Elle n'est pas bien meilleure, mais meilleure tout de même dans la mesure où, toutes choses égales par ailleurs, la dose d'adrénaline qu'elle déclenche chez ses participants (mieux vaut ne pas parler des populations-témoins sans quoi l'argument s'effondre) y est moins forte. L'anthropologue Margaret Mead, si je comprends bien, désapprouve ce facteur de distanciation, ce désengagement des impératifs biologiques. Mais je crois au contraire en leurs vertus positives, et les enregistrements, même s'ils sont rarement compris comme tels, nous en fournissent la meilleure illustration [4]. »

L'argument n'est pas très solide : les guerres ne sont pas faites par des armes opposées à d'autres armes mais par des peuples ; leur but n'est pas l'unique destruction des armes de l'adversaire, mais celle aussi de sa population. Le point que soulève Gould est néanmoins clair et d'importance : à l'horreur de toute guerre s'en ajoute une autre (qui est pour lui le comble de l'horreur), celle où des hommes forcenés assouvissent leur soif de sang en massacrant et en mettant en pièces la chair d'autres hommes. Le mot « guerre » comporte une foule de sens dont certains ne sont pas métaphoriques. C'est en une véritable guerre que s'affrontent les artistes pour capter cha-

cun l'attention toujours insuffisante du public : sans la technologie, il leur faut livrer, sur la place contre la jalousie rapace
des autres artistes, et dans l'arène contre l'inconstance de la
foule enragée, un combat sans merci. Gould dit que la technologie de l'enregistrement peut réduire le *"facteur adrénaline"*
à son minimum. C'est également à ce moment-là (1974) que
Gould a commencé à développer un thème nouveau, que suggérait la citation déjà mentionnée, où il affirme que la technologie *« impose à l'art une notion de morale qui transcende
l'idée d'art elle-même. »* Il ne s'est pas tellement expliqué sur
cette notion, mais il l'exprime avec plus de force et de pessi-
misme dans un article publié un peu plus tôt la même
année :

*« Je crois qu'il faut donner à l'art la chance de sa propre
disparition. Je pense qu'il nous faut accepter l'idée que l'art
n'est pas forcément quelque chose d'innocent, qu'il est même
potentiellement destructeur. On devrait analyser les domaines
où il tend à être le moins nocif, les utiliser comme ligne de
conduite, et ajouter à l'art une composante qui lui permette de
présider à sa propre désuétude* [5]. *»*

D'après le contexte, on peut supposer que le pouvoir destructeur de l'art réside dans ses aspects compétitifs, et que les
"domaines où il tend à être le moins nocif" sont justement
ceux où le *"facteur adrénaline"* se trouve tempéré par la technologie.

On peut se faire une idée de la direction nouvelle que prenait la pensée de Gould avec cet extrait d'un article publié en
1975 :

*« Stravinsky déclare que l'art est affaire de technique ; je ne
suis pas du tout d'accord. Pas plus que je ne croie que la technologie soit soumise à la loi de la science. Mais ce en quoi j'ai
foi, c'est que, une fois introduite dans le circuit de l'art, la présence technologique doit être codée et décodée [...] de manière*

telle que cette présence soit, à tous égards, mise au service de ce bien spirituel qui servira, dans sa phase ultime, à bannir l'art lui-même [6]. »

La réflexion morale de Gould s'applique ordinairement à des aspects du comportement humain plus restreints mais plus accessibles, tels que, tout particulièrement, la façon de faire et d'enregistrer la musique. Il sait parfaitement que certains taxent d'immoralité le montage et le collage de la musique enregistrée :

« Ils ont le sentiment qu'il y a là une certaine dose de tricherie, et c'est un fait : elle existe [7]. »

L'histoire que rapporte Gould sur les débuts de son roman d'amour avec le micro témoigne d'une autre sorte de tricherie — ou, comme il la nomme, de *" malhonnêteté créatrice "*. Il avait réglé le son de son propre électrophone de façon à modifier le son obtenu sur le piano du studio qui jouissait, l'on s'en souvient, d'une basse trop épaisse lorsqu'il avait enregistré pour la radio une sonate de Mozart :

« [...] je m'aperçus qu'en filtrant les basses d'environ 100 périodes et en relevant les aigus jusque vers 5000, le piano lourd, mat et épais dans le grave avec lequel je m'étais débattu quelques heures plus tôt, pouvait être magiquement transformé à l'écoute [...].

[...] J'avais mis en action les ressources les plus élémentaires de la technologie pour donner une idée de ce qui n'était pas. Ma propre contribution en tant qu'artiste cessait d'être la fin dernière du processus engagé par l'interprétation. Elle cessait de relever du fait accompli. La technologie s'était interposée entre l'intention et le résultat ; la " charité de la machine ", pour citer le théologien Jean Le Moyne, s'était interposée entre la fragilité de la nature et la vision d'une réalisation idéale. " Quelle clarté prodigieuse ! vous avez dû disposer d'un piano fantastique ! "

allaient dire les amis. Et moi de leur répondre : " A n'en pas croire vos oreilles ! " Je venais de comprendre la première leçon qu'enseigne la technologie : j'avais appris à être malhonnête dans un sens créateur [8]. *»*

Notre méfiance à l'égard de la technologie est bien compréhensible : aux premiers jours de l'enregistrement, on mutilait les œuvres, par nécessité, de façon draconienne. Elles devaient soumettre leur durée à la capacité d'absorption des cylindres et se faire réorchestrer pour se plier aux fréquences restreintes dont disposait cette technologie primitive. Au fur et à mesure qu'apparaissaient de nouveaux progrès, les musiciens se réjouissaient de l'allègement des contraintes.

Ils ont encore en sinistre mémoire ces horribles jours anciens, fût-ce par leur seule réputation ! Mais ils soupirent après le bon vieux temps où la technologie rendait possible la restitution de l' « intégrité » par l'enregistrement — entendons par là le « réalisme de la salle de concert » : tout ce qui éloigne de cette dernière position ressemble à un mouvement qui nous ramènerait vers les jours sombres du passé.

La parole enregistrée éveille encore plus de suspicion et d'hostilité que la musique. Rien n'est plus facile que de se saisir des paroles de quelqu'un et d'en manipuler l'enregistrement pour lui faire dire le contraire de ce qu'il a dit ou même quelque chose qu'il n'a pas dit du tout. Le montage peut rendre sensée une absurdité et vice-versa. En matière d'émissions radio, c'est une procédure banale. Mais elle a cours également pour la politique, ce qui motive notre suspicion et notre hostilité. Il n'y aura probablement personne à soulever la moindre objection pour que soient éliminés de la bande les erreurs ou les râclements de gorge du speaker [9], mais rien ne nous autorise à croire que le montage s'arrête immanquablement à des manœuvres aussi innocentes.

Autre motif plausible de suspicion : le montage sert à camoufler non un simple accident de parcours mais un manque de compétence de la part de l'interprète. Nous le soupçonnons de ne pas être capable de jouer proprement le morceau, qu'il lui faut alors nécessairement rafistoler. Mais un tel soupçon présuppose une définition de la « compétence » qui ne convient pas au travail en studio, alors qu'elle peut se justifier pour le concert en direct. C'est une définition qui fait reposer la compétence sur la capacité de jouer une œuvre sans accroc du début à la fin. Mais c'est plus d'une fois que conformité aux normes et insipidité se sont retrouvées de concert dans une exécution publique irréprochable. D'autre part, un musicien peut, en studio, faire une prise pleine de vie et d'originalité mais qui présente quelque défaillance ponctuelle qui serait certes désastreuse en concert ; s'il est possible de les réparer par un insert ou une régénération [10], le disque finalement obtenu se révélera à n'en pas douter supérieur à celui qui aura été fait à partir de l'interprétation réalisée d'une seule traite mais au caractère irréprochablement insipide.

Trois objections sont couramment faites à l'encontre de tels rafistolages : les points de collure sont perceptibles ; il existe une différence qualitative du son entre la prise originale et l'insert ; l'intégrité est brisée par le montage et l'interprétation corrompue. Gould connaît bien ces objections et en traite à longueur d'écrits. Il répond que les points de collage des inserts peuvent être rendus inaudibles et qu'il est possible d'égaliser le son des différents matériaux enregistrés : les moyens techniques pour y parvenir sont communément utilisés par les techniciens du son depuis pratiquement vingt ans.

Parce que les gens ne semblaient pas convaincus, Gould publia en 1975 un article où il racontait comment il avait mené une expérience pour lever leurs doutes : il avait fait entendre huit morceaux enregistrés à dix-huit personnes et leur avait demandé combien de collures elles détectaient en chacun. Deux des morceaux n'en comportaient aucune, l'un d'eux trente-quatre ; entre ces deux extrêmes, le nombre des collures variait d'un échantillon à l'autre.

Il est particulièrement significatif que sur l'un des morceaux sans collure du tout, les auditeurs crurent pouvoir en déceler trente-six au total. La batterie complète disposait en fait de soixante-six collures, et le meilleur score d'identifications correctes s'en écarta tout de même de sept. Deux personnes parvinrent à un tel résultat, mais l'une d'elles avait bénéficié d'un nombre d'écoutes plus de deux fois supérieur à celui requis par l'autre, ce qui faussait quelque peu la validité de sa première place d'ex-aequo. Bizarrement, les quatre scores les meilleurs revinrent à des auditeurs qui ne lisaient pas la musique. Parmi les personnes qui participèrent à l'expérience, il y avait deux producteurs de radio, qui passent justement leur vie à superviser l'enregistrement et le montage de la musique et à en apprécier les résultats. Or, tous deux décrochèrent un zéro, faute d'avoir pu localiser correctement *une seule* des soixante-six collures !

C'est à juste titre que Gould fait état du but et des résultats de son expérience, car nous devrons dorénavant nous montrer circonspects avant d'affirmer que toute collure est repérable (cliquètement ou différence qualitative du son), ou que des musiciens sont plus habilités que des profanes à sentir que les ruptures du montage altèrent éventuellement la ligne générale d'une interprétation.

Ce dernier point est la troisième des objections mentionnées ci-dessus à l'encontre du montage. Il admet a priori l'existence du sentiment d'une ligne continue qui va, comme le déclare le pianiste Stephen Bishops, en sous-tendant tout le morceau, ce qui, « à moins de jouer sans s'interrompre du début à la fin, ne peut être réalisé que très rarement [11] ». A cette assertion Gould répond que :

« ... le montage ne nuit pas à la ligne générale ; au contraire, le bon montage crée la bonne ligne et peu importe qu'on ait utilisé des collures toutes les deux secondes ou aucune pendant toute une heure, du moment que le résultat paraît être un tout cohérent [12]. »

C'est là un point qui soulève une question théorique fondamentale : quelle différence y a-t-il entre *paraître* un tout cohérent et *être* un tout cohérent ? La question figure au cœur du débat, véritable défi à la « Nouvelle Philosophie » telle que nous l'avons définie. Deux situations imaginaires aideront à clarifier la distinction.

Il se peut qu'une automobile dépourvue de moteur *paraisse* néanmoins constituer un tout cohérent aux yeux d'un passant quelconque ; ce n'est pas pour autant qu'elle le *sera* vraiment. La différence entre l'être et le paraître sautera immédiatement aux yeux de qui voudra conduire cette automobile.

Notre seconde situation imaginaire s'inspire du cinématographe — auquel Gould lui-même a souvent emprunté ses comparaisons. Imaginons une rue reconstituée dans des studios de cinéma, avec maisons, saloon, banque, sellerie et office de pompes funèbres, chacun des magasins arborant de front son enseigne. Nous ne saurions affirmer, si nous voyons le tout sous certains angles, que ce sont étais et étançons qui soutiennent les façades. Quant à venir là attacher notre cheval, y faire une opération bancaire ou vouloir s'y rafraîchir, ce serait une autre affaire, qu'il ne nous viendrait pas même à l'esprit de tenter, car la règle du jeu nous est connue et nous ne saurions nous laisser prendre à ces pseudo-réalités de « simples » apparences. Ce n'est pas la réalité qui soutient ces apparences, ce sont les poutres.

L'interprétation d'une œuvre musicale a plus à voir avec un décor de cinéma qu'avec une automobile sans moteur. Elle existe *en tant qu'apparence* et *pour l'apparence ;* la musique est sa propre apparence. Il n'est pas de réalité qui la soutienne. Sa cohérence vient du rapport qui unit entre elles les apparences de l'ensemble, chacune l'une à l'autre et chacune à la totalité, de même que la totalité à chacune de ses apparences fragmentaires. Elle est entièrement de l'ordre du phénomène, absolument pas de celui du noumène. La cohérence de la musique, comme celle des mathématiques, abstraite de la réalité, ne se fonde pas sur elle. La musique, contrairement à la voiture sans moteur, ne peut paraître cohérente si son être est réellement

211

incohérent ; pas plus qu'elle n'apparaît incohérente si son être est réellement cohérent. Son apparence et sa réalité sont une seule et même chose. Autrement dit : la musique *apparaît réellement* et son apparence est le type de réalité qu'elle possède.

Il se peut qu'une œuvre soit plus cohérente qu'une autre, et que telle ou telle interprétation possède une plus ou moins grande cohérence. C'est le degré de cohérence qui fonde celui de la réussite d'une interprétation, alors que l'incohérence dénonce sa faiblesse — faiblesse à discerner les différents éléments, à en faire la synthèse et à en établir les rapports qui conviennent pour qu'il y ait cohérence.

Pour ceux qui sont hostiles à la position de la « Nouvelle Philosophie », établir les *" rapports de cohérence entre les différents éléments "* signifie que les éléments musicaux ne peuvent trouver leur unité que sous le coup d'une inspiration jaillie d'un seul jet, et qu'ils doivent être combinés en une sorte d'organisme. Procéder à une *" dissection "* de l'interprétation revient à anéantir la vie qui s'y trouve. « Vie », selon cette optique, est un principe de réalité. Alors que pour Gould, établir la cohérence entre les éléments signifie *" analyser "* et *" disséquer ", " mettre en évidence la colonne vertébrale "* de la musique justement par la manière de l'interpréter, de la « réaliser » dans son apparence audible.

C'est dans un article de 1962, alors qu'il donnait encore des concerts, que Gould s'est montré le plus persuasif dans sa justification de la *" tricherie créatrice "*.

Glenn Gould. — *« J'aime l'enregistrement parce que, s'il se passe quelque chose de bien, il existe un sentiment de permanence, et si ce n'est pas le cas, on dispose d'une seconde chance pour atteindre à un idéal.*

Interviewer. — Vous ne voyez aucune objection à monter plusieurs interprétations en une ?

Glenn Gould. — *Je peux dire en toute honnêteté que j'use très peu du montage. J'enregistre la plupart des mouvements dans leur totalité et d'une seule traite. Mais je peux dire aussi que je n'éprouve aucun scrupule à l'égard du montage. Je ne vois rien de mal à ce qu'une interprétation soit faite à l'aide de deux cents collures si c'est ce qu'il faut pour qu'on obtienne le résultat désiré. L'idée qu'on trouve frauduleux d'obtenir une interprétation idéale par les moyens mécaniques du montage m'exaspère. Si l'interprétation idéale nécessite qu'on amoncelle illusion et trucages, eh bien, soit ! allons-y* [13] *!* »

On pourrait, une fois la chose admise, s'interroger encore à propos de l'*extase* qui est, selon Gould, la seule quête véritable de l'artiste : peut-on l'enregistrer ? en faire le montage ? Nous avons déjà abordé ces deux questions au chapitre 4, où elles pouvaient, à première vue, paraître pures questions de rhétorique appelant une réponse négative — si réponse il y avait. Mais les réponses de Gould sont positives et il s'en est lui-même expliqué et justifié à maintes reprises, s'inspirant souvent de l'analogie avec les techniques cinématographiques :

« *Il est vrai qu'un certain nombre d'artistes font réellement peu de cas de la possibilité qu'ils ont d'utiliser le montage, qu'ils croient réellement que l'art doit toujours résulter de quelque élan inexorable et ininterrompu, d'un mouvement continu de l'âme, d'une quelconque altitude extatique, et qu'ils n'arrivent pas à concevoir que la fonction de l'artiste pourrait bien être aussi de faire surgir à volonté et à quelque moment que ce soit la charge émotionnelle de n'importe quelle partition, qu'on devrait en réalité pouvoir être libre de " tourner " une sonate de Beethoven ou une fugue de Bach en plan-séquence ou par plans successifs, libre de monter pratiquement sans restriction, d'appliquer les techniques de post-production requises, et que le compositeur, l'interprète et, par dessus tout, l'auditeur, en soient mille fois mieux servis* [14]. »

213

Bien sûr, Gould convient qu'il est possible qu'un interprète réalise l'unité de son interprétation sous l'effet de *« quelque élan inexorable et ininterrompu, d'un mouvement continu de l'âme, d'une quelconque altitude extatique. »* Bien sûr, il est heureux quand l'une de ses propres interprétations se déroule de cette manière, mais il soutient que ce n'est pas la *seule* : *« En mettant à profit le temps de réflexion qui suit l'enregistrement, on peut très souvent transcender les limites que l'interprétation impose à l'imagination. »* Ces mots tiraient l'enseignement moral de son anecdote sur l'enregistrement de la *Fugue en la mineur* du Premier Livre du *Clavier bien tempéré* de Jean-Sébastien Bach. Rappelons qu'il avait pu, par le montage de deux versions, obtenir des effets de contraste certainement impossibles à réaliser en concert : ces effets de contraste, non seulement impossibles à réaliser, étaient même inimaginables sans la connaissance des possibilités offertes par le montage magnétique.

Il ne prétend nullement qu'une version qui comporte un montage soit supérieure à celle qui n'en comporte pas ; il dit simplement que l'artiste devrait avoir toujours présente à l'esprit cette possibilité qui lui est donnée, et qu'un artiste qui enregistre doit avoir toujours le désir et la compétence qui lui permettent de choisir entre l'une et l'autre option.

Au cinéma, un acteur peut sauter de cheval et foncer vers la porte du saloon en écumant de rage. Le plan suivant peut montrer l'intérieur du saloon avec la porte qui s'ouvre en faisant claquer ses battants, et l'acteur qui se précipite à l'intérieur toujours écumant de rage. Les deux décors, la rue et l'intérieur, peuvent être de fait très éloignés l'un de l'autre ; les deux scènes peuvent n'avoir pas été tournées d'affilée ; cependant, le film montrera la même et unique rage de l'acteur, et non pas deux rages distinctes. On ne peut exiger de lui qu'il ait sans discontinuer entretenu sa rage du tournage d'une scène au tournage de l'autre. Un acteur peut se mettre dans un tel état pour les cinq secondes que durent sa descente de cheval et sa ruée vers la porte. Ultérieurement et ailleurs, il peut réintégrer sa rage pour les cinq secondes de son irruption en intérieur et écumer à nouveau. A partir de ces deux évolutions où se manifeste la capacité de *« faire surgir, à volonté et à quelque moment que ce soit, la charge émotionnelle d'un instant »*, le monteur du film peut créer l' « apparence » d'un homme qui, possédé de colère, l'a traduite en un seul mouvement de l'extérieur à l'intérieur du saloon. Gould demande pourquoi, en musique, un interprète qui utilise un procédé analogue devrait être taxé de fraude.

On peut répliquer que l'acteur feint de s'abandonner à la colère, qu'il s'agit d'une « simple » apparence de rage, et qu'un acteur mieux trempé serait possédé d'une véritable colère. Les producteurs du film utiliseraient un saloon véritable avec des caméras situées à l'extérieur et à l'intérieur, de façon à saisir la « ligne » de l'interprétation de cet acteur. A quoi Gould s'empresserait de répondre que *tout* ce que nous voyons sur l'écran n'est qu'apparence, de telle sorte que les différences entre fausse et vraie colère disparaissent, englouties dans la technologie ; que cette méthode de tournage en non-stop à la suite du « réel » laisse trop de place au hasard ; que les « apparences » peuvent, avec un bon montage, faire plus « réaliste » que la meilleure des actions en direct.

La colère de l'acteur est une affaire de technique. Elle est une colère apparente et n'est que cela. Si l'acteur était réellement écumant de rage, il perdrait le contrôle de son corps et ne pourrait plus travailler du tout. De la même manière, l'intensité d'extase du pianiste, qu'il la soutienne à longueur de morceau ou pour simplement un fragment de ce morceau, n'a de signification que dans la mesure où elle « apparaît ». Son authenticité, quelle qu'elle puisse être, n'est d'aucun intérêt esthétique pour l'auditeur.

Dans les films pour le cinéma ou la vidéo où il joue au piano, parfois en de brèves séquences qui illustrent un point de son commentaire, on peut voir Gould passer et repasser le seuil de l'extase.

215

Le passage de la parole au jeu requiert une sorte de blanc, un silence invocatoire ; le retour du jeu à la parole est comme une remontée d'eau profonde. C'est à peine si l'on sent la transition — l'instant est pourtant perceptible.

Certains interprètes s'y prêtent avec plus ou moins de facilité que d'autres, mais pour tous un tel passage d'une rive à l'autre de l'extase, en conjonction avec la technologie de l'enregistrement, donne à l'imagination créatrice le pouvoir de transcender les possibilités traditionnelles de l'interprétation.

Chapitre IX

Où Radio = Musique

Il se trouve encore pas mal d'admirateurs de Gould à ne pas connaître ses *« documentaires radio contrapuntiques »,* comme il les nomme ; quant à ceux qui les connaissent, ils demeurent perplexes à leur écoute, non sans quelque raison. Et pourtant, durant une bonne dizaine d'années, ce sont ces œuvres qui constituèrent la préoccupation artistique majeure de Glenn Gould ; ce sont elles, et non ses nombreux enregistrements au piano, qui représentèrent pour lui le point d'application extrême de la « Nouvelle Philosophie », et c'est à elles qu'il consacra les plus ambitieux efforts de la *" tricherie créatrice "* qu'il n'a cessé de préconiser. Dans ces œuvres, il va jusqu'au bout de ses convictions à propos des liens qui unissent art et technologie et pousse à fond tous les procédés qu'il a expérimentés en matière d'enregistrement de la musique. La Nouvelle Philosophie joue sa validité avec les documentaires contrapuntiques de Gould.

Ils appartiennent à un genre dont il est l'inventeur, et qu'il est jusqu'à présent le seul à avoir pratiqué. Il les a d'abord réalisés pour la radio canadienne CBC, mais deux d'entre eux sont aussi gravés sur disque : *The Idea of North* et *The Latecomers,* qui constituent les deux premières parties de ce que Gould nomme la *Trilogie de la Solitude ;* le troisième volet, le plus récent, a pour titre *The Quiet in the Land**.

---

* Les trois titres de la *Trilogie de la Solitude* peuvent se traduire ainsi : *L'Idée du Nord — Les Derniers Arrivants — Le Silence de la Terre* (N.d.T.).

Tous trois mettent en scène des personnes ou des groupes qui ont choisi de vivre dans l'isolement ou qui ont décidé de se tenir hors des sentiers battus de la culture. Des portraits ont été réalisés par Gould dans le même esprit : un *Stokowski*, un *Casals,* et aussi un *Schoenberg : les Cent Premières Années.* Un *Richard Strauss** se trouvait, en 1978, en préparation. Les deux premiers documentaires de sa *Trilogie de la Solitude* furent réalisés dans les studios de la CBC à Toronto. Les suivants le furent dans son propre studio, qu'il avait équipé d'un matériel ultra-moderne afin d'enregistrer comme il souhaitait pouvoir le faire : tout y avait été aménagé de façon à favoriser ses méthodes de travail, selon ses idées et son rythme personnels. La CBC a toujours été extrêmement coopérative, mais quand il passait à exécution d'un projet qu'il avait en tête, Gould s'y plongeait corps et âme, et les termes de « fièvre » et d'« intensité » étaient loin d'être assez forts pour qualifier l'ambiance du studio de la CBC pendant les nuits où Gould y travaillait, imposant à quatre mains de faire le travail de huit et au matériel d'accomplir des prouesses pour lesquelles il n'avait pas été conçu. Quelles que soient leurs qualités, les structures techniques de la CBC flanquées de leurs routines s'avérant inadaptées à l'exigence de son travail, il préféra émigrer. Il a poursuivi par ailleurs et jusqu'en 1981 sa collaboration avec la CBC, y produisant programmes de radio et de télévision au cours desquels il parlait et jouait, comme il l'avait fait depuis les années 50.

Il n'est guère facile de décrire les documentaires contrapuntiques de Gould. Selon Robert Hurtwitz du *New York Times,* quand on écoute l'un d'eux, c'est « comme si l'on était assis dans le métro aux heures de pointe, à lire son journal tout en glanant de ci de là les bribes de deux ou trois conversations sur fond sonore de transistors qui arrivent par bouffées, avec pardessus le marché le vacarme du wagon lancé sur la voie [1]. » A

---

* Le titre définitif de l'œuvre lors de sa diffusion en 1978 fut : *Richard Strauss : the Bourgeois-Hero,* ce qui, naturellement, fait référence aux œuvres du compositeur. (N.d.T.)

la première écoute de l'une de ces œuvres, l'auditeur est frappé par le fait que de longs passages où deux ou plusieurs voix parlant simultanément se mêlent à divers effets sonores ou à des fragments de musique. S'agirait-il d'une plaisanterie ?

Un exemple : au commencement de l'*Idée du Nord,* une voix de femme parle dans un murmure de neige, de phoques et d'ours polaires, de lacs à demi-gelés. L'auditeur monte le volume de son poste pour s'efforcer de saisir ce qu'elle dit. Entre une seconde voix, puis une troisième, qui parlent ensemble. Les voix, bientôt, se font plus fortes, et l'auditeur diminue le volume, sans s'être peut-être rendu compte que ce morceau d'ouverture de trois minutes constituait en réalité un crescendo conduisant d'un pianissimo à un fortissimo, par les voix d'une femme et de deux hommes qui s'imbriquent l'une dans l'autre comme les voix d'une sonate en trio baroque. L'apparente confusion est à son paroxysme quand la voix de Glenn Gould intervient pour se présenter ainsi que son programme, alors que dans un fondu enchaîné le trio s'estompe et que commence à se faire entendre la rumeur d'un train qui évoque le départ de Winnipeg pour Fort-Churchill (Manitoba).

A la seconde écoute, on ne se laissera plus surprendre et on ne commettra plus l'erreur de croire qu'il y a, au début, quelque chose qui ne va pas dans la diffusion de l'émission ou dans son propre appareil. Et l'on fera bien : chaque nouvelle écoute initiera davantage aux règles du jeu et permettra de capter de nouveaux détails, d'assembler pièce à pièce les fragments du puzzle, comme on le ferait pour une fugue de J.-S. Bach.

Gould tenait à ce que l'on considérât ces œuvres comme de la musique. Il s'en expliquait en 1970 à la télévision :

« C'est l'idée même de ce qu'est la musique qui est en mutation profonde depuis cinq ans. Ce qui se passe est, à mon avis, tout à fait remarquable : je suis convaincu que la musique nouvelle a à faire, pour une bonne part, avec la parole parlée, avec les rythmes et les schèmes, l'attaque, la chute, la courbe, et

219

l'ordonnance de la phrase, avec le fonctionnement de la cadence dans le discours humain.

J'ai fait des documentaires radio — travaillant en studio la bande d'une interview comme celle-ci par exemple, retranchant cette phrase, soulignant cette autre en lui communiquant un peu de réverbération, faisant jouer ça et là filtre et compresseur — et ne pas voir qu'il s'agit là d'une composition relève de l'anti-réalisme. Car c'est réellement une composition. Je pense que tous les sons qui nous entourent, tout ce que l'environnement met à notre disposition, tout cela fait désormais partie intégrante de ce que représente pour nous l'idée même de musique dans sa globalité.

Les contrapuntistes de la Renaissance ont été, me semblet-il, les premiers hommes pratiques en tant que compositeurs. Ils furent les premiers à reconnaître qu'il était possible, faisable et réaliste *de croire l'oreille susceptible de saisir en toute conscience plusieurs rapports simultanés, de suivre leurs divers cheminements et d'être également mobilisée par eux tous — et non d'accorder une préséance particulière à l'un d'eux, de se borner à ce que les quelques grattements ou coups d'archet des deux ou trois autres voix viennent soutenir la voix la plus haute, la plus basse, ou la plus cantus firmus ou que sais-je...*

Je pense que ce sont eux qui furent les premiers réalistes, *en ce sens qu'ils comprirent qu'on pouvait transformer en musique, au moins pour certains de ses aspects, cette compote environnante qui aujourd'hui, peut-être pour la première fois, est en train de devenir véritablement musique* * [2]. »

Nous pouvons, d'après cet extrait d'interview, nous faire une idée des techniques que Gould emploie dans ses documentaires. Il pratique le montage de bandes magnétiques — de « compositions », pourrions-nous dire — utilisant des matériaux préalablement enregistrés et d'origines diverses, tout en

---

* Les *Cris de Londres* (Weekles, Gibbons, etc.) à la suite des *Cris de Paris* de Clément Janequin illustrent presque littéralement cette idée. (N.d.T.)

privilégiant la parole ; le mixage de ces matériaux est polyphonique. Pour lui, le résultat final est *" réaliste "*. Ainsi que nous l'avons vu dans le précédent chapitre, l'opinion de Gould est que la *" réalité "* est ce qui nous est restitué pêle-mêle à l'aveuglette, à partir de *" tous ces sons qui nous entourent "*, de *" tout ce que l'environnement met à notre disposition "*, et que nous pouvons recueillir sur bande sous une forme brute. Le *" réalisme "* est obtenu en studio par le travail de montage et de mixage de l'artiste.

C'est dans un film qui n'avait pas encore été présenté au public en 1978 *(Radio as Music* *, 1975) que cette distinction entre réalité et réalisme est le plus nettement exprimée :

« Nous devons, je crois, distinguer entre réalisme et réalité : l'un peut créer une ambiance réaliste par le contrôle constant du montage, alors que la réalité brute implique inévitablement une sorte d'approche aléatoire [3]. *»*

Par *" aléatoire "*, Gould évoque le facteur chance qui recouvre les événements non soumis à l'intermédiaire technologique. Il applique le terme aux événements de l'environnement naturel mais aussi à ceux qui sont produits par l'homme et qui n'ont pas été modifiés et manipulés (tels qu'ils apparaissent par exemple sur une pellicule, une bande vidéo ou une bande sonore). Ce sont des événements réels. Un événement de cette nature, un élément ou une combinaison de tels événements, peuvent être retranchés, modifiés, remplacés ou mélangés avec d'autres dans des proportions diverses, grâce au montage en studio. Gould dirait alors du résultat obtenu qu'il est réaliste.

Il tenait également à ce que l'on considérât ses documentaires comme des *« œuvres dramatiques »*, et le générique de certains d'entre eux comporte la mention *«écrit par Glenn Gould »*.

---

* Titre original du chapitre de Geoffrey Payzant, directement inspiré du titre du programme conçu par Gould. (N.d.T.)

221

Ce sont en fait des œuvres plutôt composites : musique et théâtre, soit, mais elles tiennent aussi de l'essai ou du reportage où coexistent anthropologie, morale et sociologie ou histoire contemporaine. Leur technique est essentiellement apparentée à la technique cinématographique, tout comme s'apparente au cinéma la qualité dramatique de leur développement.

Gould a précisément insisté sur cet élément dramatique et il en a évoqué quelques aspects techniques dans une interview de 1968 :

« Ce que nous avons tenté de faire [...], c'est de créer quelque chose que je pencherais assez à qualifier de « radio contrapuntique » — le terme m'ayant été soufflé par le penchant que j'ai pour la musique contrapuntique, et que nous avons, assez arbitrairement, accolé à un autre medium auquel il n'appartenait pas précédemment — ce qui me stupéfie d'ailleurs car il n'y a aucune raison particulière, me semble-t-il, pour qu'on ne soit pas capable de suivre, clairement et précisément, deux ou trois conversations simultanées.

Nous glanons certaines de nos expériences les plus riches dans le métro, au wagon-restaurant, dans des halls d'hôtel, à l'écoute simultanée de plusieurs conversations, dérivant de l'une à l'autre, recueillant çà et là les brins qui nous plaisent.

Je n'ai fait qu'une heure de radio, qui a obtenu quelque succès et, bien sûr, son lot de critiques ; nous avons rencontré toutes sortes d'opinions défavorables de la part de ceux qui ont des idées plutôt traditionnelles en matière d'expérience radiophonique.

L'idée de fond était d'essayer de faire surgir des situations, dans toute leur force, de la structure même du programme, où seraient imbriquées deux ou trois voix qu'on entendrait parler simultanément, mais à partir de points de vue différents, sur le même sujet. Nous voulions aussi traiter ces voix comme s'il s'agissait des personnages d'une pièce, bien que tout le matériau provînt d'interviews. Il s'agissait d'un matériau documen-

taire traité, en un sens, comme une œuvre dramatique — un documentaire qui se mettait en place de lui-même comme une pièce de théâtre. Il était censé traiter du Grand Nord Canadien. En réalité, selon la réaction très touchante d'un de mes amis, il était question " de la nuit obscure de l'âme humaine ". C'était un essai assez austère sur les effets de l'isolement sur l'homme.

Les cinq personnes que nous avons mises en scène dans ce documentaire-théâtre avaient toutes fait cette expérience de l'isolement selon des voies très singulières, et elles avaient des choses à dire là-dessus. Arrivés à la moitié de l'heure qui nous était impartie, nous avions une idée assez nette de ce qui, dans l'isolement, avait attiré chacune d'elles ; aussi bien, dans la seconde demi-heure, pouvions-nous faire se superposer des conversations ou des phrases car nos personnages étaient alors devenus des archétypes, et il n'était plus besoin d'entendre des mots précis pour les identifier, eux et leur position. On n'avait besoin, pour y parvenir, que du son de chacune de leurs voix et de la texture de ce son particulier mixé avec celui des autres voix [4]. »

L'œuvre dont il s'agit ici est, bien sûr, *The Idea of North*. On peut entendre les cinq personnages parler, se répondant l'un à l'autre en des combinaisons diverses, comme s'il s'agissait d'une conversation ordinaire. Mais dans son texte d'introduction au disque, Gould déclare :

« Nos cinq invités furent bien entendu interviewés séparément. Ils n'eurent pas, durant tout le temps que dura l'élaboration du Nord, *l'occasion de se rencontrer, et toute juxtaposition de nature apparemment dramatique fut effectuée après coup, au moyen d'un travail minutieux réalisé à la lame sur la bande, et non par la confrontation directe de nos personnages [5]. »*

Ces confrontations dramatiques n'eurent donc pas lieu entre personnes *"réelles"*, mais furent montées à partir de fragments préenregistrés ; elles sont *"réalistes"* selon le sens particulier que Gould donne à ce mot. Il découpe et classe le matériau parlé brut et en assemble les pièces selon des configurations entièrement nouvelles après les avoir modifiées de toutes les façons possibles : en intensité, en effets de distance, à des degrés divers et des dimensions autres, qui donnent sa forme finale au produit achevé. Il crée par ces moyens des courbes ascendantes ou descendantes de tension émotionnelle, de suspense, ou d'autres phénomènes dramatiques :

« Il y a une scène dans mon documentaire sur Terre-Neuve — The Latecomers — qui donne à mon avis l'apparence de se passer entre un homme et une femme, mariés peut-être, engagés dans une conversation assez familière. Le décor est très simple — l'homme est légèrement à gauche par rapport au centre (The Latecomers sont évidemment en stéréo), la femme légèrement à droite. Il y a un espace vide entre eux où l'on entend, selon l'apparence, battre l'eau — la mer sert de basse continue aux Latecomers — [...] C'est, pourrait-on dire, notre scène " à la Virginia Woolf " (comme l'entend Albee) — en ce que le rapport qui paraît exister entre eux développe quelques harmoniques assez intéressantes. Eh bien, il s'agit d'harmoniques qui ont naturellement été manufacturées à la lame. Ces deux personnes, autant que je sache, ne se sont jamais rencontrées — le dialogue figuré dans cette scène n'eut certainement jamais lieu en tant que dialogue, et cependant j'éprouve le sentiment étrange que, si elles s'étaient rencontrées, ce dialogue aurait eu lieu [6]. »

Gould dit qu'il fallut consacrer quatre cents heures de travail au montage des *Latecomers*. Le cas de l'une des quatorze personnes interviewées pour cette œuvre présenta des difficultés particulièrement dramatiques :

« Nous avions vraiment besoin de lui. C'était un homme délicieux, très droit et très réceptif, mais il avait l'habitude de

dire constamment " hum ", " heu ", " une sorte de... ", " un genre de... " — à vrai dire si constamment qu'on finissait par en avoir la nausée : il répétait tous les trois mots un " hum " et un " heu "...

Eh bien, nous avons passé, sans exagération, trois longs week-ends — samedi-dimanche-lundi, huit heures par jour — à ne rien faire d'autre qu'à retrancher les " hum " et les " heu ", les " sortes de " et les " genres de ", bref, à écheniller son interview de ses bizarreries syntaxiques. »

Gould estime qu'il a dû, pour ce personnage, effectuer quatre collures à la ligne pour chaque page dactylographiée. A raison de trente lignes à la page, il a calculé *(" estimation approximative ")* « *que le seul discours de ce personnage avait nécessité dans les mille six cents collures pour devenir clair et fluide, tel qu'il l'est à présent. Nous avons fait de lui un personnage nouveau.* » Un personnage réellement *" réaliste "* pourrait encore dire Gould :

« *Au fond, voyez-vous, peu m'importe comment on y parvient. Je ne pense pas que ce soit une question de morale, ni que ce type de jugement entre en ligne de compte. Si mille six cents collures sont nécessaires, allons-y pour mille six cents collures* [7] ! »

Les œuvres dramatiques de Gould ne sont pas toujours faites de dialogues mais souvent de scènes collectives où figurent de nombreuses voix " en contrepoint ". Comme nous l'avons déjà dit, Gould croit les gens capables de suivre plusieurs lignes d'information simultanées. Dans les scènes collectives, il ne mêle pas les voix au hasard :

« *Si l'on examine l'une des scènes réellement contrapuntiques de mes pièces radiophoniques, on trouvera que chaque ligne est confrontée à la ligne opposée pour la contredire ou la compléter mais qu'elle use, en tout cas, de la même terminolo-*

gie de base — un ensemble de nombres, de termes comparables ou identiques, ou toute autre chose de ce genre [8]. »

The Quiet in the Land renferme quelques-unes des plus heureuses de ces techniques, y compris plusieurs " imitations " au sens strictement musical du terme, les mots de l'une des voix reproduisant rigoureusement comme en écho les intervalles caractéristiques de ceux d'une autre voix dans un registre différent et dans une autre sonorité. Avec cette œuvre, et d'une façon plus aboutie que dans ses documentaires précédents, Gould semble avoir trouvé des solutions au problème de la compatibilité entre complexité et clarté.

Quelqu'un demanda un jour à Gould quelles étaient les origines de ses documentaires contrapuntiques pour la radio. Le compositeur répliqua :

« *Je suppose que cela remonte aux années 45-46, quand j'avais l'habitude d'écouter les productions variées de l'inévitable " Théâtre du Dimanche Soir ", dont était responsable à ce moment-là Andrew Allan. J'étais fasciné par la radio. Ce genre de radio prétendument théâtral possédait aussi fréquemment et dans un sens très réel une valeur documentaire d'un niveau assez élevé. En tout cas, la distinction entre documentaire et pièce de théâtre était bien souvent et, me semble-t-il, par bonheur et avec succès, laissée de côté* [9]. »

Gould fait allusion ici à ce que nombre d'entre nous considèrent comme la grande époque de la radio canadienne. A partir de 1944 et pendant presque dix ans, les studios de la CBC de Toronto produisirent une série de pièces radiodiffusées chaque semaine durant la saison d'hiver ; les œuvres étaient la plupart du temps écrites pour cette série, et toute une équipe très soudée d'acteurs, d'auteurs, de réalisateurs et de metteurs en ondes se rendit célèbre en communiquant au théâtre radiophonique une qualité qui n'a jamais été dépassée depuis. Certaines pièces écrites pour ce « Théâtre » s'inspiraient de l'histoire canadienne parfois récente, ce qui justifie l'impression de Gould qu'elles alliaient le théâtre au documentaire.

La majorité d'entre elles, et même toutes au début de la série, étaient diffusées « en direct ». Ce n'était pas une bande magnétique ou un disque que l'auditeur recevait sur son poste, mais bien les voix, les effets sonores et la musique retransmis sur le vif. Les mots qu'on entendait étaient ceux que prononçaient les voix au moment même où on les entendait ; c'était pour de bon que claquait la porte claquée sur-le-champ par le bruiteur. C'était ce que Gould aurait nommé la *" réalité "*.

De nos jours, une pièce radiophonique est composée de différentes prises de son qui ont été triées, montées et produites dans l'esprit de la « Nouvelle Philosophie », davantage comme un film ou un disque commercial pourrait l'être. Le producteur d'un drame radiophonique dispose de plus de liberté de manœuvre qu'aux jours anciens du « Théâtre du Dimanche Soir ». Il peut supprimer ou modifier les mots d'une tirade ; il peut transformer en dialogue des répliques qui n'ont pas été dites en face à face. Il peut enregistrer toutes les séquences musicales et les effets sonores séparément et les mixer à sa convenance selon les options du montage. C'est alors le *" réalisme "*.

Les pièces du vieux « Théâtre » étaient des œuvres originales qui mettaient en valeur de jeunes talents — et leur esprit s'est perpétué en Gould. La technologie a rendu la vie de ceux qui font des pièces pour la radio moins périlleuse et plus terne. Ils n'encourent plus les risques qu'on devait affronter avec le direct — une réplique escamotée, une cloche au lieu d'un klaxon, une contrepèterie scatologique, une fanfare éclatant à la place d'un tremolando alangui des cordes, un acteur qui se casse la voix sous l'effort, un opérateur qui fait une fausse manœuvre dans l'affolement général, etc. Gould encourt des risques délibérés avec la technologie elle-même et la tend parfois jusqu'au point de rupture. Nous pouvons, par exemple, ne pas nous y retrouver dans les scènes collectives ; une juxtaposition d'effets peut tourner au comique involontaire ; une structure élaborée menace de s'écrouler sous son propre poids et sa complexité.

The Idea of North fut diffusée pour la première fois en décembre 1967 par la CBC, à l'occasion du Centenaire du Canada. C'est le premier documentaire contrapuntique pleinement gouldien mais il ne marque pas pour autant ses débuts de créateur à la radio car il avait produit depuis cinq ans des émissions où des fragments d'interviews se superposaient à des fragments de la musique dont il était question. Il y a pas mal d'exemples de ce type où la voix « côtoie » la musique plus qu'elle ne s'y « superpose », de telle sorte qu'on ne peut suivre très bien ni la musique ni les paroles. C'est parfois assez irritant parce que la musique est toujours intéressante et importante, tout comme peuvent l'être les paroles de ceux qui parlent. Gould accepte cela avec une joyeuse désinvolture et nous presse de développer ce qu'il considère être une capacité potentielle et inexploitée à suivre plus d'une ligne d'information à la fois. Il nous surestime, fourvoyé peut-être par ses propres capacités, qui sont prodigieuses, comme on peut le constater sous des formes multiples, et particulièrement dans ses enregistrements de musique polyphonique au clavier. B.H. Haggin écrit que :

« ... sa puissance intellectuelle et sa maîtrise technique éclatent dans la façon stupéfiante qu'il a de maintenir cette vie ardente non pas seulement dans l'une mais dans toutes les fibres entremêlées des textures contrapuntiques de la *Partita n° 6* et des *Fugues en mi majeur et fa mineur* du Livre II du *Clavier bien tempéré*. Je ne me rappelle aucun pianiste, poursuit Haggin, qui soit parvenu à faire ressortir le contrepoint d'une telle manière, ni quelqu'un qui ait réussi à ce point aucune de ces choses qui rendent ses interprétations si extraordinaires. »

Joachim Kaiser ne se montrait pas moins enchanté :

« La polyphonie ne présente pas la moindre difficulté pour ce merveilleux pianiste ; l'indépendance et la liberté de ses mains sont ahurissantes ; l'art avec lequel les différentes voix sont précisément appréhendées et tracées est proprement renversant. »

Harold C. Schonberg dit de Joseph Hofmann qu'il semblait « disposer d'un cerveau présent dans la pulpe de chacun de ses doigts ». L'image pourrait aussi bien s'appliquer à Gould. Il lui arrive, quand il joue une musique homophonique, de créer une sorte de contrepoint par l'accentuation sélective de certaines notes, en les forçant à se détacher de l'ensemble pour s'assembler entre elles, comme si elles appartenaient à une voix mélodique indépendante et additionnelle que n'avait pas prévue le compositeur. Joachim Kaiser notait un exemple de ce phénomène particulièrement inspiré dans l'enregistrement des *Intermezzi* de Brahms. On peut encore le relever dans certains passages arides de Mozart où il invente des motifs qui ajoutent à l'intérêt et à la complexité d'une musique qui est autrement pour lui trop simple et trop peu exigeante.

A un point que ne connaissent pas la plupart d'entre nous, Gould apparaît comme une machine où les processus d'informations sont diffusés sur canaux multiples. Richard Kostelanetz précise l'image :

« ... Il se connecte simplement lui-même à une quantité de " prises " qui l'alimentent. [...] Gould peut à la fois regarder quantité de télévisions, faire marcher sa chaîne Hi-Fi, lire quelques journaux. Il a toujours une radio avec lui et, chez lui, il écoute simultanément les Grandes Ondes et la Modulation de Fréquence : *" Très mystérieusement, j'ai découvert que je pouvais apprendre mieux la difficile partition pour piano, l'Opus 23 de Schoenberg, si au même moment j'écoutais de la musique sur la FM et les nouvelles sur les Grandes Ondes. Je veux rester en contact. "* Gould peut apprendre une partition de Beethoven en soutenant une conversation ; il lui arrive souvent de lire l'un des nombreux journaux auxquels il est abonné pendant qu'il écoute attentivement quelqu'un au téléphone. Après quoi, il peut se rappeler les détails perçus aux deux " prises ". »

Dans son film de 1975, *Radio as Music,* Gould déclare :

« Si fou que ça paraisse, j'écris toujours avec au moins deux sources sonores qui s'affrontent — habituellement un programme TV et un de radio — j'allais dire en fond sonore, mais en milieu sonore serait plus juste. Et quand je vais au restaurant, je me retrouve automatiquement en train de démêler les trois ou quatre conversations des tables voisines. »

Ces récits, qui viennent corroborer d'autres faits déjà mentionnés, prouvent que Gould est capable de se diviser ou de se partager, d'appliquer une part de son absorption au travail à une tâche et une autre part à une autre tâche, toutes deux simultanément. Dans l'anecdote du Dernier Recours, son attention était dirigée en partie sur la main gauche qui ne posait pas de problème spécial et en partie sur sa main droite où s'était manifesté le problème technique.

Dans l'une de ses plus fameuses attitudes au piano, l'une des mains semble conduire l'autre quand elle se trouve libre, comme si chaque main opérait par l'effet d'une intelligence distincte. (On peut constater ce « maniérisme », si le mot peut encore être employé, dans la plupart de ses émissions télévisées.)

Il est encore une « polypersonne » — pourquoi ne pas risquer le terme ? — dans un autre sens : il est à lui seul toute une compagnie de personnages fictifs, aux types, origines ethniques et accents différents. On les voit apparaître dans quelques-uns de ses écrits, dans ses sketchs de radio, et même à l'occasion — et « en costume » — à la télévision. Ses finales des *Sonates* de Mozart révèlent un phénomène analogue : ils sont comme le finale de premier acte des opéras italiens de Mozart, où tous les personnages s'agitent en chantant sur la scène. Gould soutient un personnage dramatique distinct pour chaque ligne musicale, ou chaque motif, d'un bout à l'autre de tous les échanges et de toutes les ramifications qui se présentent. Et je crois qu'il ne pourrait faire cela sans entrer lui-même dans chacun de ces personnages (ou motif, épisode ou ligne), dans chacun et dans tous les autres simultanément. Je ne crois pas qu'il y ait un autre pianiste qui puisse en faire autant.

Les documentaires contrapuntiques de Glenn Gould sont moins largement connus qu'on ne pourrait s'y attendre étant donné sa renommée mondiale en tant qu'artiste expérimental dans le domaine de l'enregistrement. Ils ont été parfois exportés du Canada, mais très peu et sans grand retentissement auprès de la critique.

C'est qu'il y a deux difficultés majeures inhérentes à ces œuvres. Comme je l'ai déjà dit, la plupart d'entre nous sont moins aptes que Glenn Gould à saisir plusieurs lignes d'information à la fois. Il ne sert à rien de nous enjoindre d'user de quelque potentialité vacante, parce que le problème n'est pas uniquement celui d'une capacité à percevoir qui serait rouillée faute d'entraînement. Le problème vient en partie de ce que les gens qui étudient les phénomènes auditifs qualifieraient d' « occultation » : un canal en recouvre ou en cache un autre. Pendant un fortissimo des cuivres, on ne peut entendre le basson ; il arrive même assez souvent que le bassoniste ne puisse s'entendre lui-même. Dans un local où sont entassées des peintures, nous ne pouvons, fût-ce par le plus grand des efforts, voir les peintures ou les parties de ces peintures qui sont placées sous d'autres. Il nous faut les séparer physiquement.

L'autre difficulté tient au fait que la radio ne donne généralement à l'auditeur qu'une unique occasion d'entendre ce qu'elle produit. Ce qu'il manque à la première audition, il aura peu de chance de le saisir une autre fois, sauf circonstances exceptionnelles. *L'Idée du Nord* a été diffusée au Canada plus de vingt fois, mais évidemment pas dans la même région ni sur la même station ; et l'auditeur qui souhaiterait le réécouter devrait déployer pas mal d'énergie à guetter où et quand il pourra le faire. Les rediffusions sont programmées à des mois ou des années d'intervalle, ce qui rend impossible de se rappeler les détails d'une audition à l'autre. Et la masse des détails est formidable. Tenons-nous en aux seuls passages musicaux de ses émissions. Gould les choisit, les découpe et les combine avec autant d'attention à l'égard du thème et des rapports harmoniques qu'un bon compositeur quand il écrit une musique conventionnelle, et avec autant d'art, mais de façon si élaborée qu'il les rend impossibles à saisir à quiconque, sinon à lui-même. Il écrit alors des articles et des essais pour expliquer cette complexité à l'auditeur éventuel. Ce qui n'est pas un mal et n'est pas non plus sans rappeler les fameuses notes que T.S. Eliot adjoignait à ses poèmes : elles n'étaient pas extérieures à ses œuvres mais en étaient partie intégrante.

Gould nous fait penser à ces artisans du moyen-âge qui appliquaient toute leur âme aux détails cachés des piliers ou au revers des stalles de chœur que nul œil humain ne pouvait venir contempler — mais dans la conviction que Dieu les voyait. Certainement, le cas des mille six cents collures du discours d'un seul et unique personnage sur les quatorze qu'en comportait le programme d'une heure constitue-t-il de cette manière d'être un exemple topique.

Gould reconnaît qu'il éprouve du goût pour un certain *"pinaillage"*. Il convient que sur le plan du contrepoint ses documentaires radio ressemblent à cet égard davantage à la musique de Max Reger qu'à celle de Bach [10] et s'en justifie lui-même dans le texte qui accompagne son disque de l'*Idée du Nord* :

« Il y a dans le Prologue et dans les diverses scènes qui constituent le Nord un nombre de techniques que j'aurais tendance à identifier comme des dérivés de techniques musicales. Le Prologue, par exemple, est une sorte de sonate en trio [...]. Il

y a d'autres cas, peut-être plus complexes, qui imitent également certaines techniques musicales. L'un d'eux est la scène consacrée aux Esquimaux qui a lieu, pour ce qui est de l'apparence, au wagon-restaurant du train — le train traversant la quasi-totalité du programme en basse continue — et dans laquelle Mrs Schroeder, Mr Vallee, Mr Lotz et Mr Philipps sont plus ou moins simultanément en conversation * — les problèmes d'écoute qui en résultent forçant l'auditeur à prendre un rôle assez comparable à celui du steward du wagon-restaurant occupé à servir également les uns et les autres.

L'intérêt de ces scènes est, me semble-t-il, de tester, en un sens, jusqu'à quel point il est possible de percevoir plus d'une conversation ou plus d'une impression vocale simultanément. Il est parfaitement exact, dans la scène du wagon-restaurant, que les mots ne sont pas tous audibles, mais, à ce compte-là, ni plus ni moins que ne le sont toutes les syllabes de la fugue finale du Falstaff de Verdi. Il n'est encore guère de compositeurs d'opéra qui aient été découragés d'écrire des trios, des quatuors ou des quintettes sous prétexte que seule une partie du texte accompagnant la musique était accessible à l'auditeur — la plupart des compositeurs s'attachant à la structure globale, au jeu des consonances et des dissonances entre les voix — et, indépendamment du fait que je sois convaincu que la plupart d'entre nous sont capables de saisir une information beaucoup plus substantielle que nous n'en sommes nous-mêmes convaincus, j'aime à penser que ces scènes peuvent être écoutées à peu près dans le même esprit qu'on écouterait la fugue de Falstaff. »

L'analogie de Gould avec le serveur du wagon-restaurant ne tient pas très bien : ce serveur doit être suffisamment attentif à ce que disent çà et là les clients, mais uniquement par rapport à ce qui le concerne lui (même si les signaux qui lui parviennent

---

* On se rappellera que les voix de ces personnes ont été enregistrées séparément. Elles ne se rencontrèrent ni ne se parlèrent jamais « dans la réalité ».

ne lui sont pas directement adressés), par exemple à propos de la chaleur du potage ou de la rapidité du service. C'est ce que les psychologues appellent l' « effet de cocktail », ici la faculté de contrôle donnée au steward pour repérer et sélectionner l'information à partir de la " compote " ambiante en fonction de la nature de son travail. Cette faculté de contrôle est fondée sur le but considéré et est de nature essentiellement pratique. Mais rien de ce genre ne vient aider l'auditeur à repérer ou à sélectionner, car il n'a en tête ni but ni obligation pratique. Son rôle est extatique, si l'on se range à l'opinion de Gould. Mais les documentaires radio contrapuntiques ne se prêtent ni à l'extase, ni à un but, ni à une quelconque nécessité pratique. Ils sont *jeu* pur, parfois fascinants, beaux, édifiants, parfois irritants, mais jamais ennuyeux.

Tout cela ne veut pas dire qu'ils ne soient pas des œuvres d'art. Il y a du jeu en tout art et de l'art en tout jeu, et il est une forme d'art (comme de jeu) qui édifie ses règles au fur et à mesure qu'elle se crée. L'art de Gould dans ces œuvres appartient à cet ordre et il ressemble davantage, sous ce rapport, à l'art de Schoenberg qu'à celui de Bach. Et davantage au cinéma qu'à la musique. Mais jeu ou non, il ne s'agit pas là d'une plaisanterie, pas le moins du monde *.

* La CBS publia en 1977 un disque d'œuvres pour piano de Jan Sibelius. L'événement mérite tout particulièrement d'être signalé : pour la première fois à propos de l'enregistrement d'un interprète de musique classique, le texte d'accompagnement évoquait avec quelque détail le processus de mixage et son importance artistique. Les techniques décrites (par le directeur artistique du disque, Andrew Kazdin) sont celles des documentaires contrapuntiques de Gould — qui les a progressivement introduites dans ses enregistrements au piano, déjà depuis un certain temps —, identifiées et présentées de la sorte pour la première fois.

En 1975, Glenn Gould a dit de sa *Trilogie de la Solitude* qu'elle était en partie autobiographique ou que, du moins, elle s'en rapprochait autant qu'il lui serait jamais possible de le faire à la radio. Étant donné que la radio est son mode d'expression favori, il faudra bien nous en satisfaire. (N.d.A.)

Au cours de l'un des quatre films produits en 1974 pour l'ORTF (Cf. *Filmographie*), il est possible de voir, en des images superbes, Gould en train de travailler au mixage de l'*Opus 57* de Scriabine *(Préludes)*, ainsi qu'au processus d'enregistrement et de post-production. Ce film — le second du cycle — porte pour titre : *L'Alchimiste*. (N.d.T.)

Chapitre 10

Dire n'importe quoi
sur n'importe quoi
et n'importe où

Paul Myers, l'un des directeurs artistiques de Gould, a écrit :
« Je pense que toutes les interprétations de Gould méritent
une attention et une compréhension particulières. Je ne
connais pas d'autre pianiste à qui on puisse le comparer, et il
serait peut-être plus juste de dire qu'il appartient à une catégorie musicale qui lui est propre. » Mais n'être rien de plus
qu'un pianiste, fût-il unique, n'a jamais été l'intention de
Glenn Gould. Et c'est justement ce que n'accepte pas le
public ; B.H. Haggin ne fait que servir de porte-parole à ce
dernier en affirmant que Glenn Gould « ... préfère dire
n'importe quoi sur n'importe quoi et n'importe où, plutôt que
de jouer merveilleusement dans une salle de concert ».

Glenn Gould, comme pianiste, et à l'occasion comme claveciniste et comme organiste, a produit un formidable catalogue d'enregistrements ; il a fait une brève mais fulgurante carrière de concertiste : c'est là-dessus que repose essentiellement
sa réputation.

En tant que compositeur, il a écrit un *Quatuor à cordes,* une
Fugue chorale, deux *Cadences* et un bon nombre d'œuvres
inédites. Il considérait ses documentaires contrapuntiques
pour la radio comme des compositions musicales — ce qu'ils
sont, si l'on se réfère aux critères d'avant-garde des années 60.
Il considérait aussi que ses interprétations — en concert ou sur
disques — le faisaient participer à la composition ou à la re-
composition de la musique qu'il jouait.

Auteur, il a produit le « n'importe quoi » dont parle Haggin dans la remarque virulente qu'on vient de citer. Les critiques de Haggin sur les enregistrements et les concerts de Gould figurent parmi les plus pénétrantes et les plus favorables qu'on puisse lire. En revanche, ses inquiétudes sur l'expression orale ou écrite de Gould étaient manifestes dans son compte rendu des deux conférences prononcées au Hunter College de New York les 31 janvier et 3 mars 1964. Ces conférences faisaient partie d'une série intitulée « La Sonate pour piano », et furent annoncées en tant que « récitals-conférences ». Haggin ignorait que Gould était à quelques semaines du dernier concert de sa carrière (le 28 mars de la même année) ; il est probable que personne ne le savait, pas même Gould, ce qui, avec le recul, ajoute un certain piquant au récit de Haggin :

« Les deux conférences faites par Glenn Gould l'hiver dernier au Hunter College dans le cycle consacré au piano l'ont révélé comme une sorte de réplique canadienne de Donald Tovey [...] Gould parla avec une érudition impressionnante sur des œuvres précises appartenant à toutes les époques... »

Mais Haggin s'inquiétait de ce que Gould eût « mis l'accent sur l'élément de structure harmonique de la musique (en l'occurence, le premier mouvement de l'*Opus 109* de Beethoven), jusqu'à le considérer comme essentiel et plus important même que l'élément thématique et mélodique » ; il faisait remarquer que « cette attitude était déjà évidente dans certains de ses enregistrements récents — notamment celui du *Concerto K. 491* de Mozart ». Par ailleurs, Haggin parlait de cet enregistrement : « Audace et puissance dans la sculpture de la phrase, énergie réfléchie jusque dans chaque note des traits et des figurations rapides, tension et élan soutenus, comme jamais rien de semblable auparavant, rien d'aussi magnifique. » Quant aux conférences du Hunter College, voici ce qu'en pensait Haggin :

« Il y a autre chose d'inquiétant, c'est que Gould manifeste une aversion apparemment croissante à jouer de la musique en public, et qu'il préfère en parler, ou écrire à son propos. L'auditoire qui remplissait la salle lors de sa première conférence était venu là parce qu'il savait avec quelle force il pouvait illuminer la musique par son jeu. Mais la majeure partie des auditeurs ne trouva pas les différentes propositions de son exposé très lumineuses, parce que ces propositions — représentant sa connaissance de la musique dont elles étaient le commentaire — ne coïncidaient pas, dans l'esprit des auditeurs, avec cette connaissance de la musique qui leur aurait été nécessaire pour comprendre l'exposé, et que Gould ne la leur avait pas communiquée en jouant suffisamment cette musique au piano. »

Rapport de Raymond Ericson dans le *New York Times* sur la première conférence :

« Il est évident que certains auditeurs auraient préféré écouter M. Gould faire de la musique, plutôt que de l'entendre en parler. Après qu'il eut joué seulement quelques mesures au début de la soirée, il fut accueilli par des applaudissements prolongés ; il y répondit par un simple hochement de tête, montrant qu'il était déterminé à donner sa conférence. Il ne s'arrêta même pas pour un entracte, et plusieurs personnes quittèrent la salle, parce qu'elles s'attendaient apparemment à entendre davantage de musique [1]. »

Neuf ans plus tard, j'ai écrit au Hunter College en leur demandant la documentation qu'ils possédaient sur les conférences de Gould. La réponse fournit un épilogue intéressant à cette histoire : ils avaient fait des recherches mais n'avaient trouvé aucune information concernant les conférences qu'il aurait données chez eux [2].

Rien n'illustre mieux la réticence manifeste à accepter Gould en tant qu'écrivain, que le mépris quasi général de ses écrits sur Arnold Schoenberg, qui l'emportent, si l'on s'en tient au nombre de titres (et peut-être de pages), sur les travaux publiés à propos de Schoenberg par n'importe quel écrivain de langue anglaise. Même en supprimant les nombreuses répétitions des écrits et des manuscrits de Gould, on obtiendrait un livre de taille imposante * ; et s'ils avaient été écrits par un autre que Gould, les critiques et les érudits en auraient déjà disserté longuement, avec la plus vive animation.

En 1966, Yehudi Menuhin déclara à la télévision (CBC) que Gould *en savait plus sur Schoenberg, et qu'il comprenait sa musique de façon plus authentique que qui que ce soit d'autre* [3]. Les premiers écrits connus de Gould sur Schoenberg sont en fait un ensemble de notes préparées pour un concert donné au Royal Conservatory en 1952, lors de la commémoration du premier anniversaire de la mort du compositeur. Ses écrits sur Schoenberg comprennent aussi une monographie, un article paru dans une revue trimestrielle, treize scripts pour la radio et quatre pour la télévision (partiellement ou entièrement consacrés à Schoenberg), un film, six essais pour des pochettes de disques, deux conférences publiques et un disque parlé.

La présentation de sa monographie *Arnold Schoenberg : une perspective* (1964) laisse entendre que Gould eut à l'Université de Cincinnati une expérience beaucoup plus heureuse qu'au Hunter College :

« Cette conférence prononcée par le pianiste canadien de renommée mondiale, Glenn Gould, devant une salle pleine à craquer au Wilson Auditorium de l'Université de Cincinnati, ne peut donner, sous sa forme écrite, qu'une idée imparfaite de l'émotion suscitée par l'événement, car la magie communicative d'une conférence de Gould ne peut être transcrite sur le papier. On peut peut-être l'évoquer en disant que Gould conférencier est une extension de Gould interprète, et que ces

* Cf. Appendice n° 5.

mêmes qualités de lucidité et de chaleur, de style et d'esprit, qui brillent dans son jeu, animent également sa parole, et font que le style de sa conférence est tout aussi remarquable que son interprétation musicale [4]. »

Dans le *Music Index,* on ne mentionne qu'un unique compte rendu de cette monographie : celui de Robert Baksa dans le *Music Journal,* où il est dit que « c'est l'œuvre d'un esprit musical de génie, qu'il faut lire. »

Les nombreux écrits de Gould sur Schoenberg, quelle que soit leur valeur, sont passés presque inaperçus. Mais il suffit que Gould fasse une erreur historique, comme dans son article de 1960, *Bodky on Bach,* pour que l'on jubile dans les milieux autorisés. Aucun doute que les musicologues n'aient de tout cœur souscrit à l'opinion d'Abram Chasins quand il écrivait à la même époque qu'il trouvait « l'érudition de Gould, dont on faisait si grand cas, tout à fait surfaite ».

Bodky on Bach, paru le 26 novembre 1960 dans le *Saturday Review,* est une recension du livre de Erwin Bodky, *L'interprétation de l'œuvre pour clavier de Bach.* Voici les propos de Gould dans le premier paragraphe :

« Il paraît à peine possible que le même homme qui presse l'étudiant de Bach à élaborer son interprétation à travers l'analyse des structures internes d'une composition puisse, quelques chapitres plus loin, discuter sérieusement de la relation intime qui existe entre le sujet de 14 notes de la Fugue en do majeur *du premier livre du* Clavier bien tempéré, *et le fait que la position, dans l'alphabet, des lettres du nom de Bach aboutisse à un total de 14, et que de plus, si l'on ajoute les initiales J. S., on obtienne le chiffre inverse : 41 (mes propres calculs donnent obstinément 43)* [5]. »

Il est malheureusement bien établi que, dans sa musique, Bach a joué intentionnellement avec des symboles numériques, y compris en utilisant les chiffres 14 et 41 comme signature codée. Gould avait un problème avec le chiffre 41 parce qu'il ignorait que dans l'alphabet gothique le « I » et le « J » ne sont pas deux lettres distinctes mais deux versions d'une même lettre. Si dans cet alphabet nous attribuons 1 au A, 2 au B, 3 au C, et ainsi de suite, I et J seront 9 et S 18 ; ainsi, nous obtiendrons 41 pour J.S. Bach, comme l'a dit Bodky, et comme l'a vraisemblablement fait Bach.

A quelque temps de là, il y eut dans le *Saturday Review* deux « Lettres à l'éditeur » qui, sur un ton satisfait, remettaient Gould à sa place.

Ce dont on peut s'étonner à propos de cet incident, ce n'est pas qu'il ait eu lieu mais que, si l'on considère la masse imposante des écrits de Gould, ils ne contiennent que très peu d'erreurs de ce genre. Bon nombre d'érudits professionnels ont fait pire. Mais pour ceux qui proclament que « à chacun son métier » et donc, que Gould s'en tienne à son piano, c'était là la preuve que, bien qu'il joue merveilleusement, il avait tendance à dire n'importe quoi.

Si Gould affirme que la musique de Mozart manque d'esprit aventureux sur le plan harmonique (ce qui explique son peu d'enthousiasme pour une bonne part de cette musique), les mêmes s'écrieront : « Nimporte quoi ! » ; ils ne diraient pas cela si c'était écrit par Alfred Einstein ou D.F. Tovey — ce qui d'ailleurs, de façon différente, fut fait.

D'un autre côté, on ne saurait nier que Gould n'ait mis effectivement quelques obstacles à ce que nous le prenions vraiment au sérieux : ses plaisanteries, ses bouffonneries, sa tendance initiale au prolixe et à l'obscur, ses arguments qui visent trop haut, ses exagérations provocantes ; tout le monde ne sera pas d'accord pour dire que la *Fantaisie pour piano* d'Istvan Anhalt *[...] est l'une des plus belles œuvres du piano de son époque* (1954) [6], ou que la *Sonate n° 2, opus 38* de Fartein Valen contient *[...] l'un des moments de la musique les plus exaltants [...] et [...] que c'est l'une des plus grandes sonates pour piano du XXᵉ siècle* [7]. Je ne pense pas dénigrer la musique d'Anhalt ou celle de Valen en disant que leurs noms ne sont

240

pas mentionnés couramment parmi les mélomanes ; et les *Variations Chromatiques* de Bizet, même dans l'interprétation stupéfiante de Gould, ne vont pas jusqu'à être, comme il le dit, *l'un des quelques rares chefs-d'œuvre pour piano seul qui parvienne à faire surface pendant le troisième quart du XIXe...* [8] L'enthousiasme de Gould est certes communicatif, et il devrait rassembler un auditoire respectueux autour des œuvres dont il fait l'éloge ; mais nous sommes parfois excusables de nous demander jusqu'à quel point Gould entend lui-même être pris au sérieux. Néanmoins, sur un plan théorique et plus général, Gould a une thèse centrale qu'il entend en effet nous faire prendre au sérieux, encore que peu de gens l'aient fait jusqu'à présent.

Cette thèse, il ne l'a pas inventée, mais il l'a rendue effective et l'a vivifiée par sa pratique de l'enregistrement bien plus que n'importe quel autre musicien de musique classique. En tant qu'écrivain, il l'a considérablement développée, là encore bien plus que tout autre ; et l'on trouve alors dans ses écrits bien peu de plaisanteries ou d'exagérations. Cette thèse est pour lui tellement vraie et solide qu'il éprouve à peine le besoin de la formuler explicitement.

Elle implique que la musique enregistrée est un art autonome, un art qui a ses propres conventions, ses techniques, son histoire et sa mythologie, sa morale et ses critères. La musique enregistrée est à la musique de concert ce que le cinéma est au théâtre : une sœur puînée, pas une servante.

Les enregistrements de Gould mettent sa thèse à l'épreuve, jusqu'à l'extrême limite et au-delà. Et ses écrits sont pour une bonne part destinés à justifier les interprétations qui peuvent, dans ces enregistrements, nous sembler quelque peu excentriques et extravagantes. Quoi qu'il en soit, Gould réagit partout contre la notion de l'« Ancienne Philosophie » qui réduit l'enregistrement à un concert fossilisé, et contre les critiques qui attendent d'un enregistrement qu'il soit quelque chose qu'il n'est pas ou n'a pas besoin d'être : le substitut d'un concert. Un enregistrement n'est pas plus le substitut d'un concert qu'un film n'est celui d'une pièce de théâtre.

Nous posons généralement une mauvaise question : qu'est-ce que nous apprécions le plus dans un concert et qui se trouve inévitablement perdu dans l'enregistrement qui en est fait ? La bonne question est la suivante : qu'apprécions-nous dans un enregistrement et qu'un concert ne saurait nous donner ? Un disque de musique enregistrée est une œuvre d'art à part entière, et non pas l'ombre ou le reflet de quelque chose d'autre. Nous n'avons donc pas à nous demander de quoi la technologie nous prive, mais plutôt ce qu'elle peut nous apporter de plus que le concert.

Gould a bien montré qu'il était impossible d'accuser la technologie — quand on en fait bon usage — de s'ingérer en destructrice dans la production des disques de musique classique. Si, par exemple, nous ne parvenons pas à localiser les collures en écoutant un disque, il va de soi que nous ne pouvons les qualifier de destructrices.

Il a soutenu dans ses écrits et n'a cessé de démontrer par ses disques que, pour certains types de musique, l'enregistrement était susceptible de créer plus de transparence et plus de cohérence qu'une salle de concert, et que c'était ce qui leur convenait.

La technologie de l'enregistrement a, dit-il, élargi les perspectives des compositeurs, des interprètes, des auditeurs, et a ouvert de nouvelles possibilités à l'imagination artistique. Ses propres enregistrements ne sont pas des « testaments » ni des « déclarations définitives ». Ils sont partie intégrante de sa recherche obstinée, de la quête de moyens qui fassent de la musique enregistrée un art autonome. C'est pourquoi les enregistrements de Gould sont, comme le dit Joachim Kaiser, « une expérience physique et acoustique ».

Chaque enregistrement de Gould, tout comme chacun de ses essais, scripts, films, documentaires et compositions, contribue à cet effort prométhéen : nous faire partager la connaissance extatique de ses propres perspectives multidimensionnelles, tonales et imaginatives ; Gould est le sage des temps anciens, celui de l'épigraphe de Diderot citée au début de ce livre, celui en qui le philosophe, le poète et le musicien ne font qu'un. En le diminuant quand nous le réduisons à n'être que l'un d'eux, c'est nous-même que nous diminuons.

ÉPILOGUE

Glenn Gould est mort brusquement à Toronto le 4 octobre 1982, à l'âge de cinquante ans. La presse internationale donna tant d'importance à l'événement que, même pour ceux qui n'avaient jamais entendu parler de Glenn Gould, il était évident que le monde venait de perdre une personnalité très considérable.

Certaines réactions du public se montrèrent tout à fait inappropriées et dépourvues de sensibilité. Par exemple, à Toronto, un groupe de gens énergiques a fait circuler une pétition pour qu'une salle de concert récemment construite porte son nom. En Alberta, on proposa d'instaurer un concours de piano en sa mémoire. A Ottawa, le gouvernement canadien a acheté le CD 318 que Gould avait abandonné deux ans auparavant, considérant qu'il était finalement incurable. Aujourd'hui, avec le denier public, on le reconstruit de telle sorte que toutes les caractéristiques que Gould aimait en lui auront complètement disparu ; il occupera une place d'honneur dans la résidence du Gouverneur Général, en souvenir de son précédent propriétaire. Un porte-parole du gouvernement a annoncé qu'il sera bientôt en si bon état que Gould lui-même n'aurait pas eu honte d'en jouer en public. Gould se serait sûrement amusé de l'absurdité ironique de ces projets.

On dirait que, pour les commémorateurs et le cortège funèbre, il faut réduire Gould au rang de simple virtuose hors-pair.

Comme si Gould le moraliste passionné, Gould le génial sculpteur de son n'avait jamais existé, comme si ses écrits pouvaient être passés sous silence, considérés comme des absurdités ; comme si ne comptait pas tout ce qu'il avait dit en public si sérieusement depuis qu'il avait vingt ans.

Dans le même genre, mais cette fois avec un total manque de respect, il y a eu la publication de bribes d'enregistrements faits « en famille », pour le travail et à usage privé : un assortiment de bandes ou (et) de disques mous, de très mauvaise qualité sonore et d'origine douteuse, que Gould n'aurait jamais laisser diffuser. La seule valeur de ces enregistrements, si toutefois il en existe une, est de type « voyeuriste » plutôt qu'esthétique. Glenn Gould se considérait comme un artiste du son enregistré et ses critères artistiques sont jusqu'à présent inégalés ; mais le proverbe qui dit que les morts n'ont aucun droit est ici vérifié.

Ce livre fut publié pour la première fois au Canada en 1978. Bien sûr, il y a eu des changements et des développements dans la carrière de Gould pendant ces dernières années, et le plus important est, à mon avis, que Gould est devenu son propre directeur artistique à la CBS. Alors qu'Andrew Kazdin quittait la CBS, la question de savoir qui lui succéderait fut résolue par la décision hardie et imaginative d'inviter Gould lui-même à prendre la charge. Il devenait ainsi le premier musicien classique à avoir un contrôle total sur ses propres enregistrements ; mais au moment de sa mort, il avait à peine commencé à montrer ce qu'il pouvait faire de sa nouvelle liberté artistique.

Gould n'a pas pu continuer à enregistrer à l'Eaton Auditorium de Toronto comme il l'avait fait de 1970 à 1977, car les bâtiments de College Street avaient changé de mains et de fonction. Après avoir longtemps cherché un studio adequat à Toronto, Gould reprit les enregistrements à New York, sans pour autant être toujours satisfait des résultats acoustiques. Il se produisit alors un changement concomitant dans son attitude : il se montra moins enclin à parler de Toronto et du Canada, et dans son langage quotidien commença à apparaître un certain parfum de jargon du showbiz américain.

A New York, il trouva un piano Yamaha d'occasion sur lequel il fit ses enregistrements les plus récents et dont il parlait souvent avec un engouement enthousiaste.

Le dernier et le moins contrapuntique de ses documentaires contrapuntiques pour la radio fut terminé à la fin de l'hiver 1979 ; il s'agit de son étude depuis longtemps attendue sur Richard Strauss, intitulée *The Bourgeois-Hero.* Il cessa de faire ce genre de documentaires car, me dit-il, ils ne l'intéressaient plus. Peu de temps après (y a-t-il un rapport ?) il rompit ses relations avec la CBC, laissant inachevés quelques projets pour la télévision. Il est un peu triste de voir une collaboration si longue et si productive se terminer ainsi. D'autre part, son nouvel enregistrement des *Variations Goldberg* devait marquer la fin de sa collaboration avec la CBS. De toute façon, il disait avoir « bouclé la boucle » et se sentir prêt à entrer dans une nouvelle phase de sa carrière. Ce qu'il voulait dire par là n'est pas tout à fait clair, mais il voulait sûrement parler de ses nouvelles expériences d'enregistrement et de traitement du son orchestral, expériences que les médias nommèrent « direction d'orchestre ». Comme on pourrait s'en douter, il ne s'agit pas de direction d'orchestre dans le sens conventionnel du terme. Gould m'a dit qu'il n'avait absolument pas l'intention de « diriger » en public.

Pour autant que je sache, il a peu écrit durant les dernières années de sa vie, bien que plusieurs interviews de lui aient été publiées dans la presse. Ces interviews furent plus nombreuses et plus objectives qu'on aurait pu s'y attendre quelques années plus tôt. Il m'avoua que mon livre était à l'origine de ce changement en lui. En effet, les derniers mots qu'il me dit, au téléphone, quelques heures avant sa première attaque, me remerciaient pour le livre et l'étendue de ses effets dans ses entretiens avec les journalistes. Durant cette dernière conversation, il était tout optimisme et enthousiasme à propos de son Yamaha, des œuvres qu'il venait d'enregistrer avec lui et qu'il s'apprêtait à diffuser, et de ses projets pour l'avenir.

On peut trouver quelque réconfort à penser que sa vie s'est terminée sur une note heureuse.

Mais que nous a-t-il laissé ?

Notre manière d'écouter de la musique ou d'en jouer a été bouleversée par Glenn Gould. Même si parfois nous ne *voulons* pas révéler ou admirer la *" colonne vertébrale "* d'un morceau, il a apporté à notre appréciation de la musique une grande lucidité. Cette lucidité est là, que nous l'acceptions ou non, et elle vient de lui, que nous l'admettions ou non. Il y a réussi grâce aussi bien à son approche de la technologie que par la vertu de son piano.

Tout grand artiste nous fait voir ou entendre le monde différemment. Glenn Gould, pour qui la clarté n'était jamais l'ennemie du mystère, nous a montré qu'il était possible de vivre sans être obligé de garder le pied sur la pédale " forte ".

G.P.

Toronto
21 août 1983

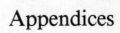

Appendices

1

« Oui, mais comment est-il vraiment ? » *

Ami de l'Auteur. — *Oui, mais comment est-il vraiment ?...*
Auteur. — Que veux-tu dire par vraiment ? Il est comme un homme qui fait le genre d'enregistrements qu'il fait et qui dit les sortes de choses qu'il dit dans ses articles ou dans ses scripts.
AA. — *Ne sois pas si collet monté : tu sais bien ce que je veux dire. Comment est-il quand on parle avec lui en chair et en os ? Comment s'habille-t-il ? Quelle voiture a-t-il ? Quels sont ses amis ?*
A (humblement). — Je ne sais pas.
AA. — *Tu ne sais pas ? Si toi tu ne sais pas, qui le sait alors ? Tu as dû le rencontrer souvent, déjeuner ou prendre le café avec lui, assister à ses enregistrements, bref, passer un tel temps avec lui que...*
A. — Eh bien non, tu vois...
AA. — *Attends ! Laisse-moi tirer les choses au clair. Vous habitez la même ville, tu écris un livre sur lui, mais tu ne l'as jamais rencontré ? C'est bien cela ?*
A. — Eh bien, en fait, nous nous sommes beaucoup parlé par téléphone.

---

* Ce dialogue, écrit en même temps que le livre, a été diffusé sur les ondes de CJRT-FM à Toronto, le 10 septembre 1978 ; il était interprété par Geoffrey Payzant lui-même et par Paul Robinson. Il figure, en anglais, dans *Glenn Gould Variations* (Doubleday Canada Ltd, Toronto, 1983).

AA. — Toi ? *Tout le monde sait que tu es plutôt idiot au télé-phone ; tu bégayes, tu bredouilles, et tu as toujours envie de passer le combiné à quelqu'un d'autre. Tu as dû l'horripiler au téléphone, tout comme nous autres.*

A (encore plus humblement). — J'ai surtout écouté.

AA. — *Je m'en doute. Alors, comment était-il au téléphone ?*

A. — C'est assez difficile à dire. J'étais toujours surexcité : j'avais peur d'oublier quelque chose que je voulais lui deman-der. Je transpirais beaucoup et souvent, après une ou deux heures de...

AA. — *Une ou deux heures ? Tu veux dire qu'il parlait et que tu « écoutais surtout » pendant une ou deux heures d'affilée ?*

A (agacé). — Je veux t'expliquer comment il était au télé-phone. Oui, il parlait quelquefois pendant plusieurs heures, avec sa voix « téléphonique » qui faisait défaillir mon adoles-cente de fille à chaque fois que c'était elle qui décrochait. Cette voix est un instrument de musique presque aussi étonnant que l'esprit qui en joue. Et bon nombre de ses phrases sont aussi élaborées et denses que le contrepoint à la Max Reger avec lequel il compare souvent ses documentaires radio — quoique plus claires.

AA. — *Excuse-moi de t'interrompre, mais nous reviendrons sur ses documentaires radio une autre fois. Dis-moi plutôt : est-ce qu'il lui arrivait de s'embrouiller et de perdre le fil de son discours dans ses grandes phrases ?*

A. — A lui, non, mais à moi, oui ! Jusqu'à ce que j'aie eu la brillante idée de griffonner une sorte de graphique de la courbe de ses phrases pendant qu'il parlait. Une fois, en me parlant de sa musique pour le film *Abattoir 5,* il est allé jusqu'à faire, dans une seule phrase, quatorze niveaux de parenthèses, clauses annexes, à-côtés et à-côtés d'à-côtés. Mon graphique montra qu'il ferma chacune de ces parenthèses dans le bon ordre, et qu'il finit sa phrase au niveau où il l'avait commencée, avec le bon verbe !

AA. — *Cela ne m'étonne pas que tu aies transpiré !*

A. — J'en avais le souffle coupé. Et contrairement à ce que tu pourrais penser, il ne faisait pas cela pour m'épater. C'était de l'exubérance authentique. Il était passionné par le projet du film, et il voulait me transmettre cette passion. Son entrain et sa vitalité m'étaient plus réels et plus proches que tout ce que j'avais jamais ressenti avec quelqu'un en tête à tête.

AA. — *De quoi parliez-vous au téléphone ?*

A. — Je lui demandais surtout des informations précises, des dates, des faits et des explications sur des choses qu'il avait dites ou qui avaient été dites à son sujet. Il était toujours très franc, très ouvert dans ses réponses, et toujours très patient devant ma lenteur et ma stupidité.

AA. — *Oui, ça, c'est bien toi au téléphone ! Mais j'ai du mal à croire tout ce que tu me dis. Est-ce que tu n'es jamais allé droit au but, en lui demandant si tu pouvais le voir ?*

A. — Si, deux ou trois fois, mais...

AA. — *Eh bien, que disait-il ?*

A (l'air pensif et avec une pointe de regret). — Presque rien. Il faisait comme s'il n'entendait pas, ou il changeait habilement de sujet. Il est toujours poli et prévenant, et prodigue de son temps. Mais un jour, je l'ai questionné à propos de cet écran qu'il met entre lui et les micros pendant qu'il enregistre au piano, pour atténuer les bruits de sa voix. Il répondit : « Bien sûr, vous n'avez jamais assisté à l'une de mes séances d'enregistrement... » ; je sautai sur l'occasion en m'écriant : « Non, mais j'aimerais beaucoup !... » et il continua sur ce qu'il était en train de dire.

AA. — *Alors, tout ce qu'on raconte sur son désir de se cacher des regards indiscrets, sur son besoin de solitude, c'est exact, cela n'est pas une simple affectation de sa part, comme je l'ai toujours pensé ? [Pause] Tu as l'air satisfait ; c'est bien ce que tu dis dans le livre, n'est-ce pas ? Et tu approuves, non ?*

A. — Qu'y a-t-il à approuver ou à ne pas approuver ? Une personne travaille mieux dans les conditions qui lui conviennent le mieux. Quant à moi, je ne parlerais pas en public comme je le fais maintenant si je n'en avais pas envie ; et toi non plus.

253

AA. — *A-t-il vu ton livre ?*

A. — Oui, bien sûr ! A chaque étape importante, je lui envoyais un exemplaire de la dernière version du manuscrit, il le lisait rapidement puis me téléphonait pour rectifier quelques erreurs ou me parler d'un malentendu.

AA *(un peu gêné).* — *Puis-je oser te demander ce qu'il en pensait ?*

A. — Il en parlait avec bienveillance, et quand vint pour moi le moment de lui demander la permission en bonne et due forme de citer ses écrits, il s'est montré très coopératif. A peu près un cinquième du livre est constitué de citations de ses textes.

AA. — *T'a-t-il demandé de modifier certains passages de ses citations ?*

A. — Non, jamais ; sauf pour de petits détails d'édition — la plupart appartenant aux transcriptions que j'ai faites de ses programmes de radio et de télévision ou à certains de ses propres articles, imprimés à ses débuts, alors qu'il n'osait pas encore contredire les prétendues « améliorations » de ses éditeurs : ponctuation, ordre des mots, des choses de ce genre ; c'est un fanatique de la virgule. Cela dit, il n'a jamais suggéré de changements majeurs dans mon texte ni dans aucune de ses citations.

AA. — *Au début du livre, tu écris qu'il était un enfant solitaire, aux idées bien arrêtées, et détestant la cruauté, ce que tu élèves au stade de thèmes centraux pour ce que tu appelles sa philosophie musicale. Comment a-t-il évolué ? Est-il toujours le même ?*

A. — Tu es en train d'essayer de me faire dire comment il est *vraiment*. Et comme tous les autres, tu crois que je te cache quelque chose. Ce n'est pas le cas, et je n'y suis pour rien si tu refuses de te laisser convaincre. De toutes façons, ses opinions sont plus fortes que jamais, et elles sont inchangées ; mais il a appris à les nuancer, tout en les exprimant de manière plus convaincante. Il a trouvé dans la technologie un moyen de vivre sa solitude, ce qui, avec sa haine de la cruauté (ou de la compétitivité), l'a amené à façonner une philosophie musicale d'un point de vue et d'un caractère résolument éthiques.

AA. — *Puisque ce livre est le seul qui ait été écrit sur lui jusqu'à présent, il va bien falloir que je te croie.*

A. — Ce n'est pas *moi* qu'il faut croire, c'est *lui ;* tout est dans le livre !

2

Les instruments mécaniques
au XVIIIᵉ siècle

La musique produite mécaniquement ne fit pas son apparition, comme on pourrait le croire, avec le phonographe de Thomas Alva Edison, inventé vers 1870. Une centaine d'années auparavant, la technologie des instruments de musique mécaniques avait déjà atteint un niveau élevé. L'horloge à musique du XVIIIᵉ siècle en témoigne et donne lieu à un intéressant rapprochement avec la « Nouvelle Philosophie ». L'une des variantes consistait en une horloge à caractère ornemental, dotée, au lieu d'un carillon qui frappe les heures, de tuyaux d'orgue qui émettaient des airs différents à chaque heure du jour. Le mécanisme d'horlogerie mettait en marche une soufflerie ainsi qu'un cylindre rotatif (ou « rouleau »). Tout un système de pointes et de taquets était disposé à l'intérieur et enclenchait en tournant le mécanisme de l'orgue, produisant la restitution du son. La disposition des pointes correspondait à la transcription pure et simple de la notation du morceau à jouer.

Haydn, Mozart et Beethoven composèrent pour ces cylindres. Haydn n'écrivit pas moins d'une trentaine d'œuvres, qui n'ont pas de valeur particulière. Mozart en écrivit trois ; ce sont des œuvres de la maturité, qui figurent parmi ses plus belles créations [1] : l'*Adagio* et *Allegro pour orgue mécanique en fa mineur, K.594*, la *Fantaisie pour orgue mécanique en fa mineur, K.608*, l'*Andante pour petit orgue mécanique en fa majeur, K.616*.

257

La différence entre les œuvres de Haydn et celles de Mozart est pour nous du plus haut intérêt.

« Les compositions de Haydn pour horloges à musique sont calquées sur ses œuvres pour piano [...]. Elles sont apparentées à [...] toutes ces œuvres pour pianoforte qui contribuèrent à forger le style de la musique pour clavier du XIXe siècle [2]. »

En d'autres termes, Haydn écrivit des œuvres pour piano qui furent transférées dans les cylindres pointés des horloges à musique.

Mozart, à l'inverse, composa des œuvres qui n'étaient pas à l'origine conçues pour le piano ou pour quelque autre instrument, mais qui furent écrites en fonction des possibilités propres aux orgues mécaniques. Elles ne peuvent être jouées au piano telles quelles ou sans déperdition. Comme le remarque Einstein, le *K.616* de Mozart « ... renferme quelques passages de vélocité mécanique que Mozart eût écrits différemment pour le piano [3] ». Les deux autres œuvres, les *K.594* et *K.608,* peuvent être transposées au piano à quatre mains ou à l'orgue en utilisant le pédalier. Mais aucune de ces trois œuvres ne constitue une œuvre pour piano qui aurait été adaptée à la machine ; toutes trois sont conçues et réalisées en fonction des propriétés spécifiques de cette dernière. Elles ignorent les limites qu'impose le clavier, non seulement en ce qui concerne la rapidité d'exécution, mais aussi l'étendue, l'enchevêtrement des voix, ainsi que plusieurs autres obstacles afférents au clavier.

Si l'on compare Haydn et Mozart, Mozart est à ce propos représentatif de la « Nouvelle Philosophie », Haydn de l'« Ancienne ». Beethoven connaît les deux manières : certaines de ses œuvres pour orgue mécanique ont été, à l'origine, écrites pour des instruments traditionnels, d'autres directement à l'intention du cylindre. La différence est manifeste. Dans le second cas, l'écriture ne correspond pas aux possibilités d'un pianiste, quelque extraordinaire qu'il puisse être ; elle échappe aux contingences techniques de cet ordre et permet d'exploiter des ressources qui demeureraient, en dehors de la

technologie, inaccessibles tant aux compositeurs qu'aux interprètes de la musique pour clavier. La Nouvelle Philosophie
rend jouable l'injouable et concevable l'inconcevable.

Notes

1 G. de Saint-Foix. — *Les Symphonies de Mozart.*
2. Karl Geiringer. — *Haydn : a Creative Life in Music* (Londres, 1947).
3. Alfred Einstein. — *Mozart : his Character, his Work* (1965).
Voir aussi l'essai sur les « Œuvres de Mozart pour Orgue Mécanique » dans
A. Hyatt King. — *Mozart* in *Retrospect* (1970).

Extase et authenticité

John Beckwith a soulevé la question de l'authenticité dans un article qui remonte à 1960 :

« Gould est à la fois un interprète de Bach absolument convaincant et un véritable érudit ; en conséquence, je me demande bien pourquoi il n'adopte pas l'orgue ou le clavecin pour jouer Bach, plutôt que le piano, qui est inauthentique [1]. »

Le grand mot étant lâché, il va de soi que Gould n'a pas manqué de relever la question :

« *Après avoir enregistré la totalité des quarante-huit Préludes et Fugues du* Clavier bien tempéré *de J.-S. Bach, et en effet au piano, je ne pouvais guère éluder la question de mon choix personnel des instruments. Au cours du XXe siècle, le débat s'est éternisé pour savoir jusqu'où le piano, et spécialement le piano à queue, était capable de satisfaire aux exigences de cette musique. On entend fréquemment dire que " si Bach avait disposé d'un piano à queue, il l'aurait utilisé ". Le contre-argument repose sur l'idée que Bach, indifférent au progrès artistique, évoluait dans tout le vaste royaume des sons qui lui étaient intimement familiers.*
De toute évidence, le style de composition propre à Bach

porte la marque de son aversion à écrire pour un instrument à clavier déterminé — et il est effectivement plus que douteux qu'il se serait forcément mis au goût du jour si quelqu'un avait ajouté au catalogue de ses instruments domestiques le grand piano de concert à répétition rapide de M. Steinway [2]. »

L'argument est de poids contre l'opinion des puristes, pour qui la musique de Bach est plus authentique, donc meilleure, si elle est jouée sur un clavecin plutôt que sur un piano. C'est un argument fondé sur *" la sublime indifférence instrumentale "* de Bach. Peu importe sur quel instrument Bach lui-même eût préféré jouer ces œuvres, à supposer qu'il ait eu une préférence, et que clavecin et piano à queue se soient trouvés à sa disposition. Tout ce qui importe, d'un point de vue esthétique, est le rapport qui existe, ici et maintenant, entre la façon dont on joue de l'instrument et la musique elle-même. Ce sont les moyens par lesquels l'interprète peut établir une *"relation intime "* avec la musique — un état de communion extatique avec elle — qui lui permettent d'atteindre au mieux à la perfection esthétique de l'œuvre. Selon Gould,

« [...] l'interprète doit avoir foi, même aveuglément, en la justesse de ce qu'il est en train de faire, et croire qu'il peut trouver des possibilités d'interprétation qui n'ont pas été envisagées, même par le compositeur [3]. »

Quant à la position personnelle de Gould à propos de la critique en matière d'art, tant du point de vue théorique que pratique, c'est dans son article sur *Richard Strauss et l'Avenir de l'Électronique* paru dans le *Saturday Review* du 30 mai 1964 qu'elle se révèle le mieux :

« Admettons qu'on soumette à la critique une improvisation dont le style et la texture fassent raisonnablement penser qu'elle ait pu être réellement composée par Joseph Haydn. La valeur que l'auditeur sans défiance accorderait à cette œuvre — à condition qu'elle ait été brillamment réalisée et qu'elle soit tout à fait haydnienne — dépendrait principalement du degré

d'illusion que saurait dispenser l'improvisateur. Tant qu'il serait capable de convaincre le public que cette œuvre est bien de Haydn, elle jouirait d'une valeur égale à la réputation de Haydn.

Imaginons maintenant que l'improvisateur décide d'informer l'auditeur qu'en fait, il ne s'agit pas là d'une œuvre de Haydn, bien qu'elle ressemble beaucoup à du Haydn, mais qu'elle est, en fait, une œuvre de Mendelssohn. La réaction à une révélation de cet ordre serait du genre de " Ah oui, c'est une petite chose agréable, bien sûr un peu vieillotte, mais qui témoigne assurément de la maîtrise d'un style ancien " — en d'autres termes, un fond de tiroir mendelssohnien.

Dernier examen de cette œuvre hypothétique : supposons que, au lieu de l'attribuer à Haydn ou à un compositeur plus tardif, l'improvisateur soutienne que l'auteur de cette œuvre, depuis longtemps perdue et récemment retrouvée, n'est autre qu'Antonio Vivaldi, compositeur qui se trouve être l'aîné de Haydn d'environ soixante-dix ans. Je gage que, sur la foi de cette allégation, l'œuvre sera accueillie comme l'une des véritables révélations de l'histoire de la musique, considérée comme la preuve du génie anticipateur de ce grand maître, qui sut, par cet incroyable bond, établir un pont entre le baroque italien et le rococo autrichien — et notre malheureux morceau serait alors jugé digne des plus augustes programmes [4].

Gould qualifie ce type de jugement de *" syndrome de Van Meegeren "* et le tient en piètre estime :

« *L'évaluation d'une œuvre d'art d'après les informations qu'on possède à son sujet est la plus aberrante des méthodes de jugement esthétique. Elle consiste en fait à esquiver toute estimation autonome affranchie des jugements antérieurs [5].* »

Ce que Gould veut dire par là, c'est que la valeur esthétique d'une œuvre d'art ne réside en aucun cas dans les faits qui entourent l'élaboration de l'œuvre ou dans la connaissance que nous en avons, mais bien dans cette occasion unique, intime et extatique, de nos rapports avec elle. Les esthéticiens traitent cette position d' « anti-intentionnaliste » ; elle est conforme à la " nouvelle philosophie de l'enregistrement " selon Gould, qui rejette l'idée que les intentions du compositeur à propos de l'œuvre puissent être pour elle l'alpha et l'oméga. Il rejette tout autant l'idée qu'appartiendrait à l'interprète l'ultime et contraignante autorité sur l'œuvre. A chaque stade du processus technique considéré dans toute sa complexité — le choix et la position des micros, le jeu de l'interprète, l'enregistrement des prises à l'état brut, le montage, le mixage, le pressage, le choix de la platine, des enceintes, leur disposition, le réglage du son, de la balance et du volume — à chacun de ces stades, les décisions du compositeur et de l'interprète sont susceptibles d'être modifiées par d'autres décisions artistiques ultérieures, d'être révisées ou altérées selon les capacités et les limites des appareils disponibles.

Notes

1. John Beckwith. — *Notes on a recording career* in *The Canadian Forum* (janvier 1961).

2. Dans le disque *Glenn Gould : Concert Dropout*, Gould signale que cet argument ne fonctionne pas aussi bien pour certaines œuvres pour clavier de J.-S. Bach, instrumentalement moins « indifférentes ».

3. Asbell. — *Glenn Gould*.

4. Glenn Gould. — « Strauss and the Electronic Future » in *Saturday Review 47* (30 mai 1964). A partir de là, Gould continue à argumenter contre l'« originalité » en tant que catégorie esthétique, mais tombe sur une double négation.

5. Hans van Meegeren est le fameux faussaire hollandais dont les « Vermeer » furent authentifiés en bonne et due forme et vendus à des prix exorbitants. Gould affirme que van Meegeren est l'un de ses héros personnels et il a écrit sur lui et le « syndrome » dans l'*Enregistrement et ses Perspectives* (*High Fidelity Magazine* 16, N° 4, Avril 1966).

6. *L'Enregistrement et ses Perspectives* (cf. *Le dernier puritain*, Fayard, 1983).

Extase à volonté : Richard Strauss

Gould pense que la seule quête véritablement fondée de l'artiste est l'extase. Dans un passage qu'il n'était guère possible d'inclure dans le cadre des préoccupations majeures de ce livre, il déclare qu'un artiste peut *simuler* l'extase. Voici ce texte un tant soit peu embarrassant :

« *C'est assez facilement que Richard Strauss établit le contact avec l'extase, tout à fait comme Franz Schmidt parviendra à le faire avec la profondeur ; je veux simplement dire par là que la musique* sonne *de façon extatique, qu'elle le soit effectivement ou non.*

Strauss était vraiment un petit-bourgeois, vous savez, comme on peut le voir sur quantité de photos, avec son petit nœud papillon Lester Pearson. [...] Mais de ce petit-bourgeois sourd une musique qui me semble relever de l'extase transcendante... elle me paraît couler de source ; on se plaît à imaginer une figure beethovénienne, travaillant à l'occasion pour parvenir à cet état ; mais pour Strauss, nul besoin de travailler pour parvenir à l'extase : elle est toujours là. *Elle est ce qui se produit, dirait-on, au moment où il jette les notes sur le papier [...]. Je trouve qu'il y a cependant chez Strauss des moments authentiquement extatiques. Je trouve qu'on éprouve en écoutant ses premiers poèmes symphoniques et ses meilleurs opéras un sentiment de transcendance qui est absolument extraordinaire* *. »

* *Conversations avec Glenn Gould : Strauss* (film de la BBC, 1966).

Mon embarras ne provient pas de l'idée d'extase apparente ou simulée, mais de celle qu'il serait possible de distinguer, en écoutant la musique de Richard Strauss, entre extase simulée et extase authentique. Au chapitre VIII, emboitant le pas à Glenn Gould, j'affirme qu'il n'est pas possible de faire la distinction dans le cas d'une œuvre musicale ; que l'extase qui nous *apparaît* être telle (c'est-à-dire simulée ou rendue *apparente*) est en réalité la seule et unique extase. La Nouvelle Philosophie ne saurait soutenir une thèse qui démontre qu'il existe une extase authentique aussi bien qu'une extase apparente, et que les deux espèces peuvent se distinguer musicalement parlant. La position de Gould au chapitre VIII est que l'on peut brancher et débrancher ce qu'il nomme l'"*altitude extatique*" à volonté, afin de réaliser des inserts qui servent au montage de la version éditoriale d'une œuvre enregistrée.

Écrits de Gould sur Arnold Schœnberg

1953. — Texte de la pochette de disque censé commenter la *Sonate* de Berg ; l'essai porte en réalité surtout sur Schœnberg (Hallmark RS3).

1956. — Article « The Dodecacophonist's Dilemma » in *The Canadian Music Journal*.

1959. — Pochette de disque : Columbia ML5336, *Trois Pièces pour piano, op.11.*

1962. — Émission CBC, « Arnold Schœnberg : the man who changed music » (avec interviews de Aaron Copland, Goddard Lieberson, Dr. Peter F. Ostwald, Winthrop Sargeant et Gertrud Schœnberg — durée : deux heures).

— Pochette du disque CBS ML5739, *Concerto pour piano, op. 42.*

1963. — Seconde des trois conférences de la session inaugurale des Conférences MacMillan à l'Université de Toronto. (9 juillet).

1964. — Monographie *Arnold Schœnberg : a perspective* — Version publiée de la conférence prononcée par Gould à l'Université de Cincinnati en avril 1963.

1966. — Émission télévisée du 18 mai, avec Yehudi Menuhin.

— Pochette du disque Columbia M2S 736, *Musique pour piano.*

— Disque parlé : *Schœnberg,* Columbia MPS 8 (*Audition,* revue trimestrielle du son éditée par The Columbia Masterworks Club).

— Film de la BBC : *Conversations with Glenn Gould : Schœnberg.*

1967. — Pochette des disques Columbia MS7036, *Fantaisie pour violon et piano, op.47* ; et MS7037, *Ode à Napoléon, op. 41.*

— Pochette du disque Columbia MS7039, *Concerto pour piano et orchestre, op.42 ; Concerto pour violon et orchestre, op.36.*

1969. — Émission sur Schœnberg dans la série de la CBC : « The Art of Glenn Gould ».

1970. — Pochette du disque Columbia MS7098, *Musique pour piano* de Schœnberg.

1974. — Série de dix émissions d'une heure sur Schœnberg à l'occasion du centenaire de sa naissance.

— Une partie de l'émission télévisée de Gould « The Age of Ecstasy » est consacrée à Schœnberg.

— Documentaire contrapuntique radiodiffusé : « Schœnberg : the first hundred years. »

1975. — Une partie de l'émission de Gould « New Faces, Old Forms » est consacrée à Schœnberg (CBC).

— Une partie de l'émission de Gould « The Flight from Order » est consacrée à Schœnberg (CBC).

1978. — Article « Portrait of a cantankerous composer » in *The Globe and Mail* du 18 mars 1978.

Épilogue 1978 *

Rien n'est aussi troublant, à propos de Glenn Gould, que la colère qu'il a le don de susciter chez certains, qui sont convaincus que son chant, ses attitudes et gestes personnels, ne sont que des affectations. Ses bouffonneries, ses enregistrements les plus surprenants, sont ressentis comme une menace dressée contre la grande tradition romantique du pianiste virtuose. Implicitement, il n'a pas le *droit* de nous priver de l'entendre jouer, en public et en direct, les œuvres que nous voulons entendre. Quant à sa réclusion, ce n'est rien d'autre que l'une de ses affectations.

Je suis toujours stupéfait de voir le sérieux et l'ardeur de ces récriminations et d'autres du même genre, que l'on peut lire et entendre. Tout a commencé, je crois, dans les années 50, quand les journalistes tentèrent d'exploiter son jeune génie non-conformiste. Pour eux, il était le sujet idéal. Puis ils se rendirent compte qu'il n'était pas si fou, et que c'était plutôt lui qui s'était gentiment joué d'eux : d'un récit à l'autre, aucune version ne concordait ; les réponses aux questions qu'on lui posait — questions ressassées sur son enfance et sa vie familiale — étaient soufflées par la fantaisie de son imagina-

---

* Pour l'édition de 1978, Geoffrey Payzant avait écrit un premier Épilogue, que les traducteurs ont jugé bon, avec l'autorisation de l'auteur, de mettre en ultime « Appendice » : les aspects de la personnalité de Glenn Gould qui y étaient envisagés ne leur ont pas paru périmés.

tion fertile. Autant de choses impardonnables, qui peuvent expliquer la fureur d'une certaine presse et de ses échotiers. Et pourtant, il n'y a rien de bien remarquable ou de répréhensible à ce qu'un homme fasse tout pour découvrir les conditions qui lui sont les plus favorables pour travailler et que, les ayant découvertes, il choisisse de travailler dans ces conditions.

Et tandis que les experts s'indignent (« Mais ce n'est pas ça, Mozart ! ») et que les critiques insinuent que Gould joue de cette façon parce qu'il n'est pas capable de faire autrement (c'est-à-dire « mieux »), une foule d'auditeurs sensibles et convaincus écoutent Glenn Gould, suivent et comprennent le sens de ce qu'il fait.

Pour Gould, une interprétation est affaire d'amour avec la musique, et non de compétition. Il croit fermement qu'un interprète ne doit pas jouer avec, en tête, l'idée d'être reconnu comme le plus grand depuis X ou Y, en tout cas bien meilleur que Z, etc. Il ne doit même pas jouer en songeant à dépasser ses propres interprétations. Il doit, en jouant, créer l'œuvre d'art unique, celle d'un moment unique, celle qui représente cette interprétation particulière du morceau.

Cela ne signifie pas que l'on s'engage à faire entendre au public une interprétation parfaite de l'œuvre. C'est plutôt l'engagement de créer, ici et maintenant, une œuvre d'art nouvelle, qui ne ressemble à aucune autre, possible ou imaginée, passée ou future. C'est un acte de total engagement mental dans la faculté qu'a la musique, en cette occasion unique, de se dérouler comme si elle venait d'être composée.

Pour l'auditeur, tout comme pour l'interprète, le point de vue de Gould est significatif. De toute évidence les auditeurs ne sont pas tous des artistes, ils ne sont pas même tous capables d'une écoute qui se situe au même niveau artistique. Gould nous invite à écouter la musique ailleurs qu'en public, sans aller exposer nos goûts et nos jugements à la critique des autres. Il nous invite à écouter l'enregistrement d'une œuvre sans nous en référer à une douzaine d'autres, et sans aller comparer le produit du montage à l'Urtext. En passant par-dessus le snobisme culturel du public, et par-dessus les incongruités théoriques ou historiques des critiques, il prend des risques et prête le flanc à la critique ; mais il nous offre aussi toute une série d'ouvertures qui nous seraient autrement demeurées inconnues, vers une prise de conscience de la musique.

Pour l'artiste comme pour l'auditeur, nous dit Gould, la seule quête véritable est l'" extase ", cette conscience introspective de notre " personne ", de cette humanité présente en chacun et qui rassemble tout. Il affirme que la technologie de l'enregistrement a révélé des possibilités sans limites pour établir une communion de personne à personne à la fois plus intime et plus universelle qu'il ne serait possible de le faire dans l'arène. Ses enregistrements, qui révèlent avec confiance et sans inhibition sa propre intériorité, justifient complètement cette affirmation. Il n'est pas de politicien ou de star de cinéma qui, en dépit de la presse à sensation, se soit ouvert au public avec autant de transparence que Glenn Gould dans ses disques et dans ses écrits. Il n'est énigme que pour ceux qui refusent de l'entendre.

Il a vécu et travaillé à Toronto, isolé, exilé volontaire dans sa ville natale — la « plus grande gloire » de sa vie musicale.

Étrange gloire ! A Toronto, nul ne pouvait l'entendre parler ou jouer, le rencontrer à un cocktail ou à une réception, non plus que mêlé à la foule d'un concert, comme il est de pratique courante pour les autres gloires musicales des autres villes. En fait, les milieux mêmes de la musique ignoraient qu'il vivait parmi eux. Il avait atteint à cet anonymat auquel il aspirait lorsqu'il menait sa carrière internationale dans les années 50 et au début des années 60.

Pourtant, des musiciens professionnels, les gens qui travaillent à la radio ou à la télévision à Toronto, sont nombreux à l'avoir rencontré en telle ou telle occasion. A l'unanimité, Gould est évoqué comme quelqu'un de spontané et de délicat, plein d'humour et de curiosité intellectuelle, ouvert aux idées musicales et technologiques de toutes provenances, toujours prêt à tenter une expérience.

Bien qu'il n'ait jamais eu d'élèves, quelques musiciens ont eu avec lui des contacts brefs mais inoubliables. Un jeune pianiste canadien, au cours d'une répétition pour ses débuts avec l'Orchestre Symphonique de Toronto, eut de telles difficultés avec le piano du Massey Hall, qu'il se bloqua. Quelqu'un eut l'heureuse idée de téléphoner à Gould pour lui demander de parler au jeune homme afin de l'aider à sortir de l'impasse. Gould accepta, et ils passèrent tous deux l'après-midi dans une conversation détendue à propos du piano. Ce soir-là, le débutant donna un concert parfaitement beau. Une autre fois, c'est une jeune musicienne très douée, récemment installée à Toronto, qui eut l'extraordinaire surprise d'être invitée à jouer avec Gould pour un programme de télévision. Elle se rendit au studio pour l'enregistrement avec les autres musiciens. Gould arriva le dernier, sa casquette trop large lui tombant sur les yeux, le col du pardessus retourné. Il s'assit sur sa chaise pliante toute délabrée, sortit de la poche de son pardessus un journal et se mit à lire une histoire amusante qui mit tout le monde à l'aise ; après quoi, il les conduisit brillamment à travers les arcanes de la musique de Webern. Les histoires de ce genre sont légion.

Dans son documentaire radio sur Leopold Stokowski, il disait du Maître (alors âgé de quatre-vingt-dix ans) qu'il était un *homme du futur*. On peut en dire autant de Glenn Gould.

TABLEAU CHRONOLOGIQUE
des premières années et des enregistrements de disques

Ce tableau propose quelques repères biographiques et les dates de certains concerts particulièrement importants, jusqu'en 1964. Les dates qui figurent ensuite sont celles des sessions d'enregistrement des disques de Glenn Gould. Cette liste appelle plusieurs remarques :

— peu d'œuvres ont été enregistrées à deux reprises pour le disque. Le chiffre (I) accompagne la première interprétation, (II) la seconde ;

— de nombreux titres d'œuvres reviennent plusieurs fois : l'enregistrement s'est effectué en plusieurs séances, parfois à des mois — dans quelques cas, à des années — d'intervalle ;

— seules les sessions d'enregistrement sont mentionnées, et non les périodes consacrées par Glenn Gould à la post-production (montage, mixage) ;

— ce tableau ne tenant compte que des disques commercialisés, on peut y ajouter les indications fournies par la Filmographie et la liste des Documentaires Radiophoniques entièrement composés par Gould (cf. p. 295 et p. 306) ; ne sont pas répertoriées de façon systématique les nombreuses émissions pour la Radio et la Télévision Canadiennes (de 1950 à 1981) : la liste en est encore trop incomplète pour être publiée dans la présente édition ; voir cependant les Notes au texte de Geoffrey Payzant, qui en a recensé et commenté dans son livre un nombre déjà considérable.

1932	25 Septembre	Naissance de Glenn Herbert Gould à Toronto. Ses parents sont tous deux musiciens ; il est apparenté par sa mère à Edward Grieg.
1935		Premières leçons — jusqu'à 10 ans — avec sa mère.
1937		Il décide d'être compositeur.
1938		Assiste pour la première fois au récital d'un pianiste : Joseph Hofmann.
1942		Entre au Royal Conservatory of Music de Toronto. Piano avec A. Guerrero, orgue avec F. Silvester, théorie avec L. Smith.
1944		Festival Kiwanis — Lauréat (Lady Kemp Scholarship).
1945	Juin	Premier prix de Conservatoire (piano).
	Septembre	Début des études secondaires au Malvern Collegiate Institute à Toronto.
	12 Décembre	Premier concert public à l'orgue (à l'Eaton Auditorium de Toronto).
1946	8 Mai	Débuts avec orchestre : premier mouvement du *Concerto N° 4* de Beethoven, avec le Royal Conservatory Orchestra, au Massey Hall de Toronto.
	Juin	Diplôme de fin d'études (théorie) au Royal Conservatory.
	28 Octobre	Titre de " Associate of the Royal Conservatory of Music " de Toronto, qui correspond à la reconnaissance d'un niveau professionnel hautement qualifié.
1947	14 Janvier	Premier concert avec un orchestre professionnel : interprète le *Concerto N° 4* de Beethoven dans son intégralité, avec le Toronto Symphony Orchestra dirigé par Bernard Heinze.
	Avril	Premier récital de piano au Royal Conservatory.
	20 Octobre	Premier récital public en tant qu'artiste professionnel, à l'Eaton Auditorium.
1948		Compose sa première œuvre importante, une *Sonate pour piano* — Musique pour la *Nuit des Rois*.
1950	24 Décembre	Premier récital radiodiffusé sur les ondes de la CBC (Canadian Broadcasting Corporation).

1951	Janvier	Interprète deux de ses œuvres en concert au Royal Conservatory.
	Juin	Fin des études secondaires au Malvern.
1952		Fin des leçons avec A. Guerrero.
	8 Septembre	Glenn Gould est le premier pianiste à paraître à la Télévision Canadienne, sur la chaîne CBC, à l'occasion d'un concert public de la CBLT à Toronto.
		Vit dans la solitude pour travailler.
1953		La compagnie de disques Hallmark réalise le premier disque de Glenn Gould. Enregistrements effectués entre 1951 et 1953 de : — Berg. — *Sonate pour piano, op.1* (I) — Shostakovitch. — *Trois danses fantastiques.* — Taneiev. — *Naissance de la Harpe.* — Prokofiev. — *La fée de l'Hiver* de *Cendrillon.* (les 3 dernières œuvres, avec Albert Pratz, violon.)
1954		— Morawetz. — *Fantaisie.* — Enregistrement pour la CBC. (International Service Program 120). — Bach. — *Partita N° 5.* — Enregistrement CBC.
		Figure pour la première fois dans le *Music Index.*
1955	2 Janvier	Premier concert aux USA (Phillips Gallery, Washington).
	11 Janvier	Débuts à New York (Town Hall).
	12 Janvier	Signe son premier contrat avec la CBS.
	10/14/15/16 Juin	Enregistrement des *Variations Goldberg* de J.S. Bach (I), aux studios de la CBS à New York. Immédiatement, le disque est un best-seller.
	12 Août	Interprète la *Sonate, op. 111* de Beethoven, à la mémoire de Thomas Mann, mort le 12 août. Glenn Gould a toute sa vie été un grand lecteur. Parmi les auteurs qu'il a toujours préférés, figuraient déjà, outre Thomas Mann, Shakespeare, Kafka, les écrivains russes (tout particulièrement Tolstoï et Dostoïevski).
1956	Février	Son *Quatuor à Cordes* est interprété par le Quatuor de Montréal.

275

	Mars	Interprète le *Concerto N⁰ 4* de Beethoven avec l'Orchestre de Détroit dirigé par Paul Paray ; c'est la première fois qu'il joue avec un orchestre américain.
		Enregistrement et disque CBS des Sonates de Beethoven : — *Sonate 30, op 109.* — *Sonate 31, op. 110.* — *Sonate 32, op. 111.*
1957	Janvier	Premier concert avec l'Orchestre Philharmonique de New York dirigé par Leonard Bernstein : *Concerto N⁰ 2* de Beethoven.
	Février	Pour la CBC, à Toronto, concert télévisé en direct : il dirige le 4ᵉ Mouvement de la *Seconde Symphonie* de Gustave Mahler, avec Maureen Forrester, alto.
	Mai-Juin	Première tournée en Europe : Union Soviétique (il est le premier pianiste nord-américain à s'y rendre) — Berlin (avec Herbert von Karajan) — Vienne. À Moscou et à Léningrad, outre ses concerts, il donne des conférences sur l'École de Vienne.
		De retour au Canada, nombreux concerts.
		Plusieurs enregistrements au cours de l'année : — Bach — *Concerto N⁰ 1 en ré mineur.* (Columbia Symphony — Leonard Bernstein).
	9-10 Avril	— Beethoven. — *Concerto N⁰ 2 en si bémol majeur.* (Columbia Symphony — Leonard Bernstein).
	29-31 Juillet 1ᵉʳ Août	— Bach. — *Partita N⁰ 5.* — *Partita N⁰ 6.*
1958	Mai	Joue pour la première fois avec l'orchestre de Philadelphie, dirigé par E. Ormandy : *Concerto N⁰ 4* de Beethoven.
	Août	Salzbourg. — Joue le *Concerto en ré mineur* de J.-S. Bach sous la direction de D. Mitropoulos. — Malade, annule le récital prévu.
	Décembre	Donne 11 concerts en 18 jours en Israël. Fait une tournée en Europe : Allemagne, Autriche, Italie, Belgique, Suède. Interprète, par exemple, à Berlin le *Concerto N⁰ 3* de Beethoven avec Karajan.

		Nombreux enregistrements dans l'année : — Krenek. — *Sonate N° 3.*
		— Haydn. — *Sonate N° 59 en mi bémol majeur* (I).
		— Berg. — *Sonate. Op. 1* (II).
		— Mozart. — *Sonate N° 10 en ut majeur, K 330* (I).
		— Mozart. — *Fantaisie et Fugue en ut majeur. K 394.*
	29-30 Avril 1er Juillet	— Beethoven. — *Concerto N° 1 en ut majeur* (Columbia Symphony — V. Golschmann).
	1er Mai	— Bach. — *Concerto N° 5 en fa mineur* (Columbia Symphony — V. Golschmann).
	30 Juin 1er Juillet	— Schoenberg. — *Trois pièces pour piano, op. 11.*
1959	Février	Le prix J.-S. Bach lui est décerné par le Committee of the Harriet Cohen Music Awards, à Londres.
	Mai-Juin	Quatre des cinq *Concertos* de Beethoven au Royal Festival Hall à Londres, sous la direction de Joseph Krips (il est malade pour *l'Empereur*).
	1er Mai-8 Mai 22 Septembre	Enregistrements : — Bach. — *Partita N° 1.*
	4-5 Mai	— Beethoven. — *Concerto N° 3 en ut mineur* (Columbia Symphony — Leonard Bernstein).
	22-23 Juin	— Bach. — *Partita N° 2.*
	23-29 Juin	— Bach. — *Concerto italien* (I).
1960	Janvier	Début à la télévision américaine avec le New York Philharmonic Orchestra dirigé par Leonard Bernstein. Succès croissant de ses émissions télévisées, où il interprète et commente des œuvres diverses.
	29-30 Septembre 21-23 Novembre	Enregistrement des *Intermezzi* de Brahms.
		Nombreux concerts.

1961		Concerts.
		Enregistrements : — Schoenberg. — *Concerto pour piano* (CBC Symphony — direction Robert Craft).
		— Richard Strauss. — *Enoch Arden* (avec C. Rains).
	17 Janvier	— Mozart. — *Concerto N° 24 en ut mineur, K 491* (CBC Symphony — Susskind).
	20 Mars	— Beethoven. — *Concerto N° 4 en sol majeur* (New York Philharmonic — Leonard Bernstein).
1962		Concerts.
	31 Janvier, 1-2-4-21 Février	Enregistrements : — Bach. — *L'Art de la Fugue*, orgue (Église de la Toussaint à Toronto).
	7-9-20-21 Juin	— Bach. — *Le Clavier bien tempéré*. Livre I, 1 à 8.
	18-19 Octobre	— Bach. — *Partita N° 3.*
	11-12 Décembre	— Bach. — *Partita N° 4.*
1963		Concerts.
		Série de conférences (Universités de Toronto, Cincinnati, Wisconsin, Hunter College, Wellesley College, Gardner Museum de Boston...).
	19-20 Mars 8 Avril	Enregistrements : — Bach. — *Partita N° 4.*
	8 Avril	— Bach. — *Toccata en mi mineur.*
	18-20 Juin 29-30 Août	— Bach. — *Clavier bien tempéré*. Livre I, 9 à 16.
	Novembre-Décembre	— Bach. — *Inventions à deux et trois voix.*
1964	28 Mars	Dernier récital en public, à l'Orchestra Hall de Chicago : — Fugues de *l'Art de la Fugue* — *Partita N° 4* de Bach — *Sonate, op. 110* de Beethoven — *Sonate N° 3* de Krenek.
	1er Juin	Docteur Honoris Causa de l'Université de Toronto ; prononce un discours à la séance de réception.

		Enregistrements : — Schoenberg. — *Fantaisie pour violon et piano, op. 47* (Israël Baker, violon).
	2-9 Janvier	— Schoenberg. — *Suite pour piano, op. 25.*
	5 Janvier	— Schoenberg. — *Six chants, op. 3.*
	Mars	— Bach. — *Inventions à deux et trois voix.*
	Mai	— Schoenberg. — *Recueil de Lieder (le Livre des Jardins suspendus).*
	29 Juin	— Schoenberg. — *Six pièces brèves pour piano, op. 19.*
		— Beethoven. — *Sonate N° 6 en fa majeur, op. 10 N° 2.*
	15 Septembre	— Beethoven. — *Sonate N° 5 en ut mineur, op. 10 N° 1.*
	30 Novembre	— Beethoven. — *Sonate N° 7 en ré majeur, op. 10 N° 3.*
1965		— Schoenberg. — *Ode à Napoléon, op. 41.*
	5 Janvier	— Schoenberg. — *Six chants, op. 3.*
	23 Février 5-17-31 Mars 23 Avril-1er Juin	— Bach. — *Clavier bien tempéré* — Livre I, 17 à 24.
	12 Août	— Mozart. — *Sonate N° 13 en si bémol majeur, K 333.*
	29 Septembre	— Schoenberg. — *Six pièces brèves, op. 19.*
	16-18 Novembre	— Schoenberg. — *Cinq pièces, op. 23.*
	28-29 Septembre 16 Décembre	— Mozart. — *Sonate N° 12 en fa majeur, K 332.*
	16-18 Novembre	— Schoenberg. — *Pièces pour piano, op. 33 a/b.*
	16 Décembre	— Mozart. — *Sonate N° 11 en la majeur, K 331.*
1966		— Morawetz. — *Fantaisie en ré mineur.*
	14 Janvier	— Richard Strauss. — *Trois chants d'Ophélie, op 67.* (Elisabeth Schwarzkopf — soprano).
	3 Février	— Beethoven. — *Sonate N° 9 en mi majeur, op. 14, N° 1.*
	10 Février 16-17 Mai	— Beethoven. — *Sonate N° 10 en sol majeur, op. 14, N° 2.*

	1-4 Mars	— Beethoven. — *Concerto N° 5 en mi bémol majeur (L'Empereur)* (American Symphony — Leopold Stokowski).
	18-19 Avril	— Beethoven. — *Sonate N° 8 en do mineur, op. 13 (Pathétique).*
	16-17 Mai	— Mozart. — *Sonate N° 12 en fa majeur, K 332. Sonate N° 13 en si bémol majeur, K 333.*
	Juillet	— Hindemith. — *Trois sonates pour piano.*
	8 Août	— Bach. — *Le Clavier bien tempéré.* Livre II, 1 à 8.
	8 Novembre	— Beethoven. — *32 variations sur un thème original.*
		— Mozart. — *Fantaisie en ut mineur, K 475.*
1967		— Anhalt. — *Fantaisie pour piano.*
		— Hétu. — *Variations.*
		— Beethoven. — *Sonate N° 17 en ré mineur, op. 31, N° 2 (Tempête).* — *Sonate N° 18 en mi b majeur, op. 31, N° 3.*
		Documentaire Radiophonique pour la CBC (disque CBS). *The Idea of Nord (L'Idée du Nord).*
	20-24 Janvier 20 Février	— Bach. — *Le Clavier bien tempéré.* Livre II, 1 à 8.
	20-21 Février	— Beethoven. — *Variations « Eroïca ».*
	2 Mai	— Bach. — *Concerto N° 3 en ré majeur* (Columbia Symphony — Golschmann).
	4 Mai	— Bach. — *Concerto N° 7 en sol mineur.* (Columbia Symphony — Golschmann).
	15 Mai	— Beethoven. — *Sonate N° 14 en do dièse mineur, op. 27, N° 2 (Clair de Lune).*
	15-16 Mai	— Beethoven. — *Six variations sur un thème original.*
	25-26 Mai	— Mozart. — *Sonate N° 5 en sol majeur, K 283.*
	25-26 Mai 10 Novembre	— Mozart. — *Sonate N° 3 en si bémol majeur, K 281.*
	26 Mai	— Byrd. — *Pavane et Gaillarde N° 6.*

	14-15 Juin	— Byrd. — *Pavane et Gaillarde N° 1.*
	14-15 Juin 25 Juillet	— Prokofiev. — *Sonate N° 7 en si bémol majeur, op. 83.*
	25 Juillet	— Mozart. — *Sonate N° 15 en do majeur, K 545.*
	25 Juillet 9-10 Novembre	— Mozart. — *Sonate N° 4 en mi bémol majeur, K 282.*
	11 Août 9-10 Novembre	— Mozart. — *Sonate N° 2 en fa majeur, K 280.*
	18 Octobre	— Beethoven. — *Sonate N° 23 en fa mineur, op. 57. (Appassionata.)*
	9 Novembre	— Mozart. — *Sonate N° 1 en do majeur, K 279.*
	22 Novembre 5-7-28-29 Décembre	— Beethoven. — Transcription de la *Cinquième Symphonie en do mineur.*
1968		Documentaire Radiophonique pour la CBC (disque CBS) *The Latecomers (Les Derniers Arrivants).*
	8 Janvier	— Beethoven. — *Cinquième Symphonie.*
	29-30 Janvier 6 Février	— Scriabine. — *Sonate N° 3.*
	30 Janvier	— Karl-Philip-Emmanuel Bach. — *Sonate Wurtembourgeoise, 1.*
	30 Janvier 5-6 Février	— Scarlatti. — *Sonates L 413, 463, 468.*
	27-29 Février	— Schoenberg. — *Huit Lieder, op. 6.*
	9 Avril	— Schoenberg. — *Deux Lieder, op. 14.*
	9-10 Avril	— Schoenberg. — *Lieder (Œuvre posthume).*
	8-10 Mai	— Schumann. — *Quatuor pour piano et cordes, op. 17* (avec membres du Quatuor Juilliard).
	30-31 Juillet	— Mozart. — *Sonate N° 9 en ré majeur, K 311.*
	31 Juillet 1er Août	— Beethoven. — Premier mouvement de la *Sixième Symphonie en fa majeur (Pastorale).*
	1er Août	— Gibbons. — *Fantaisie en ut majeur.* — *Allemande or Italian Ground.*

	19-20 Septembre	— Mozart. — *Sonate N° 7 en do majeur, K 309.*
	19-30 Septembre 1er Octobre	— Mozart. — *Sonate N° 6 en ré majeur, K 284.*
1969	30-31 Janvier 13 Février	— Mozart. — *Sonate N° 8 en la majeur, K 310.*
	10-12 Février	— Bach. — *Concerto N° 2 en mi majeur* (Columbia Symphony — Vladimir Golschmann).
	11-12 Février	— Bach. — *Concerto N° 4 en la majeur* (Columbia Symphony — Vladimir Golschmann).
	1er Août	— Gibbons. — *Pavane et Gaillarde de Lord Salisbury.*
	11 Septembre 3-4-17-18 Décembre	— Bach. — *Le Clavier bien tempéré* — Livre II, 9 à 16.
1970	22-23 Janvier 10 Août	— Mozart. — *Sonate N° 13 en si bémol majeur, K 333.*
	16 Juillet	— Beethoven. — *Variations Eroïca.*
	11 Août	— Mozart. — *Sonate N° 10 en do majeur, K 330* (II) — *Sonate N° 11 en la majeur, K 331.*
1971		De 1971 à 1977, Glenn Gould enregistre à Toronto.
		— Beethoven. — *Sonate N° 16 en sol majeur, op. 31, N° 1.*
	10-11-24-31 Janvier	— Bach. — *Le Clavier bien tempéré* — Livre II, 17 à 24.
	17-28 Février 23 Mai	— Bach. — *Suite Française N° 5.*
	13-14 Mars	— Grieg. — *Sonate op. 7.*
	14 Mars 23 Mai	— Bach. — *Suite Française N° 6.*
	18 Avril	— Byrd. — *Hugue Ashton's Ground.* — *Sellinger's Round.*
	2-3 Mai	— Bizet. — *Variations Chromatiques.*
	3 Mai	— Schoenberg. — *Deux Lieder, op. 12.*
	23 Mai	— Bach. — *Suite Anglaise N° 2.*

1972	26 Mars 30 Avril 1ᵉʳ et 28 Mai	— Hændel. — *Suites* — Livre I, Nᵒˢ 1 à 4.
	13 Avril 15-16 Novembre	— Mozart. — *Sonate en fa majeur avec Rondo, K 533 et K 494.*
	15 Septembre	— Schoenberg. — *Trois Lieder, op. 48* (à New York).
	5 Novembre	— Bach. — *Suite Française Nᵒ 2.*
		— Mozart. — *Fantaisie en ré mineur, K. 397.*
	15-16 Novembre	— Bach. — *Suite Française Nᵒ 1.*
	12 Décembre	— Bach. — *Suite Française Nᵒ 3.*
	13 Décembre	— Scriabine. — *Deux Préludes, op. 57.*
		— Bizet. — *Nocturne.*
1973		— Hindemith. — *Trois Sonates pour piano.*
	3-4 Février 14 Mai	— Wagner. — Transcriptions par Glenn Gould : — *Prélude* des *Maîtres Chanteurs.* — *« Lever du Jour »* et *« Voyage de Siegfried sur le Rhin »* du *Crépuscule des Dieux.* — *Siegfried Idyll.*
	17 Février	— Bach. — *Suite Française Nᵒ 4.* — *Suite Française Nᵒ 5.*
	10 Mars	— Mozart. — *Sonate en fa majeur avec Rondo, K 533 et K 494.*
	11 Mars 4-5 Novembre	— Bach. — *Suite Anglaise Nᵒ 1.*
	17 Mars	— Bach. — *Suite Française Nᵒ 3.*
	5 Novembre	— Bach. — *Ouverture à la Française.*
	6 Novembre	— Mozart. — *Sonate Nᵒ 14 en do mineur, K 457.*
	16-17 Décembre	— Bach. — Intégrale des *Sonates pour viole de gambe et clavier, BWV 1027 à 1029* (avec Leonard Rose, violoncelle).
1974	10-11 Mai 22-23 Juin	— Beethoven. — *Sept Bagatelles, op. 33.* — *Six Bagatelles, op. 126.*
	28-29 Mai	— Bach. — *Intégrale des Sonates pour viole de gambe et clavier, BWV 1027 à 1029* (avec Leonard Rose, violoncelle).

	21-22 Juin	— Bach. — *Suite Anglaise N° 3.*
	23 Juin 8 Septembre	— Mozart. — *Sonate N° 14 en do mineur, K 457.*
	7 Septembre	— Mozart. — *Sonate N° 17 en ré majeur, K 576.*
	9 Novembre	— Beethoven. — *Sonate N° 1 en fa mineur, op. 2, N° 1.*
		— Mozart. — *Sonate N° 16 en si bémol majeur, K 570.*
	14-15 Décembre	— Bach. — *Suite Anglaise N° 4.* — *Suite Anglaise N° 5.*
1975	1-2-3 Février 23-24 Novembre	— Bach. — Intégrale des *Sonates pour violon et piano, BWV 1014 à 1019* (avec James Laredo).
	Juin	— Hindemith. — *Cinq Sonates pour piano et cuivres* (avec des membres de l'ensemble de cuivres de Philadelphie).
	10-11 Octobre	— Bach. — *Suite Anglaise N° 6.*
1976	9-10-11 Janvier	— Bach. — Intégrale des *Sonates pour violon et piano, BWV 1014 à 1019* (avec James Laredo).
	23-24 Mai	— Bach. — *Suite Anglaise N° 4.* — *Suite Anglaise N° 5.* — *Suite Anglaise N° 6.*
	7 Juin	— Beethoven. — *Sonate N° 15 en ré majeur, op. 28 (Pastorale).*
	Juillet	— Beethoven. — *Sonate N° 2 en la majeur, op. 2, N° 2.*
	Août	— Beethoven. — *Sonate N° 3 en do majeur, op. 2, N° 3.*
	16-17-31 Octobre 1er Novembre	— Bach. — *Toccata en ré majeur, BWV 912.* — *Toccata en ré mineur, BWV 913.*
	31 Octobre 1er Novembre	— Bach. — *Toccata en mi mineur, BWV 914.*
	21-22 Novembre	— Hindemith. — *Marienleben, op. 27* (avec Roxalana Roslak, soprano).
	18-19 Décembre	— Sibelius. — *Trois Sonatines, op. 67, 1 à 3.*

1977	15-16-29-30 Janvier/13 Février	— Hindemith. — *Marienleben, op. 27* (avec Roxalana Roslak, soprano).
	28-29 Mars	— Sibelius. — *Sonatine N° 2 de l'op. 67.* — *Trois Légendes, « Kyllikki », op. 41.*
1979		— Bach. — *Fantaisie Chromatique.* — *Fantaisies.* — *Concerto italien* (II). — *Deux fugues sur un thème d'Albinoni.* — *Concerto d'après Marcello.* — Beethoven. — *Sonate N° 12 en la bémol majeur, op. 26.* — *Sonate N° 13 « quasi una Fantasia », en mi bémol majeur, op. 27, N° 1.*
	15-16 Mai	— Bach. — *Toccata en ut mineur, BWV 911.* — *Toccata en sol majeur, BWV 916.*
	12 Juin	— Bach. — *Toccata en sol mineur, BWV 915.*
	Août	— Beethoven. — *Sonate N° 3 en do majeur, op. 2, N° 3.*
	10 Octobre	— Bach. — *Recueil de Préludes et Fughettas.*
1980		Album du Silver Jubilee — *Fantaisie* écrite et réalisée par Glenn Gould.
		— Beethoven. — *Sonate N° 12 en la bémol majeur, op. 26.* — *Sonate N° 13 en mi bémol majeur, op. 27, N° 1.*
	10-11 Janvier 2 Février	— Bach. — *Recueil de Préludes et Fughettas.*
	Octobre	— Haydn. — *Sonate N° 60 en ut majeur.* — *Sonate N° 61 en ré majeur.* A partir de cet enregistrement, méthode numérique (digitale); la totalité des œuvres pour piano est enregistrée à New York.
1981	Février	— Haydn. — *Sonate N° 59 en mi bémol majeur* (II).
	Février-Mars	— Haydn. — *Sonate N° 62 en mi bémol majeur.*
	Mars	— Haydn. — *Sonate N° 56 en ré majeur.*

	Mars et Mai	— Haydn. — *Sonate Nº 58 en ut majeur.*
	22 au 25 Avril 12 au 15 Mai	— Bach. — *Variations Goldberg* (II).
1982	Février-Avril	— Brahms. — *Ballades 1 à 4.* — *Rhapsodies 1 et 2.*
	Août	— Richard Strauss. — *Sonate en si mineur, op. 5.* — *Klavierstücke.*
	Septembre	— Wagner. — *Siegfried Idyll* — (Version pour orchestre de chambre — Treize musiciens sous la direction de Glenn Gould à Toronto. Le disque est à paraître.)
	27 Septembre	Glenn Gould est transporté à l'hôpital Général de Toronto à la suite d'une première hémorragie cérébrale, presque aussitôt suivie d'une seconde. Coma.
	4 Octobre	Mort de Glenn Gould.

Bibliographie
(établie en 1983) *

La Bibliographie fait état des articles parus dans des revues et journaux divers, mais elle ne comprend pas les scripts (radio, télévision ou cinéma), non plus que les textes destinés aux pochettes de disques ; les diverses interviews accordées par Glenn Gould, publiées ou enregistrées, sont mentionnées pour la plupart dans les notes aux différents chapitres du livre.

Les textes qui suivent sont parus ou à paraître sous le titre *Le dernier puritain* — recueil d'écrits présentés et traduits par Bruno Monsaingeon — Fayard.

— *The Dodecacophonist's Dilemma* (« Le dilemme dodéca-cophonique »)
in *Canadian Music Journal* I (Automne 1956).

— *Bodky on Bach*
in *Saturday Review* 43 (26 novembre 1960).

— *Let's Ban Applause !*
in *Musical America* 82 (Février 1962).

— *An Argument for Richard Strauss* (« Une certaine idée de Richard Strauss »)
in *High Fidelity Magazine* 12 (mars 1962).

* La Bibliographie, la Filmographie, la Discographie, ainsi que la liste des programmes de Radio, sont provisoires : il existe en effet des documents non répertoriés à ce jour qui se trouvent dans différentes archives.

— *Arnold Schœnberg : A Perspective*
(Université de Cincinnati, 1964).

— *The Music of Proteus — Being Some Notes on the Subjective Character of Fugal Form*
in *Hifî Stereo Review* (avril 1964).

— *Strauss and the Electronic Future*
in *Saturday Review 47* (30 mai 1964).

— *Address to a Graduation* (« Discours à l'occasion d'une remise de diplômes de fin d'année »)
in *Bulletin of the Royal Conservatory of Music of Toronto* (Noël 1964).

— *An Argument for Music in the Electronic Age*
in *Varsity Graduate 11* (décembre 1964) — Université de Toronto.

— *Dialogue on the Prospects of Recordings*
in *Varsity Graduate 11* (avril 1965) — Université de Toronto.

— *The Ives Fourth*
in *High Fidelity/Musical America15* (juillet 1965).

— *The Prospects of Recording* (« L'enregistrement et ses perspectives »)
in *High Fidelity Magazine 16* (avril 1966).

— *Yehudi Menuhin : Musician of the Year*
in *High Fidelity/Musical America 16* (décembre 1966) en français en avant-propos dans le livre de Yehudi Menuhin : *Variations sans thème* (Buchet/Chastel 1980), traduction de Bruno et Guillaume Monsaingeon.

— *We, Who Are About to be Disqualified, Salute You !*
in *High Fidelity Magazine/Musical America 16* (décembre 1966).

— *The Search for Petula Clark*

in *High Fidelity Magazine/Musical America 17* (novembre 1967).

— *The Record of the decade, according to a critic who should know, is Bach played on, of all things, a Moog Synthesizer?*
in *Saturday Night 83* (décembre 1968).

— *Oh, for Heaven's Sake, Cynthia, There Must Be Something Else On!*
in *High Fidelity/Musical America 19* (avril 1969).

— *Should We Dig Up the Rare Romantics? No. They're Only a Fad*
in *New York Times* (23 novembre 1969).

— *His Country's Most Experienced Hermit Chooses a Desert-Island Discography*
in *High Fidelity Magazine 20* (juin 1970).

— *Admit It, Mr Gould, You Do Have Doubts about Beethoven* (« Avouez-le, Monsieur Gould, vous avez des doutes au sujet de Beethoven »).
in *Globe and Mail Magazine* de Toronto (6 juin 1970).

— *Liszt's Lamen? Beethoven's Bagatelle? Or Rosemary's Babies?*
in *High Fidelity Magazine 20* (décembre 1970).

— *Rubinstein*
in *Look* (9 mars 1971).

— *Gould Quizzed*
in *American Guild of Organists and Royal Canadian College of Organists Magazine* (novembre 1971).

— *Bach's Well-Tempered Clavier 1* (« Le Clavier Bien Tempéré et la Fugue »). Introduction à la partition éditée par New York Amsco Music Publishing Company, 1972.

— *Glenn Gould Interviews Himself about Beethoven*
in *Piano Quarterly 21* (fin 1972).

289

— *Hindemith : Kommt seine Zeit (wieder) ?*
trad. Peter Mueller, *Hindemith-Jahrbuch* 1973/III.

— *Data Bank on the Upward Scuttling Mahler*
in *Globe and Mail* de Toronto (10 novembre 1973).

— *Glenn Gould Interviews Glenn Gould about Glenn Gould*
in *High Fidelity Magazine 24* (Février 1974).

— *Today, Simply Politics and Prejudices in Musical America Circa 1970... but for Time Capsule Scholars It's Babbit vs. Flat Foot Floozie*
in *Globe and Mail* de Toronto (20 juillet 1974).

— *Conference at Port Chilkoot*
in *Piano Quarterly 22* (été 1974).

— *The Future and Flat-Foot Floozie*
in *Piano Quarterly 22* (fin 1974).

— *An Epistle to the Parisians : Music and Technology, Part 1.*
(« Épitre aux Parisiens »)
in *Piano Quarterly 23* (hiver 1974-1975).

— *Glenn Gould Talks Back*
in *Toronto Star* (15 février 1975).

— *Krenek, the Prolific, Is Probably Best Known to the Public at Large as — Ernst Who ?*
in *Globe and Mail* de Toronto (19 juillet 1975).

— *The Grass Is Always Greener in the Outtakes*
in *High Fidelity Magazine 25* (août 1975).

— *A Festschrift for « Ernst Who » ? ? ?*
in *Piano Quarterly 24* (hiver 1975-1976).

— *Streisand as Schwarzkopf* (« Streisand comme Schwarzkopf »)
in *High Fidelity Magazine 26* (mai 1976).

BIBLIOGRAPHIE

— *Bach to Bach (and Belly to Belly)*
in *Globe and Mail* de Toronto (29 mai 1976).

— *Fact, Fancy or Psycho-history : Notes from the P.D.Q. Underground*
in *Piano Quarterly 24* (été 1976).

— *On Mozart and Related Matters : A Conversation with Bruno Monsaingeon*
in *Piano Quarterly 24* (fin 1976).
Remanié en 1979 pour le coffret de l'intégrale des Sonates de Mozart.

— *Boulez by Joan Peyser* (« Boulez-le-terrible »)
in *The New Republic 175,* n° 26 (25 décembre 1976).

— *Portrait of a Cantankerous Composer*
in *The Globe and Mail* (18 mars 1978).

— *Stokowski*
in *New York Times* (14 mai 1978).

— *Glenn Gould : Music and Mind by Geoffrey Payzant*
in *Piano Quarterly* (1980).

— *Memories of Maude Harbour — or Variations on a theme of Arthur Rubinstein* (« Souvenirs de Maude Harbour — Variations sur un thème de Arthur Rubinstein »).
in *Piano Quarterly* (1980).

— *Keyboard*
in *Keyboard Magazine* (août 1980).

— *Glenn Gould's Toronto*
in *Cities* (John McGreevy Productions, 1981).

* * *

GLENN GOULD

Articles parus sous le pseudonyme de :
Dr. Herbert von Hochmeister :

— *The CBC, Camera-Wise*
  in *High Fidelity/Musical America 15* (mars 1965).

— *Of Time and Time Beaters*
  in *High Fidelity/Musical America 15* (août 1965).

— *L'esprit de jeunesse, et de corps, et d'art*
  in *High Fidelity/Musical America 15* (décembre 1965).

Compositions musicales publiées
(en 1983)

— *Quatuor à cordes, op.1*
(Great Neck, New York : Barger & Barclay, 1956).

— *Cadences* du *Concerto N° 1 en Do majeur, op.15* de Beethoven,
(Great Neck, New York : Barger & Barclay, 1958).

— *So You Want to Write a Fugue ?*
pour quatre voix, avec piano ou quatuor à cordes.
(New York : G. Schirmer, 1964).

Filmographie
(établie en 1983)

— *Glenn Gould,* Office National du Film du Canada (National Film Board of Canada) — (1960) Deux films de trente minutes chacun, noir et blanc : *Off the Record — On the Record.*

— *Glenn Gould,* Office National du Film du Canada (National Film Board of Canada) — (1960) Un film de 22 minutes 45 secondes, noir et blanc, version française abrégée des deux films précédents.

— *Concerto en Ré mineur de Bach,* USA (1960) direction L. Bernstein.

— *The Anatomy of Fugue,* CBC (1963).

— *Duo — Glenn Gould with Yehudi Menuhin,* CBC (1965).

— *Conversations with Glenn Gould,* BBC (1966) Quatre films avec Humphrey Burton de quarante minutes chacun, noir et blanc : 1) Bach — 2) Beethoven — 3) Schoenberg — 4) Strauss.

— *Spheres,* Office National du Film du Canada (National Film Board of Canada) — (1969) Film de Norman McLaren et René Jodoin — Couleur — Animation — 7 minutes 28 secondes - Musique de Bach jouée par Glenn Gould au piano.

— *Concerto l'Empereur de Beethoven,* CBC (1970) Toronto Symphony Orchestra, direction Karel Ancerl.

— *Slaughterhouse Five (Abattoir 5),* Universal Pictures (1972) Film de George Roy Hill — Couleur — 104 minutes — musique adaptée et interprétée par Glenn Gould ; certains passages sont de sa composition.

— *The Terminal Man,* Warner Brothers (1974) Film de Michael Hodges — Couleur — 104 minutes — Glenn Gould y joue les *Variations Goldberg.*

— *Portrait de Glenn Gould,* ORTF *Chemins de la Musique* (1974) Quatre films produits par Bruno Monsaingeon — Une heure chacun — Couleur.
   1) La Retraite.
   2) L'Alchimiste.
   3) Glenn Gould 1974.
   4) Partita N° 6.

— *Music in our Time,* CBC (1974-1978) Quatre films — Couleur.
   1900-1910 The Age of Ecstasy.
   1910-1920 The Flight from Order.
   1920-1930 New forms new faces.
   1930-1940
musique de Scriabine, Debussy, Ravel, Schoenberg, Krenek, Prokofiev, Stravinsky, Bartok, Hindemith,Webern et Berg (il commente et introduit les œuvres qu'il joue lui-même, ainsi que d'autres musiciens).

— *Radio as Music,* CBC, (1975).

— *Glenn Gould's Toronto,* John McGreevy (1979).

FILMOGRAPHIE

— *Glenn Gould joue Bach,* série de trois films d'une heure chacun, présentés et réalisés par Bruno Monsaingeon — (1981).
    1) La Question de l'Instrument ;
    2) Un Art de la Fugue ;
    3) Les *Variations Goldberg.*

— *The Wars,* Nielsen Ferns and Torstar —
(sortie en salle en 1983) Glenn Gould est l'auteur de la bande musicale du film.

Discographie
(établie en 1983)
(CBS, sauf indication contraire)

ANHALT Istvan.
Fantaisie pour piano.

BACH Jean-Sébastien.
— *Art de la Fugue* (fugues 1 à 9) — orgue.
— *Clavier Bien Tempéré* (coffret de 4 disques).
— *Concerto N° 1 en Ré mineur* (Columbia Symphony direction Leonard Bernstein).
— *Concerto N° 1 en Ré mineur* (Orchestre de Leningrad, direction L. Slovak).
— *Concerto N° 2 en Mi majeur* (Columbia Symphony), direction Vladimir Golschmann).
— *Concerto N° 3 en Ré majeur* (Columbia Symphony, direction Vladimir Golschmann).
— *Concerto N° 4 en La majeur* (Columbia Symphony, direction Vladimir Golschmann).
— *Concerto N° 5 en Sol mineur* (Columbia Symphony, direction Vladimir Golschmann).
— *Concerto N° 7 en Sol mineur (Columbia Symphony, direction V. Golschmann).*
— *Concerto Italien.*
— *Inventions à deux et trois voix.*
— *Ouverture dans le style français.*
— *Partitas* (coffret de deux disques).

- *Préludes, fughettas et Fugues* (1979 et 1980).
- *Sonates (3) pour viole de gambe et clavecin* (G. Gould piano et L. Rose violoncelle).
- *Sonates (6) pour violon et clavecin* (G. Gould piano et Jaime Laredo violon).
- *Suites Anglaises* (coffret de deux disques).
- *Suites Françaises.*
- *Toccatas* (coffret de deux disques).
- *Variations Goldberg* (1955).
- *Variations Goldberg* (1981).
- *« Le Petit Livre de Bach »* (choix par Glenn Gould d'enregistrements effectués entre 1955 et 1980).

BACH Karl-Philip-Emmanuel.
- *Sonate Württenberg n° 1 en La m.* (disque du Silver Jubilee).

BEETHOVEN Ludwig van
- *Bagatelles, op.33, op.126.*

- *Concerto N° 1 en Do majeur* (Columbia Symphony direction Vladimir Golschmann.)
- *Concerto N° 2 en Si bémol majeur* (Columbia Symphony, direction Leonard Bernstein).
- *Concerto N° 2 en Si bémol majeur* (Orchestre de Leningrad, direction L. Slovak).
- *Concerto N° 3 en Ut mineur* (Columbia Symphony, direction Leonard Bernstein).
- *Concerto N° 4 en Do majeur* (New York Philharmonic, direction Leonard Bernstein).
- *Concerto N° 5 en Mi bémol majeur* (American Symphony, direction Leopold Stokowski).

- *Sonate N° 1 en Fa mineur, op.2, N° 1.*
- *Sonate N° 2 en La majeur, op.2, N° 2.*
- *Sonate N° 3 en Do majeur, op.2, N° 3.*
- *Sonate N° 5 en Do mineur, op.10, N° 1.*

— *Sonate N° 6 en Fa majeur, op.10, N° 2.*
— *Sonate N° 7 en Ré majeur, op.10, N° 3.*
— *Sonate N° 8 en Do mineur, op.13 (Pathétique).*
— *Sonate N° 9 en Mi majeur, op.14, N° 1.*
— *Sonate N° 10 en Sol majeur, op.14, N° 2.*
— *Sonate N° 12 en La bémol majeur, op.26.*
— *Sonate N° 13 en Mi bémol majeur, op.27 N° 1 (quasi una Fantasia).*
— *Sonate N° 14 en Do dièse mineur, op.27 N° 2 (Clair de Lune).*
— *Sonate N° 15 en Ré majeur, op.28 (Pastorale).*
— *Sonate N° 16 en Sol majeur, op.31, N° 1.*
— *Sonate N° 17 en Ré mineur, op.31, N° 2 (la Tempête).*
— *Sonate N° 18 en Mi bémol majeur, op.31, N° 3.*
— *Sonate N° 23 en Fa mineur, op.57 (Appassionata).*
— *Sonate N° 30 en Mi majeur, op.109.*
— *Sonate N° 31 en La bémol majeur, op.110.*
— *Sonate N° 32 en Do mineur, op.111.*

— *Symphonie N° 5 (transcription de Liszt).*
— *Symphonie N° 6, Premier Mouvement* (transcription de Liszt), disque du Silver Jubilee.

— *Variations : Eroica (op.35).*
— *32 Variations en Do majeur.*
— *Variations en Fa majeur (op.34).*

BERG Alban.
— *Sonate op.1.*

BIZET Georges.
— *Premier Nocturne.*
— *Variations chromatiques.*

BRAHMS Johannes.
— *Intermezzos* (10).
— *Quintette en Fa mineur* (Quatuor de Montréal, Programme de la CBC).

— *Ballades* et *Rhapsodies* *(op.10* et *op.79).*

BYRD William.
— *Première Pavane et Gaillarde.*
— *Sixième Pavane et Gaillarde.*
— *Voluntary.*
— *Hughe Ashton's Ground.*
— *Sellinger's Round.*

GIBBONS Orlando.
— *Allemande ou Italian Ground.*
— *Fantaisie en Do.*
— *Pavane de Salisbury.*
— *Pavane et Gaillarde.*

GOULD Glenn.
— « *So You Want to Write a Fugue ?* »
— *Quatuor à cordes* (Quatuor de Montréal).
— *Quatuor à cordes* (Symphonia Quartet).
— *The Idea of North.*
— *The Latecomers.*
— *A Glenn Gould Fantasy* (produit par Glenn Gould disque en anglais du Silver Jubilee).

GRIEG Edvard.
— *Sonate op. 7 en Mi mineur.*

HAENDEL Georg Friedrich.
— *Suites 1-4* (clavecin).

HAYDN Joseph.
— *Sonate N° 59 en Mi bémol majeur.*
— *Les Six dernières Sonates (56 à 62)* (disque produit par G. Gould — digital).

HETU Jacques.
— *Variations pour piano.*

HINDEMITH Paul.
— *Sonates pour piano* (3).
— *Sonates pour cuivres et piano* (2 disques).
— *Das Marienleben,* aec Roxalana Roslak (2 disques).

KRENEK Ernst.
— *Sonate N° 3*

MORAWETZ Oscar.
— *Fantaisie en Ré mineur.*

MOZART Wolfgang Amadeus.
— Intégrale des *Sonates pour piano.* (5 disques)
          + *Fantaisie en Do mineur.*
          + *Fantaisie en Ré mineur.*
— *Concerto N° 24 en Ut mineur* (CBC Symphony direction W. Susskind).

PROKOFIEV Serguiei.
— *Sonate N° 7 en Si bémol majeur, op.83.*
— *« The Winter Fairy »* (extrait de *Cinderella*
          — Violon : Albert Pratz — disque Hallmark —
1953).

SCARLATTI Domenico.
— *Trois Sonates* L 413, 463, 468.

SCHŒNBERG Arnold.
— *Fantaisie pour violon et piano, op.47* (Israël Baker, violon).
— *Ode à Napoléon, op.41* (Quatuor Juilliard, John Horton).
— *Chants, Op.1, 2, 15* (Donald Gramm, baryton, Ellen Faull, soprano, Helen Vanni, mezzo-soprano).
— *Chants, op.3, 6, 12, 14, 48* (Donald Gramm, Helen Vanni, Cornelis Opthof, baryton).
— *Concerto pour piano, op.42* (CBC Symphony direction Robert Craft).
— Intégrale de l'*Œuvre pour piano* (op.11, 19, 23, 25, 33).

SCHUMANN Robert.
— *Quatuor en Mi bémol majeur pour piano et cordes* (Quatuor Juilliard).

SCRIABINE Alexandre.
— *Sonate Nº 3.*
— *Deux préludes : Désir, Caresse dansée.*

SHOSTAKOVITCH Dmitri.
— *Trois Danses Fantastiques* (Albert Pratz, violon — Disque Hallmark).

SIBELIUS Jan.
— *Trois Sonatines, op.67*
— *Kyllikki, Op.41.*

STRAUSS Richard.
— *Enoch Arden* (Claude Rains, récitant).
— *Chants d'Ophélie, Op.67* (Elizabeth Schwarzkopf)
— *Sonate en si mineur, op. 5.*
— *Klavierstücke.*

TANEIEFF Serguiei.
— *La Naissance de la Harpe* (Albert Pratz, violon - disque Hallmark).

WAGNER Richard.
  Trois Transcriptions par Glenn Gould :
— Le *Prélude* des *Maîtres Chanteurs.*
— *Lever du jour* et *Voyage de Siegfried sur le Rhin* du *Crépuscule des Dieux.*
— *Siegfried Idyll.*

Le dernier enregistrement que Glenn Gould ait eu le temps de monter et de mixer se trouve être celui de *Siegfried Idyll*, interprétée par un orchestre de chambre de treize musiciens placé sous sa direction.

INTERVIEWS ENREGISTRÉES PAR GLENN GOULD

— *At Home with Glenn Gould.* — Interview de Vincent Tovell.
   (Radio Canada Transcription E-156 CBC, 1959).

— *Glenn Gould : Concert Dropout.* — Interview de John McClure.
   (Bonus accompagnant la transcription de la *Cinquième Symphonie* de Beethoven — 1968).

**

DOCUMENTAIRES RADIO DE GLENN GOULD

— *Arnold Schœnberg : The Man Who Changed Music* (1962).

— *The Prospects of Recording* (1965).

— *La Trilogie de la Solitude :*

- *The Idea of North* (1967).

- *The Latecomers* (1969).

- *The Quiet in the Land* (1973).

— *Glenn Gould on the Moog Synthesizer* (1968-1972).

— *Stokowski : A Portrait for Radio* (1970).

— *Casals : A Portrait for Radio* (1973).

— *Richard Strauss : The Bourgeois-Hero* (1979).

Outre ces documentaires entièrement composés par Glenn Gould, de nombreuses émissions ont été programmées sur les ondes et les antennes de la CBC, au cours desquelles Gould présentait et commentait de la musique interprétée par lui ou par d'autres musiciens.

Notes

Les abréviations suivantes, qu'on trouvera dans les notes, signifient :

— CBC.— Canadian Broadcasting Corporation

à ne pas confondre avec

— CBS.— Columbia Records Systeme.

— BBC.— British Broadcasting Corporation.

— Les titres de textes de Glenn Gould suivis d'un astérisque (*) figurent, traduits par Bruno Monsaingeon, dans le recueil paru chez Fayard en 1983, *le Dernier Puritain.*

GLENN GOULD

PRÉFACE

1. Quiconque a déjà écrit à des fins d'impression ainsi que pour l'audio-visuel sait combien ces deux formes d'écritures sont différentes. Lorsque je cite Gould dans ce livre, les extraits proviennent de textes imprimés ou audio-visuels. J'ai tenté de les harmoniser au moyen, par exemple, de petits changements de ponctuation, dont certains furent suggérés par Glenn Gould lui-même. Il n'a participé à la rédaction de ce livre d'aucune autre manière.

CHAPITRE 1

1. Glenn Gould : « Yehudi Menuhin : musician of the year » in *High Fidelity/Musical America*, 1966. Traduit par Bruno et Guillaume Monsaingeon, ce texte se trouve en avant-propos du recueil de Yehudi Menuhin, *Variations Sans Thème* (Buchet/Chastel Paris, 1980) et dans *Le dernier puritain* (Fayard, 1983.)
2. Florence Greig Gould, la mère de Glenn Gould, est décédée en 1975. Son nom de jeune fille s'écrit : « Greig », contrairement à celui du compositeur (« Grieg »).
3. Vincent Tovell : *At home with Glenn Gould* (disque), transcription Radio Canada E-156, CBC, 1959.
4. *Glenn Gould : On the Record* (film) Office National du Film du Canada, 1960.
5. Dennis Braithwaite, « Glenn Gould » in *Toronto Daily Star,* 28 mars 1959.
6. Idem.
7. Robert Fulford est l'auteur de *Beach Boy,* un témoignage sur la vie dans le quartier du Beach, paru dans *The Toronto Book* (W. Kilbourne, Toronto, 1976.)
8. Tovell : *At home with Glenn Gould.*
9. *Toronto Daily Star,* 21 février 1946.
10. John Beckwith : « Alberto Guerrero, 1886-1959 » in *Canadian Music Journal* 4, n° 2, 1960.
Alberto Guerrero était né au Chili. Après avoir fondé et dirigé le premier orchestre symphonique de Santiago, il vint à Toronto en 1919 pour enseigner au Hambourg Conservatory. En 1922, il devint professeur au Conservatoire de Musique de Toronto, où il demeura jusqu'à sa mort, reconnu par tous comme l'un des meilleurs professeurs de piano du Canada. Outre Glenn Gould, qui allait devenir le plus illustre d'entre eux,

308

NOTES

Alberto Guerrero eut de nombreux élèves qui firent une brillante carrière de pianiste ou de compositeur. Il poursuivit d'autre part sa propre carrière de concertiste, apparaissant fréquemment en public, en tant que soliste au sein d'un orchestre ou avec des ensembles de musique de chambre. (N.d.T.).

11. Fulford : *Beach Boy.*
12. Tovell : *At home with Glenn Gould.*
13. Texte rédigé par Glenn Gould pour la pochette de son disque *Grieg/Bizet.*
14. Jonathan Cott : *Forever Young* (Random House, New York, 1977.)
15. Glenn Gould : *Stokowski : A Portrait for Radio,* programme de radio, CBC, 2 février 1971.
16. Tovell : *At home with Glenn Gould.*
17. *Toronto Telegramm,* 13 décembre 1945.
18. Tovell : *At home with Glenn Gould.*

CHAPITRE 2

1. *Glenn Gould : Concert Dropout* (disque) Columbia, BS 15, 1968.
2. Vincent Tovell : *At home with Glenn Gould* (disque) Transcription Radio Canada E-156, CBC, 1959.
3. Ned Rorem : *Music and People* (G. Braziller, New York, 1968.)
4. *Conversations with Glenn Gould : Bach* (film pour la télévision) BBC, 1966.
5. Glenn Gould : « Rubinstein » in *Look* mars 1971 *.
6. Alfred Bester : « The Zany Genius of Glenn Gould » in *Holiday* 35, n° 4, avril 1964.
7. Glenn Gould : « The Prospects of Recording » (*l'Enregistrement et ses Perspectives)* in *High Fidelity Magazine* 16, n° 4, avril 1966 *.
8. *Glenn Gould : Concert Dropout.*
9. Idem.
10. *Conversations with Glenn Gould : Beethoven* (film pour la télévision) BBC, 1966.
11. Glenn Gould : « Le meilleur disque de la décennie, selon un critique bien informé, est du Bach joué sur — devinez quoi ? — un Moog-synthétiseur ! » in *Saturday Night,* décembre 1968.
12. Walter Carlos explique ces techniques dans : *Glenn Gould à propos du Moog-synthétiseur* qui fut disponible sur bande ou sur cassette chez CBC Learning Systems.

CHAPITRE 3

1. Roland Gelatt : *The Fabulous Phonograph* (G.B. Lippincott, Philadelphie et New York, 1954-1955).
L'histoire est peut-être une légende. Léonard Marcus dit qu'il n'y a aucune preuve que Hofmann ait fait un enregistrement pour Edison en 1888 lorsqu'il a rendu visite à ce dernier dans son laboratoire du New Jersey ; mais il est certain qu'Edison a envoyé à Hofmann, à la demande du pianiste, une machine à enregistrer. Hofmann enregistra un morceau de sa composition et l'envoya à Edison en 1891 : « Selon une lettre de Hofmann adressée à Roland Gelatt en 1953, Edison, dans sa réponse, le qualifia de " premier véritable disque de piano " ». Voir Léonard Marcus « Recordings Before Edison » in *High Fidelity Magazine,* janvier 1977.
2. Joseph Hofmann a appliqué ses qualités d'inventeur aux mécaniques des pianos et aux moteurs d'automobiles.

3. Glenn Gould : *Stokowski : A Portrait for Radio,* programme de radio, CBC, 1971.

4. *The Well Tempered Listener* (« L'Auditeur Bien Tempéré »), (Film télévisé). CBC, 1970. Une version antérieure de l'anecdote se trouve rapportée au chapitre 5.

5. Glenn Gould : « Address to a Graduation » (« Discours à l'occasion d'une remise de diplômes de fin d'année ») in *Bulletin of the Royal Conservatory of Music of Toronto,* décembre 1964 *.

6. Programme CBC, avril 1967.

7. Ce sont les termes propres de Glenn Gould, qu'il utilisa en plusieurs occasions, aussi bien dans ses programmes audio-visuels que dans ses écrits.

8. Programme CBC, avril 1967.

9. Gould : « The Prospects of Recording » *.

10. A. Clutton-Brock, « The psychology of the Gramophone », *Gramophone* 1, n° 9, 1924.

11. Gould : « The Prospects of Recording » *.

12. Glenn Gould : *« An Argument for Music in the Electronic Age »* (« Un Argument en faveur de la Musique à l'Ère de l'Électronique »), Université de Toronto, 1965.

13. *Glenn Gould : Concert Dropout* (disque) Columbia BS 15, 1968.
Gould dit souvent que le concert est un piètre substitut de l'enregistrement. Il se trouve que John McClure, l'interviewer de Glenn Gould à cette occasion était alors Directeur artistique à la CBS.

14. Programme CBC, avril 1967.

15. Idem.

16. Gould : « The Prospects of Recording » *.

17. Ces deux dernières citations sont de brefs extraits de : *Conversations with Glenn Gould : Bach* (film pour la télévision) BBC, 1966.

18. *Glenn Gould : Concert Dropout.*

19. Paul Myers : « Glenn Gould » in *Gramophone* 50, février 1973.

CHAPITRE 4

1. *Glenn Gould : Off the Record* (film) Office National du Film du Canada, 1960.

2. Joachim Kaiser : *Great Pianists of Our Time,* Londres 1971.

3. *Glenn Gould : Concert Dropout* (disque) Columbia, BS 15, 1968.

4. Alfred Bester : « The Zany Genius of Glenn Gould » in *Holiday* 35, n° 4, avril 1964.

5. Idem.

6. Glenn Gould : « Address to a Graduation » in *Bulletin of the Royal Conservatory of Music of Toronto,* décembre 1964 *.

7. Bester : « The Zany Genius of Glenn Gould. »

8. Glenn Gould : « His Country's most experienced Hermit chooses a Desert Island Discography. » in *High Fidelity Magazine,* juin 1970.

9. *« ... Les extravagances de nos collègues d'opéra, dues à l'absurde esprit de compétition, ne sont-elles pas le fruit — ou peut-être l'antidote — de l'agressivité artistique vulgaire de ces sociétés rôties au soleil, qui ont édifié une tradition d'opéra dans laquelle leur instinct primitif en faveur des combats de gladiateurs a pu trouver une forme de sublimation un peu plus raffinée quoique à peine déguisée ? »*
Glenn Gould : « Let's ban applause ! » in *Musical America,* février 1962.

10. Glenn Gould : « Glenn Gould Interviews Glenn Gould about Glenn Gould » in *High Fidelity Magazine,* février 1974 *.

11. Richard Kostelanetz : *Master Minds* (New York, 1967).

12. Bester : « The Zany Genius of Glenn Gould. »

13. Glenn Gould : *The Age of Ecstasy* (Émission télévisée) CBC, 20 février 1974.

14. Emmanuel Kant : *La Critique du Jugement.*

Kant continue : « D'autre part, fuir les hommes par misanthropie, parce qu'on leur en veut, ou par anthropophobie (sauvagerie), parce qu'on voit en eux des ennemis, est odieux et méprisable. » Je cite ce passage car certains pourraient protester de son absence. Je l'aurais cité dans mon texte si j'avais jugé qu'il pût s'appliquer à Gould.

15. Bester : « The Zany Genius of Glenn Gould. »

16. Geoffrey Payzant : « The Competitive Music Festivals » in *Canadian Music Journal* 4, n° 3, printemps 1960.

17. Glenn Gould : « We, who are about to be disqualified, Salute You », in *High Fidelity/Musical America,* décembre 1966.

18. Idem. Ces quatre paragraphes constituent différents passages de l'article en question.

19. Bernard Asbell : « Glenn Gould » *Horizon 4,* janvier 1962.

20 Idem.

21 Gould : « Glenn Gould Interviews Glenn Gould about Glenn Gould. »

22. Idem.

23. *« Glenn Gould on the Moog-Synthesizer »* (bande) CBC Learning Systems, 1972.

24. Bernard Gavoty : *Arthur Rubinstein.*

25. Ernst Bacon : *Notes on the Piano,* (Seattle et Londres, 1968).

26. On peut soutenir l'idée qu'une quelconque innovation ou qu'une invention véritable puisse être conçue dans la solitude. Mais le musicien le plus inventif du monde dépend d'un grand nombre de collaborateurs si son interprétation ou sa composition passe à la réalisation. De surcroît, ces collaborateurs sont en compétition dans leur travail, qu'ils soient chanteurs, instrumentistes, techniciens, producteurs, etc. Leurs possibilités de « choix » sont donc très réduites.

27. Gould : « Let's Ban Applause. »

28. Karl H. Wörner : *Stockhausen : Sa vie et son œuvre.*

29. Asbell : « Glenn Gould. »

30. Glenn Gould : « Le meilleur disque de la décennie, selon un critique bien informé, est du Bach joué sur — devinez quoi ? — un Moog-synthétiseur ! » in *Saturday Night,* 1968.

31. *« J'ai toujours été frappé par la légèreté de Mozart, par son manque de sérieux. Son œuvre immense comporte une somme énorme de babillage — il ne me vient pas à l'idée de mettre en doute la perfection de ce babillage-là : elle est suprême ; mais il est permis, je pense, de ne pas y reconnaître une suprême nourriture humaine. »*
Jean Lemoyne : *Convergences.* (HMH, Montréal, 1961).

32. Pierre de Grandpré : *Histoire de la Littérature Française du Québec,* vol. 4 (Montréal, 1967).

33. Lewis Mumford : *Art and Technics* (New York, 1952).

34. *Glenn Gould : Concert Dropout.*

35. Glenn Gould : « The Search For Petula Clark » in *High Fidelity Magazine,* novembre 1968.

36. Émission CBC (15 juillet 1969). Louis-Moreau Gottschalk n'a jamais écrit de concerto pour piano, mais en 1963, Boosey and Hawkes (New York) a publié une version de la « Grande Tarentelle » de Gottschalk avec une partie pour piano solo éditée par Eugène List et la deuxième partie pour piano orchestrée par Hershy Kay. C'est sûrement à cela que pensait Gould.

37. Idem.

38. *Conversations with Glenn Gould : Beethoven* (film pour la télévision) BBC, 1966.

39. Bester : « The Zany Genius of Glenn Gould. »

40. Émission CBC, 1969.

« Supprimons les concertos à l'occasion desquels cet instrument délicat est traîné devant la foule pour soutenir un duel avec l'orchestre. Malgré la beauté de certaines compositions, le piano n'est pas un instrument de concerto. » Oscar Bie. — *A History of the Pianoforte and Pianoforte Players* (Londres 1899).

CHAPITRE 5

1. Glenn Gould : *« Anti-Alea »* (inclus dans l'émission CBC du 22 juillet 1969).

2. Émission CBC de la série « Ideas », 23 novembre 1966.

3. Vincent Tovell : *At home with Glenn Gould* (disque) Transcription Radio Canada E 156, CBC, 1959.

4. Bernard Asbell « Glenn Gould » in *Horizon 4,* janvier 1962.

5. Glenn Gould : *« The Anatomy of Fugue »* (Émission CBC, 4 mars 1963). Gould en a également fait une version filmée décrite dans *The New Yorker,* 7 décembre 1963.

6. Roddy : « Apollonian ».

Oscar Levant, du temps où il donnait des concerts, était beaucoup plus ritualiste que Gould : certains morceaux pouvaient être joués avant d'autres, mais surtout pas après ; pendant qu'il jouait en concert, il portait une montre qui lui avait été donnée par Georges Gershwin ; avant un concert, il avait l'habitude de toucher une paire de gants qu'une femme lui avait offerte. Cf. Oscar Levant : *The Memoirs of an Amnesiac* (New York, 1965).

7. Asbell : « Glenn Gould ».

8. Arthur Schnabel : *My Life and Music* (Londres 1961).

9. Idem.

10. Idem.

11. Idem.

12. Arthur Schnabel : *Music and the Line of Most Resistance* (New York, 1969).

13. Idem.

14. Idem.

15. Idem.

16. Idem.

17. Idem.

18. Idem.

19. William Mason : *Memories of a Musical Life* (New York, 1902).

20. Schnabel : *Music and the Line of Most Resistance.*

21. Roddy : « Apollonian. »

22. *Glenn Gould : Concert Dropout* (disque) Columbia, BS 15, 1968.

23. Glenn Gould : Texte rédigé pour la pochette de son disque *Byrd/Gibbons,* (CBS M 30825).

24. Glenn Gould : *Introduction* pour *Le Clavier Bien Tempéré,* livre 1 de J.S. Bach (Amsco Music Publishing Company, New York, 1972) *.

25. Idem.

26. Glenn Gould : Texte rédigé pour le disque *Arnold Schœnberg* (CBS MS 7098).

27. Asbell : « Glenn Gould ».

28. Glenn Gould : « Address to a Graduation » *.

CHAPITRE 6

1. *The Oxford Dictionary of Quotations* (Londres, 1953).

2. *Glenn Gould : Concert Dropout* (disque) Columbia, BS 15, 1968.

Au chapitre IV, nous avons envisagé plusieurs raisons à la réticence de Gould vis-à-vis de l'enseignement. Mais l'explication du mille-pattes va plus loin. Quand il est contraint de penser à ce que font ses doigts sur les touches, il est arrêté dans son élan pianistique, tout comme il le serait si un élève l'interrogeait pour savoir comment il obtient tel ou tel effet sur son piano. L'enseignement de l'interprétation ne consiste pas tant à montrer « comment la chose est faite » que « comment je la fais ». Les professeurs de piano doivent donc s'armer de façon à pouvoir répondre fréquemment et en détail à des questions de type mille-pattesque.

3. Arthur Koestler : *The Act of Creation* (Londres, 1964).

4. Jonathan Cott : *Forever Young* (New York, 1977).

5. Idem.

6. Idem et Bernard Asbell « Glenn Gould » in *Horizon 4,* 1962 ainsi que *Glenn Gould : Concert Dropout.*

7. Cott : *Forever Young.*

8. Alfred Bester : « The Zany Genius of Glenn Gould », *Holiday 35,* n° 4, 1964.

9. *Diapason,* 53, n° 6, mai 1962.

10. Asbell : « Glenn Gould ».

11. Glenn Gould : « An Argument for Richard Strauss » in *High Fidelity Magazine,* mars 1962.

12. *Atlantic Monthly,* 1962, *Library journal,* 1962, *Hi-Fi Stereo Review,* 1962, *High Fidelity Magazine,* 1962, *Audio,* 1963, *Gramophone,* 1962, *Records in Review* (Great Barrington, Mass., 1962).

En 1963, dans une émission de radio CBC, John Beckwith a dit : « L'approche de Gould me paraît tout à fait anti-musicale et elle évoque pour moi l'image d'une otarie dressée qui joue le " God Save the Queen " en soufflant dans des sirènes de voiture. »

13. « Au début, il jouait sur l'orgue de All Saints' Church " pour s'amuser " mais on le persuada finalement d'enregistrer quelques œuvres de J.S. Bach. Jusqu'à présent, c'est tout, mais il y aura une suite :

" J'espère pouvoir faire une session d'enregistrement par an ", a dit Monsieur Gould, *" c'est là tout le temps que je puis y consacrer "* » in *Stratford Beacon Herald,* 1962.

« *J'aimerais aussi enregistrer, l'année prochaine, les sonates pour orgue de Mendelssohn, ce sera sûrement un choc pour tout le monde, j'adore Mendelssohn.* » (Glenn Gould dans « Glenn Gould » de B. Asbell).

14. Cott : *Forever Young.*

15. Cet instrument fut installé en 1937. Il est décrit par Harrisson Barnes dans *The contemporary American Organ* (New York, 1952).

16. Quelquefois, la voix de basse dans une fugue (ou la plus basse dans sa structure)

ne s'entend pas ou passe par-dessus une voix plus haute. Elle reste toutefois la " vraie basse ", même dans les cas où une autre voix (la ténor par exemple) devient temporairement la basse grammaticale de la musique. La structure se trouve affaiblie lorsqu'on donne à cette basse temporaire le son particulier de la vraie basse ; c'est ce qui se produit si l'on joue la ligne de basse temporaire aux pédales de l'orgue.

17. Pour avoir plusieurs points de vue sur la question de savoir si l'*Art de la Fugue* est de la musique pour clavier ou non, voir J. Chailley : L'*Art de la Fugue de J.S. Bach* (Paris, 1971) — A.E.F. Dickinson : *Bach's Fugal Works* (Londres, 1956) — G.M. Leonhardt : *The Art of Fugue* (La Haye, 1952) — D.F. Tovey : *A Companion to « The Art of Fugue »* (Londres, 1931).

18. Roland Gelatt : « Music Makers » in *High Fidelity Magazine,* Mars 1962.

19. « La mesure exacte d'une octave sur ces vieux instruments est généralement de 16 cm, alors que sur les pianos modernes elle est de 16,6 cm. » Hans Neupert : *Harpsichord Manual* (Kassel, 1968).

20. Cott : *Forever Young.*

21. Idem.

22. Idem.

23. Gelatt : « Music Makers ».

24. John Beckwith : « Stratford » in *Canadian Music Journal,* automne 1961.

25. *Glenn Gould : Concert Dropout.*

26. *Cott : Forever Young.*

27. Asbell : « Glenn Gould ».

28. *Glenn Gould : Concert Dropout.*

CHAPITRE 7

1. Jock Carroll : « " I don't think I'm at all eccentric ", says Glenn Gould » (« " Je ne pense pas du tout être excentrique ", dit Glenn Gould ») in *Week End Magazine,* 1956.

2. *Glenn Gould : Concert Dropout* (Disque) Columbia, BS 15, 1968.

3. Idem.

4. Bernard Asbell : « Glenn Gould » in *Horizon 4,* 1962.

5. « Assimilarité » est un mot de ma fabrication mais il est suggéré (cf. p. 181) par Gould :

« ... certaines caractéristiques de la mécanique se révélaient justement inassimilarisables à celles du piano qui me servait de référence et qui fondait mon jugement. »

6. A strictement parler, le clavicorde a bien sûr plus d'immédiateté tactile que le clavecin ; mais il n'est qu'un instrument intime, réservé à la maison, et je m'intéresse ici aux instruments que le public peut entendre souvent, en concert ou sur disque, et sur lesquels joue Gould.

7. Michael Polanyi : *Personal Knowledge* (Chicago, 1958).

8. Robert Sabin : « Glenn Gould : a poet and a seeker » in *American Record Guide,* 1963.

9. Je ne connais qu'une remarque de Gould au sujet de la " couleur sonore ", c'est dans : *Conversations with Glenn Gould : Beethoven,* BBC, 1966. Gould parle alors de volume plutôt que de couleur sonore, comme Sabin dans le passage cité (voir note 8).

10. Joseph Lhevinne : *Basic Principles in Pianoforte Playing* (New York, 1972).

CHAPITRE 8

1. Jock Carroll : « " I don't think I'm at all eccentric " says Glenn Gould » in *Week-End Magazine,* 1956.

2. Vincent Tovell : *At home with Glenn Gould* (disque) transcription Radio Canada E-56, CBC, 1959.

3. Luia Saiko : « Glenn Gould : Artist with a Mission » in *Hamilton Spectator,* 4 juin 1958.

4. Glenn Gould : « An Epistle to the Parisians : Music and Technology, Part 1 » in *Piano Quarterly,* Hiver 74/75 *.

5. Glenn Gould : « Glenn Gould interviews Glenn Gould about Glenn Gould » in *High Fidelity Magazine,* 1974 *.

6. Glenn Gould : « The Grass is always Greener in the Outtakes » in *High Fidelity Magazine,* 1975.

7. *Glenn Gould : Concert Dropout* (disque) Columbia ; BS 15, 1968.

8. Gould : « An Epistle to the Parisians : Music and Technology ».

9. L'article de Gould cité dans les notes 4 et 8 a d'abord été publié en français sur la pochette du disque CBS 76371 paru en France en 1974.

10. Gould nous donne un glossaire très utile dans son article : « The Grass is always Greener in the Outtakes » dont j'extrais les définitions suivantes :

Insert. — *Segment de morceau généralement enregistré pour compléter une prise. Bien que souvent de courte durée, il peut à l'occasion constituer la majeure partie de l'œuvre, et se définir par le fait qu'il ne contient pas le début de l'œuvre en question.*

Régénération. — *Copie d'un magnétophone à un autre d'un matériau qui présente des notes de valeur identique, en deux ou en plusieurs endroits d'une œuvre ; habituellement de courte durée mais, occasionnellement, bien que de façon répréhensible, utilisée pour des da-capo, des reprises aux doubles barres, etc.*

11. Gould « The Grass is always Greener in the Outtakes » (citation de Stephen Bishop).

12. Gould « Epistle to the Parisians » *.

13. Bernard Asbell : « Glenn Gould », *Horizon 4,* 1962.

14. Gould « The Grass is always Greener in the Outtakes ».

CHAPITRE 9

1. Robert Hurwitz : « The Glenn Gould Contrapuntal Radio Show » in *New York Times,* 5 janvier 1975. Voir aussi : Robert L. Shayon : « TV Radio » in *Saturday Review,* février 1971 et Richard Kostelanetz : « Text-Sound Art : A Survey ; part II » in *Performing Arts Journal,* Hiver 1978.

2. « The Well-Tempered Listener » (« L'Auditeur Bien Tempéré »). Émission télévisée CBC (1970). Gould utilise fréquemment le mot *« compote » ;* à un moment, j'ai pensé à l'utiliser dans ce chapitre au lieu de « com-position ».

3. *Radio as Music* (film) CBC, 1975.

4. *Glenn Gould : Concert Dropout* (disque) Columbia, BS 15, 1968.

5. Glenn Gould : Pochette du disque : *« The Idea of North »* CBC, PR-8, 1971.

6. John Jessop : « Radio as Music : Glenn Gould in Conversation with John Jessop » in *The Canada Music Books/les Cahiers Canadiens de Musique,* printemps-été 1971.

7. Glenn Gould : « Rubinstein » in *Look,* 9 mars 1971.

8. *Radio as Music.*

9. Jessop : « Radio as Music ».

10. *Radio as Music.*

CHAPITRE 10

1. Raymond Ericson : « Lecture is given by Glenn Gould » in *New York Times,* février 1964. Gould a donné les mêmes conférences au Gardner Museum de Boston en février et en mars de la même année ; pas de critique négative.

2. Gould reprend les remarques qu'il a faites au Hunter College à propos de l'*Opus 109,* avec des exemples au piano, dans le film BBC de 1966 : *Conversations with Glenn Gould : Beethoven.*

3. Émission télévisée CBC, mai 1966.

4. Glenn Gould : *Arnold Schœnberg : a Perspective,* Cincinnati, 1964 *.

5. Glenn Gould : « Bodky on Bach » in *Saturday Review,* 26 novembre 1960.

6. Glenn Gould (Pochette des disques CBS M 32110046 et M 32110045).

À propos de la Fantasie n° 1 de Oskar Morawetz :

« Je pense que c'est l'une des plus belles choses qu'on puisse entendre dans le genre [...] il y a là beaucoup de Prokofiev [...] mais c'est à mon avis meilleur que tout ce que Prokofiev a pu écrire pour le piano... »

V. Tovell : *At home with Glenn Gould* (Disque) Transcription Radio Canada E-156, CBC, 1959.

7. Émission CBC, juillet 1972.

8. Glenn Gould : pochette du disque Columbia M 32040 *(Grieg/Bizet).*

Table des matières

ACHEVÉ D'IMPRIMER
LE 3 FÉVRIER 1984
SUR LES PRESSES DE
L'IMPRIMERIE HÉRISSEY
À ÉVREUX (EURE)

35-56-7159-01
ISBN 2-213-01382-9
Dépôt légal : février 1984
Nº d'Éditeur : 6780
Nº d'Imprimeur : 33371
Imprimé en France